"十三五"国家重点图书出版规划项目

中国隧道及地下工程修建关键技术研究书系

宁波轨道交通异形长大深基坑
设计施工关键技术

朱瑶宏 著

Key Technologies of
Design and Construction for
Special-Shaped Large-Long-Deep Foundation Pit in Ningbo Rail Transit

人民交通出版社股份有限公司
China Communications Press Co.,Ltd.

内 容 提 要

本书针对近年来大量出现的异形长大深基坑所面临的主要问题,对宁波市轨道交通异形长大深基坑的设计施工关键技术进行提炼总结。全书共9章,包含绪论、市区复杂环境下的交通导改技术、适应地层变化的地下连续墙成槽施工技术、复杂地层柔性接头地下连续墙施工技术、深基坑快速支撑体系设计与施工技术、复杂环境条件下深基坑施工变形控制技术、超深基坑承压水治理和环境保护技术、主体结构施工关键技术、工程实施效果等内容。本书具有如下特点:一是对异形长大深基坑设计、施工全过程的关键技术进行了系统深入介绍,可操作性强;二是有极强的针对性,提炼于工程一线的实用技术,对相似环境下的基坑工程设计施工有极强的借鉴意义。

本书可以作为从事城市轨道交通项目乃至其他建设项目基坑工程设计、施工、监测技术人员的参考书,也可供相关专业的研究生参考。

图书在版编目(CIP)数据

宁波轨道交通异形长大深基坑设计施工关键技术 /
朱瑶宏著. — 北京 : 人民交通出版社股份有限公司,
2019.4

    ISBN 978-7-114-15351-8

    Ⅰ. ①宁…   Ⅱ. ①朱…   Ⅲ. ①城市铁路—轨道交通—深基坑—工程施工—宁波   Ⅳ. ①U239.5

    中国版本图书馆 CIP 数据核字(2019)第 016499 号

穿越——中国隧道及地下工程修建关键技术研究书系

书　　　名:	宁波轨道交通异形长大深基坑设计施工关键技术
著 作 者:	朱瑶宏
主编单位:	宁波市轨道交通集团有限公司　宁波大学
责任编辑:	谢海龙
责任校对:	赵媛媛
责任印制:	张　凯
出版发行:	人民交通出版社股份有限公司
地　　　址:	(100011)北京市朝阳区安定门外外馆斜街 3 号
网　　　址:	http://www.ccpress.com.cn
销售电话:	(010)59757973
总 经 销:	人民交通出版社股份有限公司发行部
经　　　销:	各地新华书店
印　　　刷:	北京虎彩文化传播有限公司
开　　　本:	787×1092　1/16
印　　　张:	10.5
字　　　数:	246 千
版　　　次:	2019 年 4 月　第 1 版
印　　　次:	2019 年 4 月　第 1 次印刷
书　　　号:	ISBN 978-7-114-15351-8
定　　　价:	56.00 元

(有印刷、装订质量问题的图书由本公司负责调换)

前言

宁波轨道交通 1 号线和 2 号线工程中,鼓楼站、鼓楼至东门口站区间及东门口站都是地下三层,采用全明挖方案,开挖长度超过 800m,开挖平均深度超过 23m,是宁波轨道交通开挖体量最大的基坑工程。在宁波软土地区中修建如此大面积、线型不规则的深基坑难度巨大,而且该区域位于宁波市商业的最繁华区,交通拥堵,周围环境保护要求高,这对宁波轨道交通的建设者提出了严峻的挑战。经过不断地摸索和攻关,依赖全体参建人员的不懈努力,宁波轨道交通顺利按期安全地完成了该重大工程,保证了 1 号线的顺利开通运营,从中积累了丰富的十分宝贵的经验和教训。

为此,依托本项大型基坑工程,结合实施过程中的科研成果,经过长期的总结,我们编写了本书,以期为行业在软土地区异形长大深基坑设计和施工技术方面提供有益的帮助。全书共有九章,分别从基于城市交通现状的复杂闹市区交通导改整体技术、适应地层变化的地下连续墙成槽施工方法、高灵敏地层柔性接头地下连续墙施工、大跨度异形基坑快速支撑体系设计与施工、复杂环境条件下深基坑施工变形控制技术、复杂闹市区超深基坑承压水治理技术及主体结构施作等方面对该基坑工程设计施工中遇到的特有问题和相应的关键技术进行了系统的总结。

总结经验和教训是为了更好的出发,我们相信这些创新方法和关键技术,一定能为后续的工程建设提供更加有利的条件。同时,本书依托宁波轨道交通的实际工程,内容丰富,包含了很多难得的施工现场照片和监测数据,理论研究和工程实践结合,其涵盖的研究成果和技术经验也能够为其他软土地区异形长大深基坑的设计和施工提供一定的借鉴意义。

宁波轨道交通 1 号线的顺利开通运行以及本书关键技术的总结离不开各参建单位的大力支持,宁波市轨道交通集团有限公司、宁波大学作为本书的主编单位,为本书的编写提供了翔实的基础资料,在此我们致以诚挚的谢意。同济大学周顺华课题组对于本书的撰写做出了有益的工作,以下人员对工程建设及著作编写作出了大量贡献:张付林、汤继新、姚燕明、张小会、叶蓉、蒋敏、刘建军、陈金铭、崔涛、韩永吉、张国良、周俊宏等,在此一并感谢。最后特别感谢对本书进行专业细致评审的审稿专家。

由于笔者水平有限,书中难免出现错误或其他不足,欢迎读者批评指正。

2019 年 4 月

第1章 绪论

2009 年 6 月,宁波轨道交通 1 号线一期工程开工建设,拉开了宁波市轨道交通线网建设快速发展的序幕。经过近十年的探索,宁波轨道交通在软土地区地下工程建设方面积累了丰富的经验,特别是在复杂环境条件下的基坑设计施工技术,通过不断引进、消化、吸收、再创新的过程,形成了具有宁波特色的异形长大深基坑设计施工关键技术。

1.1 异形长大深基坑工程的技术水平现状

异形长大深基坑的设计施工一直以来都是工程界面临的重大问题,这其中包含复杂环境下的交通导改、地下连续墙施工、基坑开挖过程中的承压水控制和变形控制、大跨度异形基坑的快速支撑体系等内容,国内外的学者和工程技术人员进行了长期的研究,取得了一定的成果,现总结异形长大深基坑工程的技术水平现状。

1.1.1 繁华闹市区复杂环境下的交通导改

繁华闹市区的基坑工程不可避免地涉及对现状地面进行破坏再修复的过程,期间城市交通将受到一定的影响,甚至使得基坑工程成为交通拥堵的主要节点,通常需要结合施工进度对地面交通标志标线进行一定的调整,尽量减少因基坑施工而产生新的交通冲突点。既有的交通导改技术一般服从于基坑施工进度,被动地进行调整,难以达到预期的效果。随着城市的发展,城市交通的重要性与日俱增,被动的交通导改技术逐渐难以适应居民对于交通畅通的重大需求,迫切需要基坑施工与交通导改互相协调、协同调整的交通导改整体技术。

1.1.2 复杂环境下的地下连续墙施工

地下连续墙施工技术 1950 年首次应用于意大利米兰的工程,经过 60 余年的发展,在欧洲和日本等国家相当普及。20 世纪 50 年代末期引入我国,先在青岛月子河水库与北京密云水库进行了试验性施工,随后在建筑、煤炭、市政、铁道等行业推广应用,目前水利水电系统已建成了超过 $100\ m^2$ 的地下连续墙,其他行业建成的地连墙也超过了 80 万 m^2。随着液压铣槽机(即水平多轴回转钻机)的引入,墙深和墙厚都有了很大的提高,如润扬长江公路大桥北锚碇地下连续墙深56m、墙厚1.2m;500kV上海世博大型输变电工程地下连续墙深度57.5m、墙厚1.2m;穿黄工程的地连墙深达76.6m、厚度1.5m。地下连续墙的主要工序为成槽、钢筋笼制备及吊装、浇注水下混凝土、锁口管顶拔等。成槽是地下连续墙施工的关键环节,槽段开挖一般占整个施工作业时间的一半以上,保证槽段的高效率挖掘及槽壁稳定,是提高地下连续墙施工质量的关键。接头作为地墙的连接点刚度较小,其防渗止水、承受荷载的能力是整体地墙工程性能的关键所在。

（1）成槽工效

随着基础理论、装备制造、材料行业的发展,成槽机械已从最初的导板抓斗发展到拥有液压铣槽机、多头钻(亦称为垂直多轴回转式成槽机)和旋挖式桩钻孔机的大家族,对地层的适应性也大为扩展,但应用最为广泛的仍是液压抓斗式成槽机,上海、天津、杭州、宁波、广州等城市的地墙多采用这种工艺。成槽设备选择的依据为成槽工效,而成槽工效是施工质量、施工效率与施工成本的统一,其中难点是施工效率或者挖掘效率的确定。对于液压抓斗式成槽机,槽段的挖掘,也即抓斗抓取土体的过程,是靠重力使切削工具切入土体,然后再渐进地推压破坏土体的过程。目前研究认为,抓斗挖取土体的挖掘阻力可以按过程具体分为切入阻力和推压阻力。挖掘工具的抓挖阻力与物料参数和机械性能两方面因素有关。其中物料参数包括粒度、颗粒形状及表面状况、密度、黏度、内摩擦角等;机械的性能参数包括机械功率、提升力、抓斗重量、抓斗切口参数(如切口形状、切口宽度、切口厚度、切口楔角、切口倾角)等。现阶段国内外对抓斗成槽工效方面的量化研究甚少,多是定性的分析,实际工程中多依据经验、类比等确定;部分学者曾对港口货料抓挖阻力做过相关研究,有一定的借鉴意义。当地墙深度浅、地层软弱且单一时,按照经验选择基本能较好地指导施工,工效也存在一种"无差性",但当深度较深,地质环境复杂、软硬不一时,不同设备之间的工效差距则相差甚远,依靠现有的认识和工程经验则不能很好地指导施工,易导致成槽工效差,甚至影响槽壁稳定与连续墙施工质量。

（2）槽壁稳定性与控制措施

相关研究主要从理论分析、解析计算、数值模拟等方面展开。地下连续墙失稳的主要形式有:槽壁失稳、基础失稳和槽壁—基础混合失稳。失稳的机理主要包括:土拱效应与时间效应、整体稳定性和局部稳定性。目前研究认为,影响连续墙槽壁稳定性的主要因素有:①地层性质,是否含有砂层和承压水;②地下水位过高而护壁泥浆液面标高不够;③护壁泥浆选择不当,泥浆配制不符合要求(如泥浆相对密度不够),起不到护壁作用;④连续墙槽段的几何形状及尺寸;⑤成槽的施工工艺(即成槽时间和槽壁暴露时间);⑥地面超载等。富水含砂地层中连续墙施工时,土体自立性差,泥膜效果弱,易产生槽壁塌陷,从而严重威胁周围建筑物的安全及造成路面开裂或管线损坏等。对于槽壁稳定的控制,现阶段采取的措施主要有槽壁土体加固、加强降水、泥浆护壁、周边限载、导墙形式优化等。对于成槽施工参数和槽壁稳定间的相关关系及控制措施,并未有相关研究。

（3）柔性接头施工工艺与参数控制

地下连续墙有多种接头形式,根据受力特性可分为柔性接头和刚性接头,采用后者的地墙多有特殊的承荷需要。柔性接头中的锁口管接头,因构造简单、施工适应性强,是目前应用最为广泛的接头形式。最初地下连续墙厚度一般不超过0.6m,深度不超过20m,锁口管直径相对小、重量小,施工容易,质量也易保证。随着基坑向深、大、环境复杂方向发展及由此带来的连续墙深度的增加,直径1m、1.2m,长度达50m以上甚至70m的锁口管应用越来越多,柔性接头的施工工艺与参数控制的重要性凸显,主要体现在锁口管变形控制、顶拔力学行为与计算、接头防水质量三方面,至今尚无文献对上述问题进行系统深入的研究,大多根据工程经验、类比、简单计算来选择,控制不慎易出现锁口管顶拔断裂、接头严重缺陷等问题。

1.1.3　基坑开挖中的承压水控制

基坑开挖是双向卸荷过程,当开挖深度较大,承压水层顶板上覆土厚度小于某临界值时,承压水的水头压力能够顶裂或冲毁基坑底板,造成突涌。目前国内外软土地区深大基坑承压水的减压降水措施主要有三种:"封底加固""隔断"和"降压"。"封底加固"措施主要通过基底土体加固增加隔水厚度、强度和刚度,来抵抗基坑底板以下的承压水头,适用于上覆隔水层厚度略小于抗突涌临界厚度的情况。"隔断"措施,是通过施作全封闭止水帷幕穿越承压含水层,并进入不透水层一定深度,以隔断基坑内外承压水的水力联系,进行疏干降水,适用于承压含水层埋藏深度较浅或减压降水难度大、风险高的情况。"降压"措施,指在坑内或坑外布设降压井,同时联合围护结构的阻隔绕流作用,通过抽取承压水实现减压降水。国内的多数沿海城市区域沉降问题严峻,其中地下水抽取是主要诱因,基坑大幅度长时间的"降压"对此亦有不可忽略的影响。对于受高承压水作用与环境控制的砂卵石层承压水治理,需要同时考虑施工安全、风险与环境影响。当砂砾石承压含水层埋深较浅、厚度不大时,可采取"隔断"措施;但当含水层深厚且砂砾石强度大,全封闭止水帷幕的施工可能难以实现,采用上述的"降压"方法施工风险大,且对周边环境有不利影响。

1.1.4　基坑变形控制

深基坑开挖不仅要保证基坑本身的安全与稳定,而且要有效控制基坑周围地层移动以保护周围环境,也正因如此,大量特殊复杂环境下的基坑设计已由强度控制转变为变形控制。基坑的变形与支护体系刚度、施工方法、施工工艺等相关,国内外学者对此进行了大量的研究,也形成了现今多种多样的变形控制措施。对支护体系如围护结构厚度、插入深度、支撑刚度、坑底加固等已有了深入的认识,单靠此控制基坑变形效果有限且不经济。施工方法有顺作法、逆作法、半顺作半逆作法,还有针对超大面积深基坑的"中心岛结合预留土台逆作法""中心岛顺作与周边环结构逆作"等。全逆作法利用结构梁板作为支撑,刚度大、变形控制效果好,且能节省大量临时支撑费用,但施工效率低、质量不易保证,而半顺作半逆作法兼具顺作和逆作的优点。针对上述众多的变形控制措施,更为重要的是做到综合选择、科学搭配、合理施工,实现基坑安全、风险控制、变形控制、工期与成本的统一。

1.1.5　大跨度异形基坑的快速支撑体系

目前国内外基坑工程最常用的支撑体系即混凝土支撑、钢支撑,均为临时性结构,前者具有刚度大、稳定优、风险小的特点,可适用于各种形状的基坑,但存在支撑施工与拆除的额外工期,时效性差,且不能重复利用,不环保。后者虽然刚度较小、稳定性低、大跨度异形基坑适用性差,但架设较快、可施加预应力、能回收利用。近年来,韩国技术人员提出了一种新型预应力高刚度鱼腹梁工具式组合内支撑系统(Innovative Prestressed Support System,IPS),它由鱼腹梁

(高强低松弛的钢绞线作为上弦构件、H型钢作为受力梁、与长短不一的H型钢撑梁等组成)、对撑,角撑,立柱,横梁,拉杆,三角形接点,预压顶紧装置等标准部件组合并施加预应力,形成平面预应力支撑系统与立体结构体系。与传统混凝土内支撑、钢支撑相比,工期与成本均有显著的降低,但稳定性逊于混凝土支撑。目前IPS工法仍处于尝试应用与推广阶段,在国内大跨度异形基坑中尚未有应用。

1.2　异形长大深基坑工程的主要特征

宁波软土地区异形长大深基坑工程设计施工的难点主要与其结构和环境特征有关,具体而言包括复杂的地质环境和水文环境、复杂的基坑形状和周边环境、严格的变形控制和较大的安全风险。

1.2.1　地质环境复杂

沿海地区基坑工程深度范围内多为第四系全新世至早更新世沉积的疏松沉积物,地层软弱、工程力学性质差是上述地区土层最大的特点。大面积厚层软土分布给深基坑工程施工带来一系列问题,特别是土体的流变性显著,使基坑施工期变形控制困难、风险增加。此外,部分临江区域由于地质原因形成了特殊的地层,如杭州钱塘江流域,淤泥质土、粉细砂、卵石在小范围内交错出现并形成互层,卵石尺寸达20cm以上,给围护结构施工等带来了极大的挑战。

1.2.2　水文环境复杂

工程实践表明,软土地区基坑工程事故70%与地下水有关。众多城市由于近海、多江、多河,地表水和地下水系极其发育,形成含多层承压水的复杂水文环境,且部分地区承压水层与江河联通,水量丰富、补给迅速,对基坑工程有较大的影响。杭州钱塘江流域形成了国内外罕见的砂卵层潮汐承压水,含水层渗透系数大、水量丰富,深基坑的承压水治理难度极高,技术处理不当,极易发生坑毁人亡的重大安全事故。同时,由于过去城市中地下水的无序开采,多数沿海城市普遍存在严峻的区域沉降问题,因此基坑施工既要保证施工安全,又要确保环境影响最小,在承压水治理中需兼顾施工安全、社会影响、经济效益,综合考虑。

1.2.3　基坑形状复杂

轨道交通换乘车站、轨道交通和其他大型地下空间综合体常形成深、大、形状不规则的异形基坑,基坑深浅不一、宽窄不一、存在大阴角区域,造成其平面不稳定、变形控制困难、施工安全风险大,对施工技术控制提出了较高的要求。

1.2.4　周边环境复杂

城市轨道交通的基坑工程,多位于繁华的市中心区域,邻近主干道或沿道路一侧布置,车流、人流繁忙,形成了持续的交通超载与振动荷载。周边高楼林立、地下管线密布,大量建筑距基坑围护结构边缘净距小于1倍基坑开挖深度,甚至个别基坑邻近基础薄弱、年代久远的文物类建筑。同时,铸铁、混凝土材质类管线抗变形能力弱,对变形控制要求严格。

1.2.5　施工变形控制难

对于目前的基坑工程而言,变形控制和环境保护往往成为工程的关键。由于地层软弱、基坑深大、形状不规则,要控制其变形完全满足规范和设计所定的限值难度很高,特别是在饱和的软流塑、流塑地层中更难以得到有效控制。基坑变形控制与降水、支护体系、地基加固、开挖支撑工艺等有关,需结合基坑特点、环境特点综合选取。

1.2.6　施工安全风险大

前述的复杂条件与环境保护要求,形成了复杂多变地层成槽、超深柔性接头地下连续墙施工、平面异形不稳定基坑变形控制、砂卵石层高承压水治理、基坑周边环境保护等一系列具体的技术问题,共同决定了工程技术难度高,科技含量高。其次,部分工程场地位于繁华市中心,周边近距离建筑众多、管线密布、车辆超载,基坑重要性等级、变形控制等级均为一级,施工风险点多、风险大、预控难,客观上尚未解决的技术问题也一定程度地加大了施工风险。

自 2009 年 6 月宁波轨道交通 1 号线一期工程全面开工建设以来,为保障线路建设安全有序进行,结合宁波地区特殊的工程地质和水文地质条件,宁波轨道交通组织相关单位进行了一系列针对性科研工作,并在工程实践中积累了丰富的异形长大深基坑设计施工经验,对相似环境下的基坑工程设计施工有一定的借鉴意义。

1.3　宁波轨道交通基坑工程技术总结内容

针对国内外异形长大深基坑工程的技术水平现状,结合众多的基坑工程实践,宁波轨道交通在异形长大深基坑工程设计施工等方面开展了系列研究,并积累了丰富的经验,主要可以分为以下几个方面:

1.3.1　市区复杂环境下的交通导改技术

拟建车站和区间位于宁波市最繁华的鼓楼至天一广场商圈范围,交通流量巨大,场地狭小且道路无法断流,针对这一具体情况,基于"先主体后附属"和"借一还一"的原则,通过与基坑工程进行协同设计,对现状交通进行了有效的疏导,提出了复杂市区交通环境下的交通导改技术。

1.3.2　复杂地层柔性接头地下连续墙施工技术

针对拟建车站场地的地层条件,通过理论分析、现场试验等手段,确定影响地下连续墙成槽工效的设备参数与土层指标,提出槽壁稳定性、成槽质量的控制措施。采用理论分析、数值模拟、现场实测分析锁口管接头的变形机理,理论推导锁口管变形及顶拔的力学模型,提出锁口管施工工艺,最终从成槽、锁口管施工等方面形成系统的复杂地层柔性接头地下连续墙施工技术。

1.3.3　复杂环境条件下深基坑施工变形控制技术

针对在拟建车站场地的复杂地层条件下,控制异形深基坑开挖引起的变形难题,研究异形深基坑开挖变形规律,以控制变形、减小施工风险为目标,提出本工程基坑开挖的变形控制措施,研究形成复杂地层超深基坑施工的变形控制技术。

1.3.4　深基坑快速支撑体系设计与施工技术

支撑体系直接关乎基坑施工安全,也是制约基坑施工效率的主要因素。针对有特殊工期与变形控制要求的大跨异形基坑,尝试采用新型鱼腹梁支撑快速支撑体系,考虑传统混凝土支撑和新型鱼腹梁支撑的优缺点,研究两者的合理组合形式,并形成相应的施工技术。

1.3.5　深基坑承压水治理和环境保护技术

针对环境复杂地段深基坑承压水条件,研究承压含水层性质、降压与地层变形规律,以按需降水和沉降控制为目标提出降压实施方案。

1.3.6　主体结构施工关键技术

针对异形长大深基坑主体结构施作工艺流程复杂、技术措施众多的问题,提出结合宁波轨道交通特色的施工工艺流程、机械配置以及组织结构和劳动力配备原则,制定详细的分项工程施工方法和技术流程,建立完善的质量保证体系,对分项工程设置配套的质量保证措施,确保异形长大深基坑主体结构工程安全、有效、按时完工。

1.4　依托工程基坑及附属结构概况

宁波轨道交通1号线1103标段包含了鼓楼站(含1、2号线鼓楼站及1、2号线联络线)、鼓楼站—东门口站明挖区间、东门口站和出入口等附属工程,项目总投资8.8亿元,为宁波轨道交通1号线最大标段,项目基坑规模、工程地质和水文地质环境都具有一定的代表意义。

1号线鼓楼站所在的中山东路为宁波市中心东西向主要街道,沿线有大量的金融、商业、居住及公建设施。道路两侧高层建筑密集,交通流量非常大。2号线鼓楼站所在的解放路东侧为阳光广场市政绿地,绿地北侧为政府办公楼,西侧为丝绸大厦、恒隆中心、家属宿舍以及市档案馆等。东门口站工程位于中山东路上和义路与日新街之间,西接至鼓楼站的明挖区间,东端为至曙光路站的盾构区间。中山东路为双向六车道,路较宽且交通繁忙。鼓楼站—东门口站区间工程位于中山东路上厂堂街与和义街之间,西接鼓楼站,东接东门口站。中山东路为双向六车道,路较宽且交通繁忙。两侧高层建筑密集,北侧有交通银行、市贸易局、新华书店、红帮大厦、东方商厦等高层建筑,南侧为底层带店铺的多层住宅楼,国际购物中心等。

工程沿线建筑物众多,沿线分布有密集的地下管线(包括自来水、电力、通信、煤气、热力、雨水与污水等),设计施工时应充分重视。由于勘探区为宁波老城区,且中山路经过多次拓宽改造,中山路下地下障碍物较多,分布复杂。工程场地平面图如图1-1所示,工程周边建筑与工程基坑的最近距离以及最近距离与基坑开挖深度的比值情况统计见表1-1。

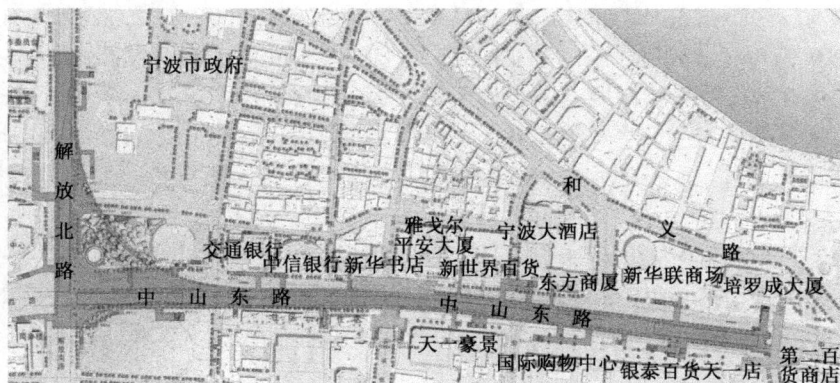

图 1-1 工程平面布置图

工程周边建筑物情况统计   表 1-1

序 号	建筑名称	与基坑的最近距离 D(m)	距离/基坑开挖深度 D/H	所 处 位 置
1	培罗成大厦	22.01	0.93	东门口站北侧
2	新华联商厦	7.76	0.35	东门口站北侧
3	东方商厦	10.28	0.37	东门口站—鼓楼站区间段北侧
4	红帮大厦	13.89	0.58	东门口站—鼓楼站区间段北侧
5	平安大厦	14.32	0.60	东门口站—鼓楼站区间段北侧
6	新华书店	15.55	0.65	东门口站—鼓楼站区间段北侧
7	市贸易局	13.81	0.58	东门口站—鼓楼站区间段北侧
8	交通银行	19.31	0.80	1号线鼓楼站南侧
9	国际购物中心	37.6	1.57	东门口站南侧
10	国际购物中心	37.3	1.55	东门口站—鼓楼站区间段南侧
11	天一豪景	17.8	0.74	东门口站—鼓楼站区间段南侧
12	金港股份有限公司	7.18	0.30	1、2号线鼓楼站端头井西南角
13	恒隆中心	13.08	0.55	2号线鼓楼站西侧
14	市政府	39.05	1.63	2号线鼓楼站东侧
15	市档案馆	20.7	0.86	2号线鼓楼站西侧

1.4.1 基坑概况

（1）鼓楼站

1号线鼓楼站沿中山东路下设置呈东西走向,为地下三层岛式车站,2号线鼓楼站沿解放北路下设置呈南北走向,为地下两层岛式车站,两站之间设置联络线。

1号线车站基坑宽 20.5~24.8m,长 168.58m。西端头井基坑深 25.291m,标准段基坑深 23.768m。除换乘段外,其余范围均为结合下二层板边框架逆作的明挖法施工。围护结构标准段采用 46m/49m 深、1000mm 厚地下墙,墙趾插入⑦₁粉质黏土层中,插入比为 0.92,沿基坑深度方向设置 6 道支撑;端头井采用 47.5m 深、1000mm 厚地下墙,墙趾插入⑦₁粉质黏土层中,插入比为 0.89,沿基坑深度方向设置 7 道支撑。1号线鼓楼站地下连续墙布置如图 1-2 所示。

2 号线车站基坑宽 20.1～24.4m,长 300.53m。南北端头井基坑深 18.621m/19.222m,标准段基坑深 16.716m。标准段围护结构采用 32m 深、800mm 厚地下墙,墙趾插入⑤₂粉质黏土层中,插入比为 0.88,沿基坑深度方向设置 5 道支撑;北端头井采用 36m 深、800mm 厚地下墙,墙趾插入⑥₂粉质黏土层中,插入比为 0.87,南端头井采用 36.5m 深、800mm 厚地下墙,墙趾插入⑥₂粉质黏土层中,插入比为 0.86,沿基坑深度方向设置 6 道支撑。2 号线鼓楼站地下连续墙布置见图 1-3。

车站的地下二层通道及出入口、风道及风井结构,基坑开挖深度为 16.96m,基坑围护结构采用 800mm 厚的地下墙;地下一层出入口、风道结构,基坑开挖深度约 9.75m,采用 φ850SMW 工法桩或“钻孔灌注桩＋搅拌桩止水帷幕”作为围护结构,桩长 22m,沿基坑深度方向设置 3 道钢管支撑和钢围檩。

(2)东门口站

东门口站为双柱三跨地下三层岛式车站,车站全长 225m,外包宽度 22.9m,东端头井基坑深 23.758m,标准段基坑深 21.922m。除东端头井外,其余范围均为结合下二层板边框架逆作的明挖法施工。围护结构标准段采用 40m 深、1000mm 厚地下墙,墙趾插入⑤₅砂质粉土层中,插入比为 0.82,沿基坑深度方向设置 6 道支撑;东端头井为结合下一、二层板边框架逆作的明挖法施工,采用 42m/43m 深、1000mm 厚地下墙,墙趾插入⑥₂粉质黏土层中,插入比为 0.81,沿基坑深度方向设置 6 道支撑。东门口站地下连续墙布置见图 1-4。

附属结构地下一层基坑埋深约 8.6m,围护采用 φ850SMW 工法桩或钻孔灌注桩＋隔水帷幕,桩长 19m,沿基坑深度方向设置 3 道钢管支撑和钢围圈;附属结构地下二层基坑深度约 14.65m,采用 800mm 厚地连墙,墙深 28m,沿基坑深度方向设置 4 道钢管支撑。

(3)鼓楼站—东门口站区间

鼓楼站—东门口站区间采用单柱双跨、双柱三跨、三柱四跨地下三层结构,全长 420m,西接鼓楼站,东接东门口站,鼓楼站—东门口站区间基坑平面布置见图 1-5～图 1-7。

1.4.2 基坑工程的特点

(1)土层软弱、周边环境复杂

软土具有含水率大、强度低、压缩性高及流变性显著等特征,因而软土地层深基坑具有以下几个主要特点:

①软土基坑具有很强的时间效应。宁波地区软土属于近代滨海沉积物,沉积历史短,流变是很重要的特性。流变主要发生以软黏土为主的土层,在开挖过程中很容易发生较大的变形,对于大型基坑的影响尤为明显;软黏土的蠕变使得基坑的变形不断增加,同时也会导致土体强度降低,从而影响基坑的稳定性。

②软土的灵敏度较高。软土的强度在受到扰动破坏后会大量丧失,土体的局部屈服将会产生较大变形,同时可能会造成大范围的重塑区,这在施工中必须引起重视。

此外,工程施工场地沿线建筑物众多,地下管线纵横交错、分布复杂,且所处中山路经过多次拓宽改造,地下障碍物较多,如 1 号线鼓楼站与东门口站基坑附近的废弃地下人防工程埋深 0.8～1.5m,宽 1.8～3.0m,高 2m 左右,障碍物的存在增加了基坑施工的不确定因素,增大了围护结构施作及基坑开挖的风险。

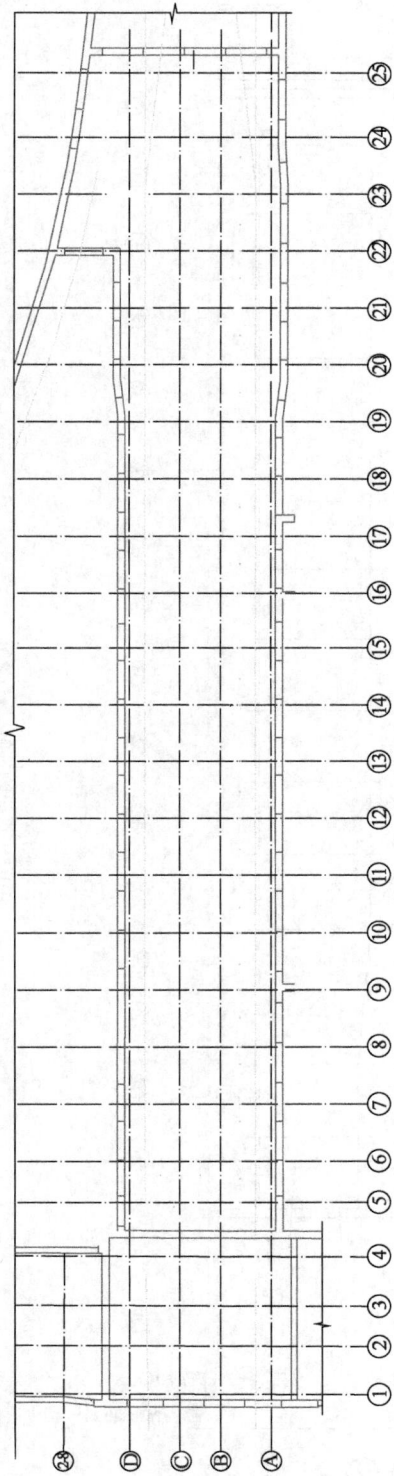

图1-2 1号线鼓楼站地下连续墙布置图

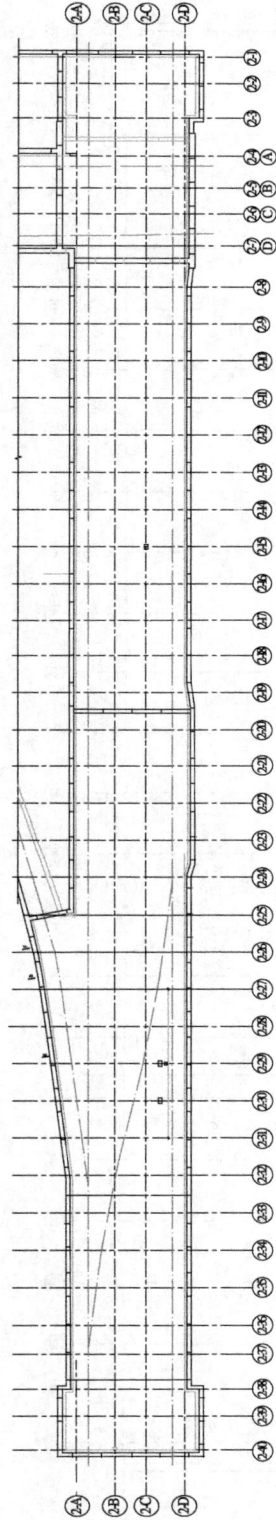

图1-3 2号线鼓楼站地下连续墙布置图

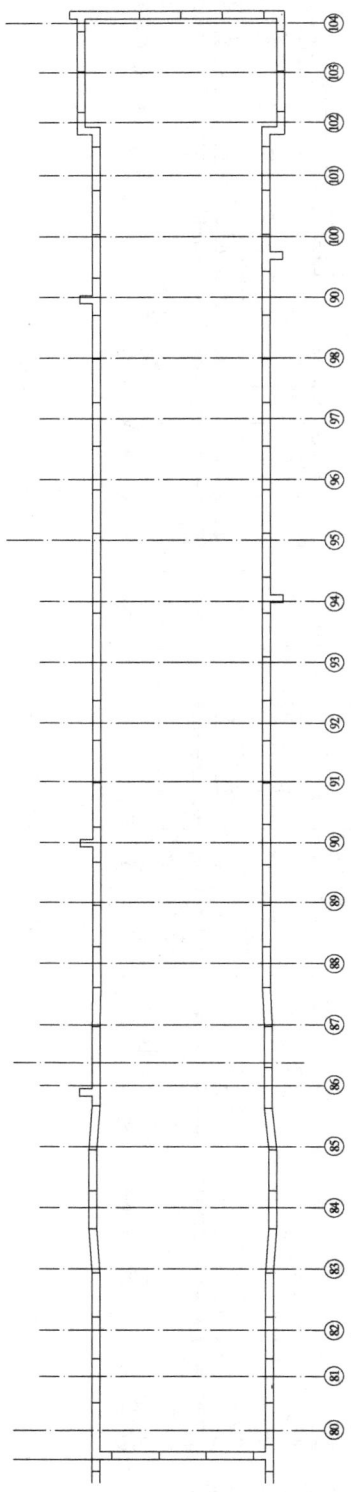

图1-4 东门口站地下连续墙布置图

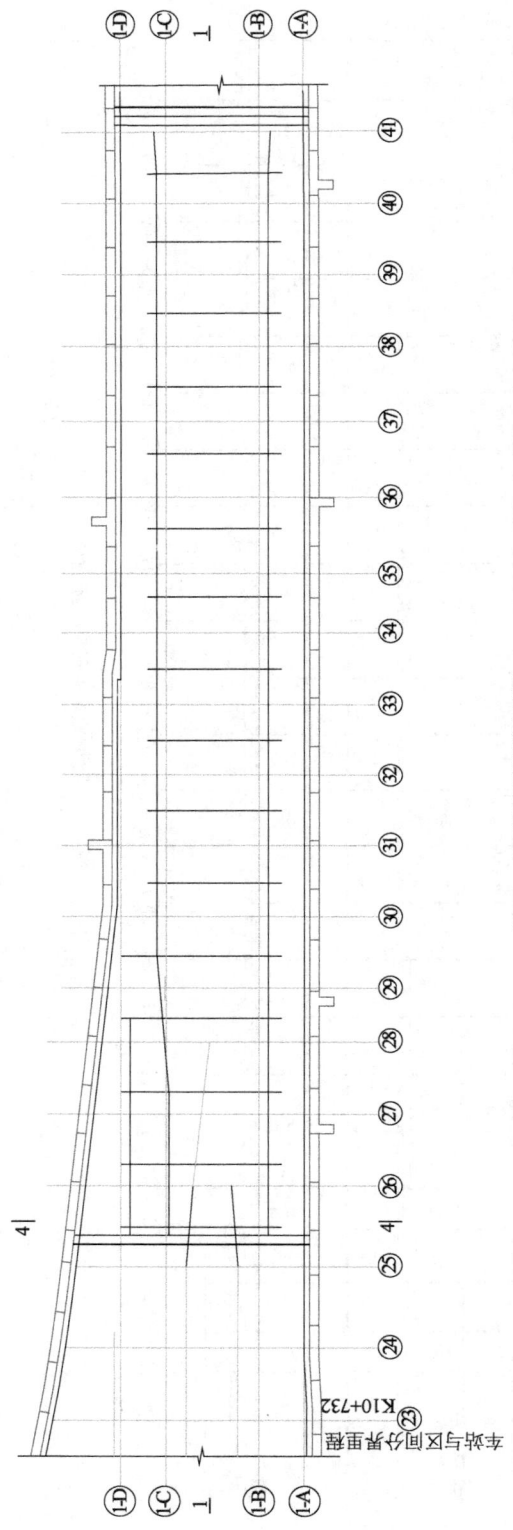

图1-5 区间地下连续墙布置图一

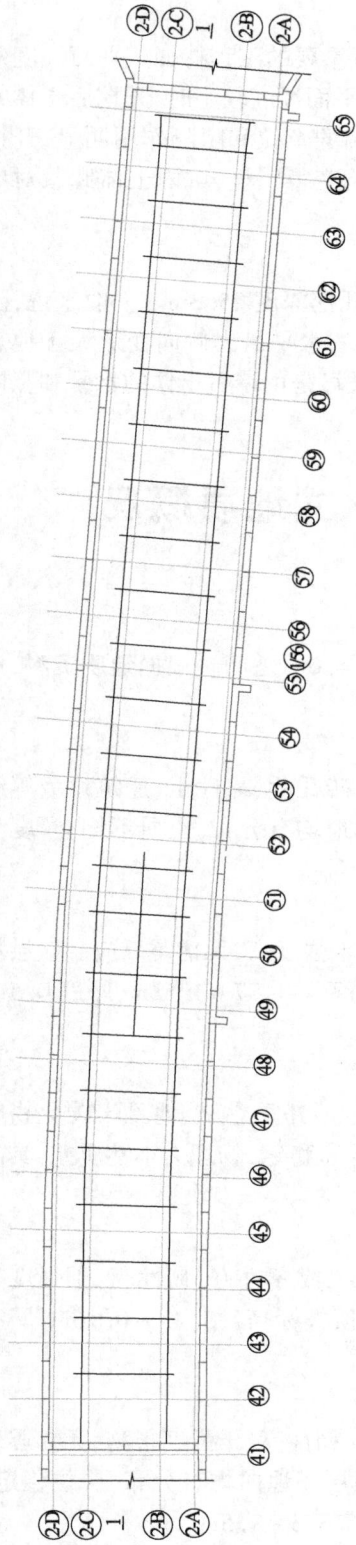

图1-6　区间地下连续墙布置图二

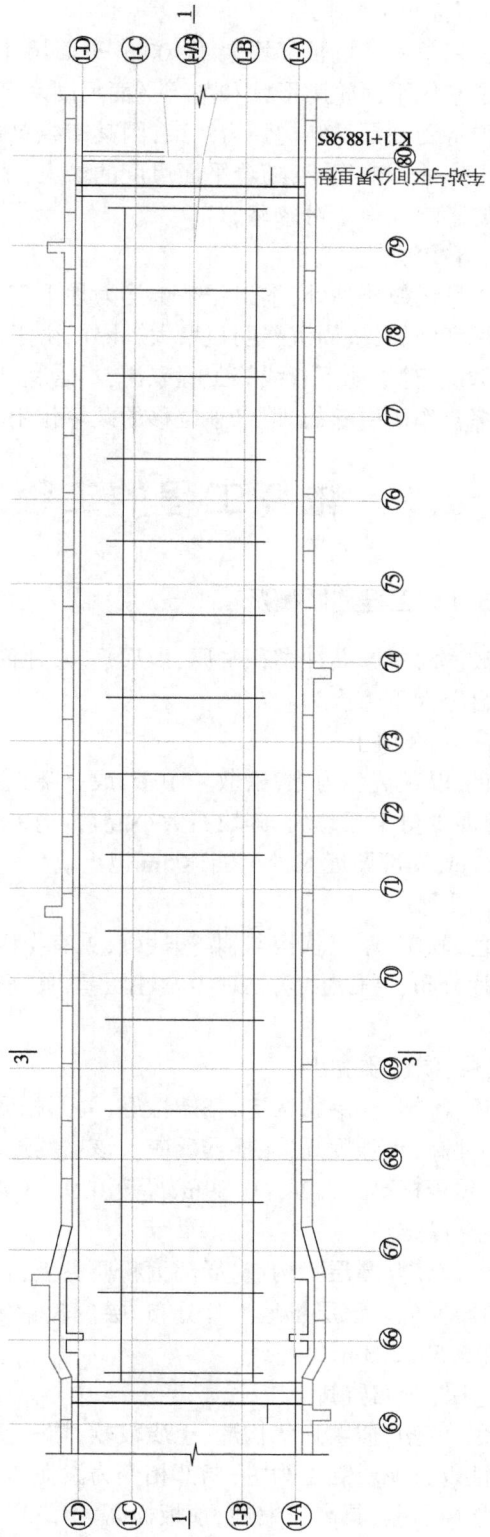

图1-7　区间地下连续墙布置图三

（2）平面尺寸狭长

本工程单一基坑长度均大于100m,平面尺寸狭长为本工程重要的工程特征。平面尺度效应包含了基坑平面轮廓形状和基坑平面尺度两个方面的影响:平面尺度较小时,开挖后土体的卸载回弹将受到围护结构强力约束,因其卸载总量较小,围护墙的牵拉和阻隔作用明显,开挖对周边土体的影响很小;随着平面尺度的增大,平面轮廓的影响变得明显,坑内土体卸载对周边土体的影响变得不可忽略。

（3）开挖深度大

除2号线鼓楼站外,本工程基坑均为地下三层结构,最大开挖深度25.3m。一般来说,随着开挖深度增加,坑周沉降明显增大,此外,由于同一开挖深度的水平最大侧向变形大于地表最大沉降量,对于地下管线等工程来说,尽管基坑周围设施的破坏是由墙后土体的水平和竖向位移的综合作用引起的,但水平位移的破坏作用不容忽视。

1.5 依托工程的工程地质与水文地质概况

1.5.1 工程地质概况

宁波滨海平原属冲湖积平原,地形平坦,地面标高在3.5~4.0m之间。根据地质资料,地层层序自上而下依次为:

①$_{1-1}$层:杂填土

杂色,以灰黄色为主,松散~中密,成分杂,主要由碎块石、砖瓦片、黏性土、建筑垃圾等组成,局部混少量生活垃圾,碎块石大小混杂,均一性差。该层场地均有分布,土质不均,厚度为1.3~4.7m,局部厚度大处可能达5m以上。

①$_{3T}$层:黏土

灰色,软塑,厚层状构造,黏塑性好,见有半碳化物腐殖质,干强度高,无摇震反应。该层场地内大片分布,层位稳定,物理力学性质差,具高压缩性,顶板标高 -1.37~1.52m,厚度0.5~2.9m。

①$_3$层:淤泥质黏土

灰色,流塑,厚层状构造,粘塑性好,局部相变为淤泥或淤泥质粉质黏土,偶见半碳化物腐殖质,韧性高,干强度高,无摇震反应。该层场地内均有分布,层位稳定,物理力学性质差,具高压缩性,顶板标高 -1.24~0.89m,厚度0.9~3.4m。

②$_1$层:黏土

灰色,软塑,厚层状构造,局部为粉质黏土,含少量植物碎屑,黏塑性好,韧性高,干强度很高,无摇震反应。该层场地大片分布,层位较稳定,高压缩性,顶板标高 -3.43~0.16m,厚度较小,为0.5~2.3m。

③$_{2-2}$层:淤泥质黏土

灰色,流塑,似鳞片状构造,土质较软,均一性好,黏塑性好,韧性高,干强度很高,无摇震反应。岩性以淤泥质黏土为主,局部相变为淤泥质粉质黏土。该层场地内均有分布,层位稳定,物理力学性质差,具高压缩性,顶板标高 -4.73~ -0.74m,层厚3.3~7.5m。

②₃层:淤泥质粉质黏土

灰色,流塑,鳞片状构造,夹不规则粉砂薄膜或薄层,黏塑性较高,局部岩性为黏土或淤泥质黏土,韧性高~中等,干强度中等,无摇震反应。该层场地均有分布,物理力学性质差,具高压缩性,顶板标高-10.47~-5.54m,层厚1.8~6.1m。

③₁层:黏质粉土、含黏性土粉砂

灰色,稍密,饱和,厚层状,岩性总体以黏质粉土为主,局部为含黏性土粉砂,混杂黏性土团块。韧性低,干强度低,摇震反应明显。该层零星分布,主要分布于场地的东南角,顶板标高-13.00~-8.44m,层厚1.7~4.7m。

④₁₋₁层:淤泥质粉质黏土

灰色、流塑,鳞片状构造,含粉团块,土质不均,局部岩性为淤泥质黏土。韧性中等,干强度中等,无摇震反应。该层零星分布,物理力学性质差,具高压缩性,顶板标高-16.72~-14.93m,层厚1.7~5.3m。

④₁₋₂层:粉质黏土

灰色,流塑,鳞片状构造,含粉团块,土质不均,韧性中等,干强度中等,无摇震反应。该层大片分布,物理力学性质差,具高压缩性,顶板标高-18.07~-12.54m,层厚0.7~7.1m。

④₂层:黏土

灰色,流塑~软塑,细鳞片状构造,土质较均一,韧性高,干强度高,无摇震反应。含少量半碳化物,黏塑性较好,岩性总体以黏土为主,局部为粉质黏土。该层大片分布,北部⑤层埋深较浅处缺失,物理力学性质差,具高压缩性,顶板标高-21.98~-16.04m,层厚1.0~11.8m。

⑤₁层:粉质黏土

灰绿色、灰黄色,可塑,局部硬塑,少数呈软塑状,厚层状构造,含铁锰质结核,韧性高,干强度高,无摇震反应,岩性以粉质黏土为主,局部为黏土。该层仅场地北部局部有分布,物理力学性质较好,具中等压缩性,顶板埋深和厚度变化均较大,顶板标高-19.66~-15.20m,层厚1.3~6.8m。

⑤₂层:粉质黏土

灰绿色、灰黄色,可塑,局部软塑,一般上段厚层状,下段薄层状构造,薄层厚2~6mm,层间夹粉土薄膜,含铁锰质结核,韧性中等,干强度中等,无摇震反应。该层场地基本均有分布,局部缺失,物理力学性质较好,具中等压缩性,顶板埋深和厚度变化均较大,顶板标高-30.29~-18.21m,层厚0.5~10.4m。

⑥₂层:粉质黏土

灰色,软塑,局部流塑,薄层状构造,层厚2~6mm,局部层面附粉土,部分地段下部为厚层状,黏塑性一般,韧性中等,干强度中等,无摇震反应。局部粉粒含量较高。该层场区基本均有分布,层位稳定,物理力学性质较差,具中偏高压缩性,顶板标高-32.63~-24.79m,层厚8.6~17.5m。

⑦₁层:粉质黏土

灰黑色、灰黄色、灰绿色,可~硬塑,厚层状为主,韧性高~中等,干强度中等~高,无摇震反应,岩性以粉质黏土为主,局部为黏土。该层场地均有分布,物理力学性质较好,具中等压缩性,顶板标高-44.71~-38.91m,层厚一般2.1~10.3m。

施工场地内各土层物理力学参数详见表1-2,土层剖面图如图1-8~图1-11所示。

宁波轨道交通 1 号线 1103 标段地质土层常规物理力学指标统计表

表 1-2

土层编号	土层名称	层厚 (m)	天然重度 γ (kN/m³)	含水率 w (%)	压缩系数 $a_{0.1-0.2}$ (1/MPa)	压缩模量 $E_{s0.1-0.2}$ (MPa)	内摩擦角 φ (°)	黏聚力 c (kPa)	静止侧压力系数 K_0	无侧限抗压强度 q_u (kPa)
①$_{3T}$	黏土	0.5~2.9	18.2	32	0.72	3.17	11.0	21.0	0.52	40.3
①$_3$	淤泥质黏土	0.9~3.4	17.4	42	1.08	2.49	8.5	13.8	0.66	20.4
②$_1$	黏土	0.5~2.3	18.6	45	0.56	3.74	11.7	19.9	0.58	39.8
②$_{2-2}$	淤泥质黏土	3.3~7.5	17.5	30	0.95	2.48	9.4	15.5	0.65	22.9
②$_3$	淤泥质粉质黏土	1.8~6.1	18.2	28	0.73	2.90	9.8	16.7	0.63	33.3
③$_1$	黏质粉土,含黏性土粉砂	1.7~4.7	19.3	28	0.33	5.54	24.6	6.5	0.45	43.7
④$_{1-1}$	淤泥质粉质黏土	1.7~5.3	18.1	30	0.69	3.13	10.5	17.4	0.60	32.8
④$_2$	黏土	1.0~11.8	17.8	46	0.77	3.10	11.2	21.6	0.58	46.0
⑤$_1$	黏土,粉质黏土	1.3~6.8	19.7	26	0.28	6.39	16.5	42.6	0.42	95.0
⑤$_2$	粉质黏土	0.5~10.4	19.4	26	0.36	5.22	16.0	35.2	0.45	87.0
⑥$_2$	粉质黏土	8.6~17.5	18.7	21	0.48	4.20	13.0	25.7	0.50	83.1

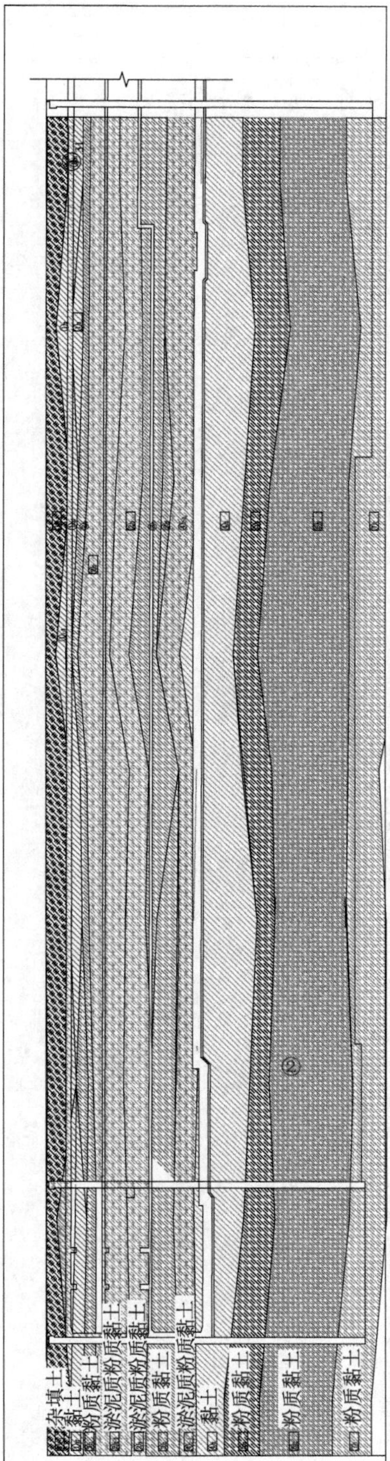

图1-8 1号线鼓楼站地质纵剖面图

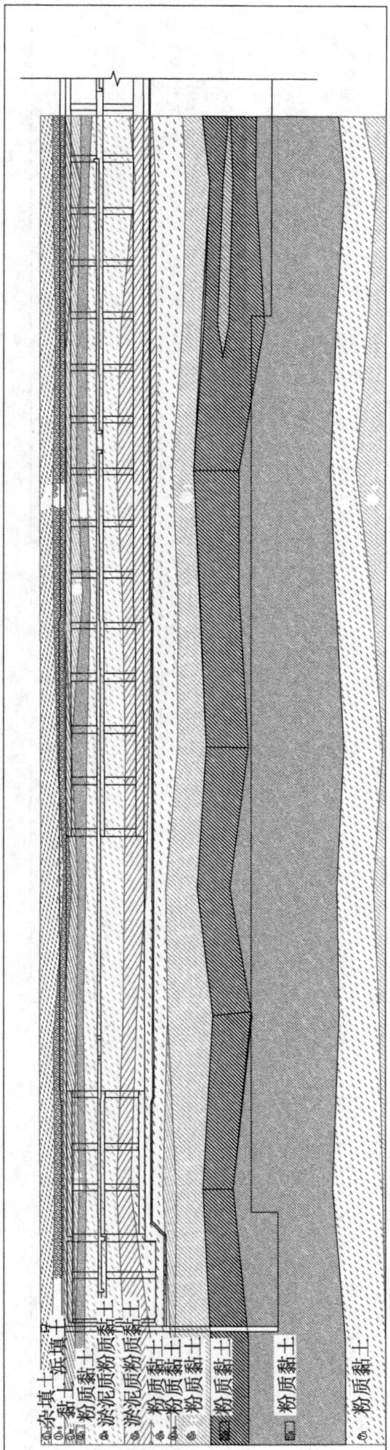

图1-9 2号线鼓楼站地质纵剖面图

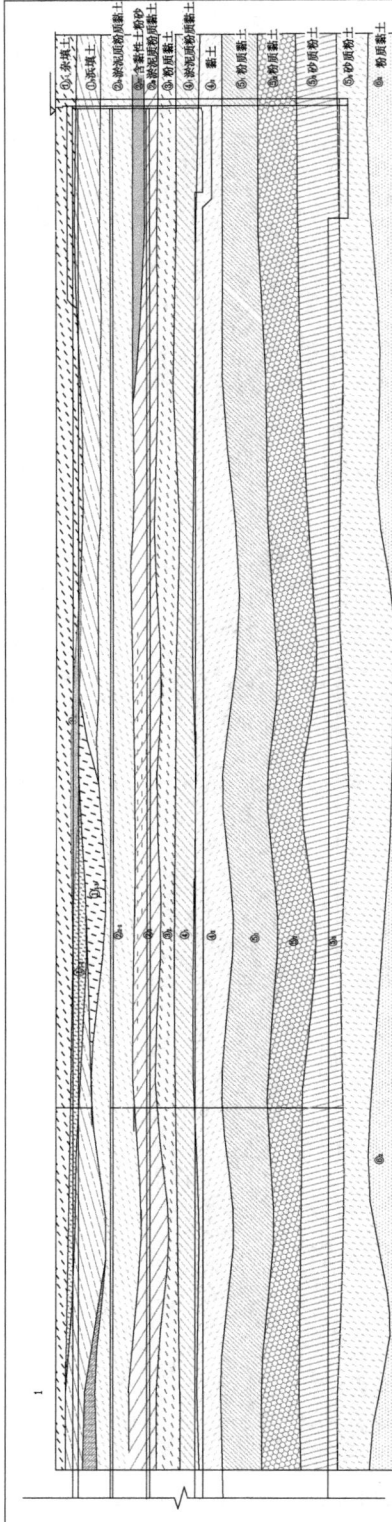

图1-10　东门口站地质纵剖面图

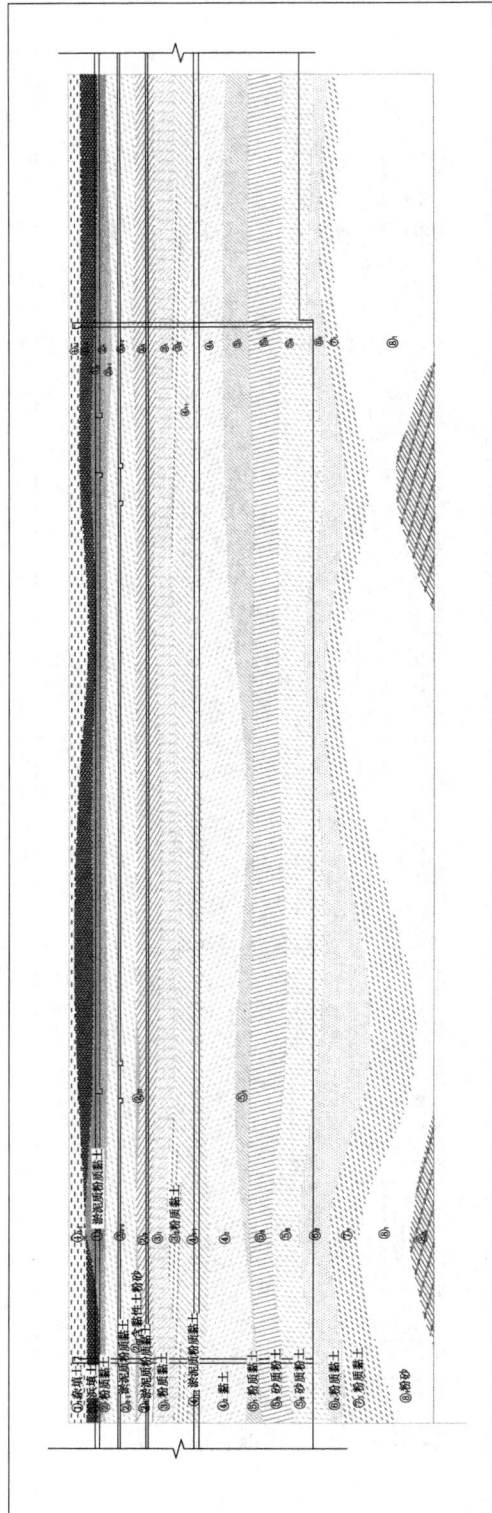

图1-11　鼓楼站—东门口站区间地址纵剖面图

1.5.2 水文地质概况

根据地下水含水层介质、水动力特征及其赋存条件,场地范围内与工程有关的地下水可分为孔隙潜水和孔隙承压水两类。

（1）孔隙潜水

表部填土富水性和透水性均较好,水量较大;浅层黏土和淤泥质土富水性、透水性均差,渗透系数为 $4.07 \times 10^{-7} \sim 3.0 \times 10^{-6}$ cm/s,水量贫乏,单井出水量小于 $5m^3/d$。场地内孔隙潜水主要接受大气降水竖向入渗补给和地表水的侧向入渗补给,多以蒸发方式排泄。水位受季节及气候条件等影响,但动态变化不大,潜水位变幅一般在 $0.5 \sim 1.0m$。实测潜水位埋深一般为 $0.5 \sim 2.6m$,标高 $0.5 \sim 2.2m$,平均标高为 $1.16m$,潜水最低水位按实测水位向下 $1.0m$。

（2）孔隙承压水

根据详勘资料,施工场地范围内埋藏分布有三层孔隙承压含水层,主要为浅部微承压水,深部承压含水层可划分为第 I 含水层组(Q_3)和第 II 含水层组(Q_2)。

①孔隙微承压水。

浅层微承压水主要赋存于含黏性土粉砂中,含水层厚一般为 $2 \sim 4m$,局部夹较多黏性土薄层,透水性一般,水量相对较小,单井出水量在 $6 \sim 15m^3/d$,砂质较纯、厚度较大的地段出水量相对较大,水位埋深为 $1.8 \sim 2.5m$,渗透系数为 $1.18 \times 10^{-4} \sim 4.76 \times 10^{-4}$ cm/s,水温为 19℃左右,水质为微咸水,地下水基本不流动。

② I 层孔隙承压水。

第 I 层孔隙承压水赋存于⑥$_2$和⑧层粉质黏土、粗砂和圆砾层中,透水性好,平均渗透系数约 $30.5m/d$,水量丰富,单井开采量 $500 \sim 1000m^3/d$,含水层顶板埋深一般为 $45.0 \sim 62.0m$,含水层厚度 $5 \sim 10m$,层位稳定,水位埋深 $3.0 \sim 5.5m$,动态变化不明显,基本不流动。透水性较好,水温为 $19.5 \sim 20.0$℃,水质为微咸水,水化学类型以 $Cl \cdot SO_4 - Na \cdot Ca$ 型为主。

③ II 层孔隙承压水。

第 II 层孔隙承压水赋存于⑨$_3$、⑩$_2$层圆砾、卵石和中粗砂层中,透水性较好,水量较大,单井开采量一般为 $1000 \sim 1500m^3/d$,是市区主要淡水开采层之一,水温为 $20.5 \sim 21.0$℃,原始水位略高于第 I 含水层,水位埋深 $3.5 \sim 5.0m$。

第2章　市区复杂环境下的交通导改技术

宁波轨道交通 1 号线一期工程鼓楼站、东门口站、鼓东区间及其附属工程地处宁波市政治、经济文化中心，交通路貌错综复杂，交通流量日趋饱和，工程涉及的交通导改需要反复论证，修改完善，确定合理的交通疏解方案，为轨道交通工程的顺利推进提供强力保障。1 号线一期工程累计实施交通疏解 112 次，积累了丰富的经验，形成了基于城市交通现状的交通导改整体技术。

2.1　交通导改难点分析

宁波轨道交通 1 号线一期工程鼓楼站、东门口站、鼓东区间及其附属工程，全长约 1.1km，均采用明挖法施工，地下三层结构，最深达 25.3m，宽约 23m。工程位于宁波市最繁华的鼓楼至天一广场商圈范围（图 2-1），中山路、解放路道路平均宽度约 36m，交通流量巨大，地下管线复杂。

图 2-1　工程所处区域的周边环境

因本工程所处场地为繁华闹市区，施工场地狭小，道路断流将带来巨大的经济和社会问题，交通导改难度巨大，具有如下特点：

（1）交通疏解涉及多种专业

本工程包括大型地铁车站和区间开挖、换乘区域的大面积三角区施工、众多出入口等附属工程,其交通疏解具有区域协调性、系统性等特点,作为一项综合性的工作,本工程的交通导改涉及交通、城规、道路与基础结构、市政管线等多种专业的协同处理。

（2）交通疏解需要协调众多部门

本工程的交通导改需要宁波轨道交通与政府、市政规划部门、国土资源部门以及交警城管等部门的协同合作,不同部门之间可能会存在不同的意见,沟通协调的难度很大。特别是基于现状交通存在的问题,配合交通部门对还建后的交通进行整治亦涉及众多部门和单位的协调工作。

（3）交通疏解需要配合施工进度

本工程位于繁华闹市区,且施工面积巨大,需要结合项目施工进度,针对性地设置临时性的疏导工程,在实际处理中本工程按先主体后附属的思路逐步开展施工,道路采用"借一还一"的原则进行交通疏导,有效地利用了施工进度而产生的交通空间。

2.2　交通导改的基本原则

本工程在进行交通导改设计时基于工程所处的外部交通环境,提出了复杂闹市区地铁工程交通导改的基本原则如下:

（1）"借一还一"的原则

即为了保证道路具有足够的车道数和宽度应对现状交通的需要,本工程因为施工而每占用一个机动车道就要在非机动车道、人行道或绿化带中临时借用一个机动车道供车辆通行。

（2）优先保障有序,兼顾安全畅通原则

随着大量施工节点和单行、绕行对交通的影响,市区交通量势必明显增加,各路口排队长度、拥堵程度都将加剧,首要任务是通过科技监控、严格管理保证堵而不乱,有序通行。

（3）"点、线、面、界"组织原则

即整个交通导改设计分四个层次,按节点、中山路一线、核心区块、外围边界控制分别进行交通组织。通过整理次干道路、背街小巷,实施部分单行线等方法挖掘交通潜力。

（4）交叉口优先的原则

由于城市道路的交叉口是交通流的节点位置,若交叉口发生拥堵则会造成区域性、系统性的交通拥堵,因此本工程在施工期的交通导改过程中充分保留各交叉口的面积和相应的车道数目,设置足够多的标志标线和信号设备,优先保证交叉口的交通组织不受施工的影响。

（5）行人和公共交通优先的原则

为贯彻执行以人为本的基本原则,发挥公共交通在交通引导和组织中的重要作用,本工程尽量预留或新设行人通道和公交通道,减少行人和公共交通的绕行距离,合理安排站点设置,既能保证站点不干扰本工程施工,又能保证公交站点布置的系统性。

（6）诱导为主,管制为辅的原则

在交通导改期间,加强交通诱导,指示交通参与者自觉自助分流,在高峰期由各项目部自发组织人员进行交通疏导,保障道路畅通。

（7）科学性和可操作性原则

结合交通规划设计的基本理论，交通导改后的交通标志标线和信号设置需要具有严格的科学性，充分发挥道路的通行能力，避免因为导改设计问题而产生的交通拥堵。同时，由于施工进度原因，交通导改设计需要具有非常强的可操作性，能够在较短的时间内迅速完成交通导改的更新。

（8）施工进度与交通导改系统设计的原则

施工图设计需要与交通导改设计同步进行，相互协调配合，做到既能为地铁施工提供良好的外部环境，保证地铁正常的施工组织，确保施工工期的顺利完成，又要保证地铁的施工不会严重地干扰城市特别是繁华市区的交通状况，不会成为城市交通的拥堵节点。

2.3 基于城市交通现状的交通导改整体技术和方案

1号线一期工程地处宁波市中山路商业繁华区域，交通流量日趋饱和状态，涉及三个交警大队（海曙、江东、鄞州），这给交通疏解工作带来诸多不便和困难。为此，宁波轨道交通把此项工作作为"三大难题"来抓，由工程处副处长负责，积极整合各方资源，配合协调交警相关部门，探索出一套行之有效的交通疏解工作管理方法：

①项目部报交通导改初步方案。

②经宁波市工程学院交通运输研究所专业工程师到实地对接，修改完善交通疏解方案。

③报交警相关部门审批。

④由宁波市交警局协调相关辖区交警部门到现场踏勘确认，落实具体实施交通疏解时间。

在1号线、2号线鼓楼站中还包括换乘节点、大三角区，位于市中心主干道中山路及解放南路交界口，工程将开挖交界口及东北侧三角区几乎所有的地下空间，是标段内所有区域导改中的重难点。下面将以鼓楼站为例介绍本工程交通导改整体技术和方案。

交通导改一：导改前中山路为东西向4车道，西东向2车道，外加2侧较宽的非机动车道（图2-2）。中山东路南侧原阳光广场绿地部分路面硬化，作为向东的机动车道（图2-3）。

图2-2　导改前中山路现状

图2-3　硬化路面

交通导改二:配合鼓楼站基坑开挖施工,进行施工围挡和交通导改。鼓楼站一期交通疏解施工围挡见图2-4,鼓楼站二期交通疏解施工围挡见图2-5。

图2-4　鼓楼站一期交通疏解施工围挡

图2-5　鼓楼站二期交通疏解施工围挡

交通导改三:考虑到对交通的影响尽可能缩短,鼓楼站西侧施工完成临时车道盖板,通行南北向车辆后可进行路口西侧导改(图2-6),加紧施工1号线鼓楼站顶板,及时恢复路面(图2-7)。

图2-6　施工临时车道盖板

图2-7　恢复路面

交通导改四:拆除部分围挡,恢复交通(图2-8)。在鼓楼站完成临时车道盖板的同时,准备换乘节点的导改。换乘节点一期围挡完成后,机动车道改至围挡南北两侧(图2-9)。

图2-8　拆除部分围挡恢复交通

图2-9　调整机动车道位置

交通导改五:在1号线鼓楼站顶板完成恢复路面后,换乘节点围挡围至南侧,机动车道移到北侧(图2-10)。大三角A区为1号线开通节点,根据总体工程筹备的需要,将原大三角区基坑分为A、B两区。在1号线鼓楼站恢复路面的同时开始大三角A区的施工,围挡从原项目部驻地南外扩(图2-11)。

图2-10 顶板完成恢复路面后调整机动车道

图2-11 大三角区围挡

交通导改六:换乘节点完成后,开始2号线鼓楼站南端头井及鼓楼站5号风井的施工,机动车道导改至解放南路西侧(图2-12)。2号线鼓楼站南端头井及鼓楼站5号风井施工完成后,大三角B区交通导改(图2-13)。

图2-12 端头井及风井施工后机动车道导改

图2-13 端头井及风井施工后大三角区导改

工程的总体工程筹备与交通导改相互影响,交通导改为工程的推进创造了有利条件,同时,通过合理安排施工工筹,可以在保证交通通行的前提下开展施工。交通导改可以分块多次进行,但需要相互衔接,提前筹划,才能保证工程顺利推进。

第3章　适应地层变化的地下连续墙成槽施工技术

泥浆护壁成槽过程中槽壁的稳定是保证地下连续墙顺利施工及其墙体施工质量的关键。虽然在长期的工程实践中,泥浆护壁成槽技术在施工工艺、施工机械和设备、施工质量控制等方面已经较为成熟,但是开挖失稳并导致邻近建(构)筑物损坏或生命财产损失的情况仍然时有发生。从理论、实践两方面对成槽物理过程及土体形态的变化进行研究对于有效指导成槽施工极为重要。

3.1　连续墙成槽施工控制参数研究

按照宁波轨道交通1号线一期工程相关合同和规定的要求,施工单位每施作完成一幅地下连续墙并自检合格后,需向监理单位提交连续墙施工工程报验单,工程报验单包含如下资料:地下连续墙泥浆护壁配制记录表、地下连续墙单元槽段成槽记录表、隐蔽工程验收记录、钢筋笼制作安放施工记录、混凝土浇筑申请书、地下连续墙槽段混凝土灌注记录、地下连续墙支护工程检验批质量验收记录和超声波成槽检测记录。

梳理工程报验单中关于施工顺序、成槽深度、成槽速度和混凝土浇筑速度的相关参数并汇总,汇总结果见表3-1。

施工过程中相关参数汇总　　　　　　　　　　　　　　　　表3-1

因　　素	来　　源	参　　数	单　　位
施工顺序	地下连续墙槽段混凝土灌注记录	附图	—
成槽深度	地下连续墙成槽施工记录统计表	槽壁深度	m
成槽速度	地下连续墙单元槽段成槽记录表	成槽开始时间	s
	地下连续墙单元槽段成槽记录表	成槽完毕时间	s
混凝土浇筑速度	地下连续墙槽段混凝土灌注记录统计表	混凝土浇筑平均速度	m³/h
扩孔系数	地下连续墙槽段混凝土灌注记录统计表	本槽段混凝土实际浇筑数量	m³
	地下连续墙槽段混凝土灌注记录统计表	本槽段混凝土理论数量	m³

根据各表对应的相关参数确定不同施工因素对应的扩孔系数,并在此基础上分析施工控制参数对扩孔系数乃至地下连续墙槽壁稳定性的影响。

3.1.1 施工顺序

地下连续墙采用跳槽法开挖,按照单元槽段施工与相邻槽段施工的先后顺序将单元槽段划分为首开幅、连接幅、闭合幅,以图3-1所示划分方法进行说明。第一步施作首开幅地下连续墙[图3-1a)];第二步根据跳槽法施作临近槽段一首开幅地下连续墙[图3-1b)];第三步施作与首开幅地下连续墙相邻的连接幅地下连续墙[图3-1c)];第四步施作首开幅地下连续墙与首开幅地下连续墙之间的闭合幅地下连续墙[图3-1d)]。

按照以上方法对地下连续墙各单元槽段进行分类,不同幅型地下连续墙与扩孔系数的分布见图3-2,不同幅型地下连续墙对应的扩孔系数均值见表3-2。

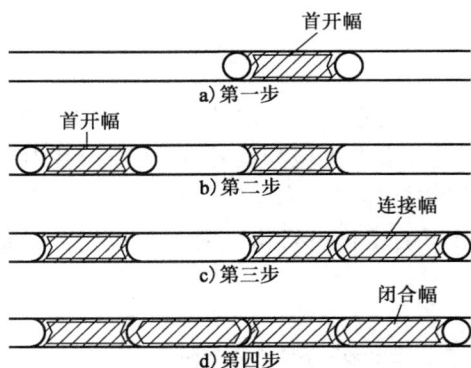

图3-1　连续墙单元槽段施工顺序

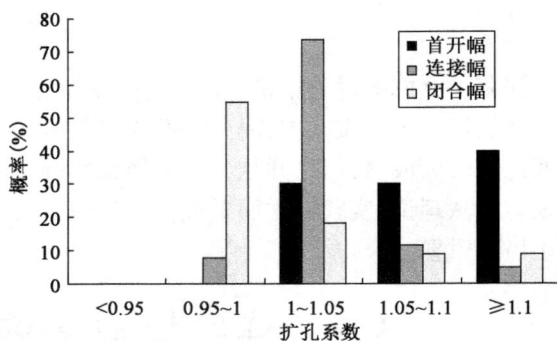

图3-2　不同幅型地下连续墙与扩孔系数的关系

不同幅型地下连续墙对应的扩孔系数均值　　　　　　　　　表3-2

幅　　型	均　　值	标　准　差
全部幅型	1.036	0.025
首开幅	1.085	0.030
连接幅	1.030	0.036
闭合幅	1.007	0.056

施工顺序对扩孔系数的影响主要由混凝土浇筑过程中锁口管受混凝土侧压力变形引起,以鼓楼站 WF10-03 连接幅地下连续墙为例,该幅连续墙施作完成后对连续墙接头进行超声波检测,检测记录见图3-3,可见锁口管中部发生较大变形。

用 SAP2000 结构分析软件计算地下连续墙混凝土浇筑过程中锁口管的变形:锁口管外径1m,壁厚25mm,底端做收口处理并插入墙趾下土层1.5m,锁口管顶端高出导墙0.5m并用槽钢固定以限制顶部水平位移,新浇筑的混凝土作用于模板的最大侧压力 F 采用《混凝土结构工程施工质量验收规范》(GB 50204—2015)规定的方法计算,按式(3-1)、式(3-2)计算并取二者中较小值,有效压头高度 h 按式(3-3)式计算:

$$F = 0.22\gamma_c t_0 \beta_1 \beta_2 v^{\frac{1}{2}} \qquad (3-1)$$

$$F = \gamma_c H \qquad (3-2)$$

$$h = \frac{F}{\gamma_c} \qquad (3-3)$$

式中：γ_c——混凝土的重力密度（kN/m³），取
24kN/m³；

t_0——新浇筑混凝土的初凝时间（h），取实测
时间 3.0h；

v——混凝土的浇筑速度（m/h），取 40m 地
下连续墙平均浇筑速度 9.18m/h；

H——混凝土侧压力计算位置处至新浇筑混
凝土顶面的总高度（m），取40m；

β_1——外加剂影响修正系数：不掺外加剂时
取 1.0，掺具有缓凝作用的外加剂时取
1.2，该处未添加缓凝剂，取1.0；

β_2——混凝土坍落度影响修正系数：当坍落
度小于 50mm 时，取 0.85；当坍落
度大于等于 50mm、小于 110mm 时，取 1.0；
当坍落度大于等于 110mm 时，取
1.15，该处混凝土坍落度为 200mm，取
1.15。

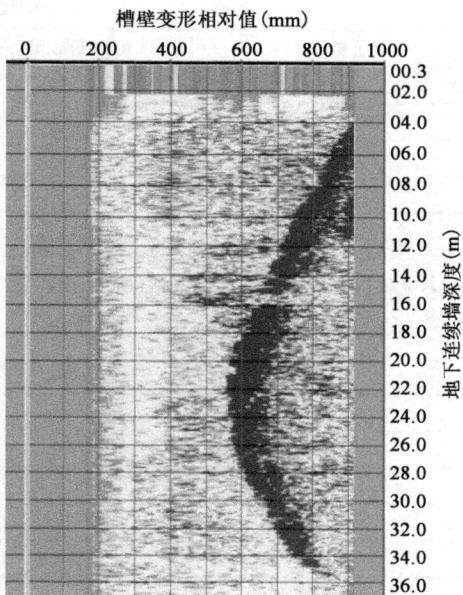

图 3-3　WF10-03 幅地下连续墙接头处变形

现浇混凝土侧压力 $F = 55.19\text{kN/m}^2$，对于1m直径锁口管，单位长度混凝土侧压力 $G = F \times \pi D/2 = 86.66\text{kN/m}$，有效压头高度 $h = 2.30\text{m}$。

锁口管槽外侧采用弹性地基梁模拟，单元槽段深度范围内为回填黏土，单元槽段深度以下插入墙趾土层，锁口管变形计算模型见图3-4，计算结果见图3-5。

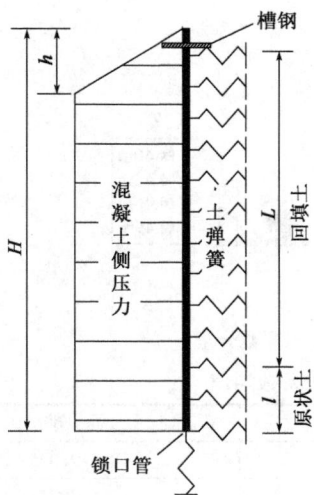

图 3-4　锁口管变形计算模型

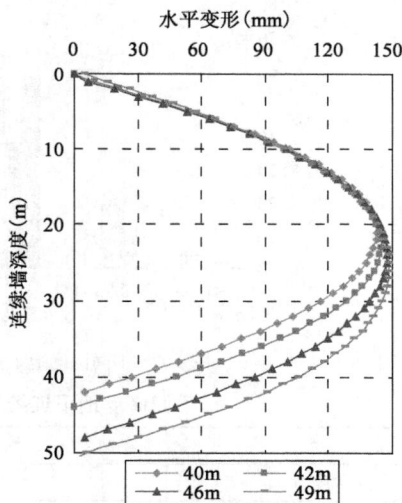

图 3-5　锁口管受压后变形

计算不同深度连续墙接头变形区域的体积，可根据该体积修正首开幅与闭合幅的实际混凝土浇筑方量，不同深度连续墙接头变形区对应的体积见表3-3。

不同深度连续墙接头处变形体积 表 3-3

深度（m）	最大变形量（mm）	最大变形位置（m）	变形区体积（m³）
40	143	21	7.89
42	145	22	8.46
46	148	24	9.56
49	149	26	10.37

用表 3-3 中的接头处变形体积修正不同施工顺序对应的连续墙实际浇筑混凝土量，修正后各幅型扩孔系数见表 3-4，可见修正后首开幅、连接幅和闭合幅扩孔系数差异不大，即施工顺序对槽壁稳定性的影响很小。

修正后不同幅型对应的扩孔系数均值 表 3-4

幅　型	均　值	标 准 差
全部幅型	1.036	0.025
首开幅	1.040	0.044
连接幅	1.030	0.036
闭合幅	1.035	0.057

3.1.2　成槽深度

为找出软弱土层超深地下连续墙成槽深度与槽壁稳定性的关系，选取 1 号线鼓楼站 46m（标准段）和 49m（端头井）与东门口站 40m（标准段）和 42m（端头井）四种不同深度地下连续墙与对应槽段混凝土浇筑完成后的扩孔系数进行对比分析，不同深度地下连续墙对应的扩孔系数分布见图 3-6，不同深度地下连续墙对应的扩孔系数均值见表 3-5。

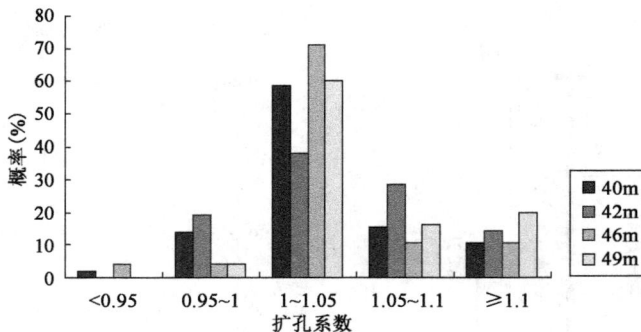

图 3-6　不同深度地下连续墙对应的扩孔系数分布

不同深度地下连续墙对应的扩孔系数均值 表 3-5

深　度	均　值	标 准 差
全部深度	1.036	0.025
40m	1.038	0.047
42m	1.050	0.054
46m	1.031	0.044
49m	1.056	0.056

对比 40m/42m 与 46m/49m 两组地下连续墙对应的扩孔系数可发现,42m/49m 相对于 40m/46m 扩孔系数有增大的趋势,即成槽深度与扩孔系数存在正相关关系,单元槽段越深,扩孔系数越大。

槽壁稳定性可按经典土力学滑动理论,取滑动楔形土体进行分析[图 3-7a)]:OA 为槽壁,OB 为最危险破裂滑动面,其倾角为 $45° + \varphi/2$(φ 为土体内摩擦角),H 为槽深。

主动土压力强度 e_a 为:

$$e_a = K_a \gamma z - 2c \sqrt{K_a} \qquad (3\text{-}4)$$

主动土压力 p_a 为:

$$p_a = \frac{1}{2}\gamma H^2 K_a - 2c \sqrt{K_a} + qH \sqrt{K_a} \quad (3\text{-}5)$$

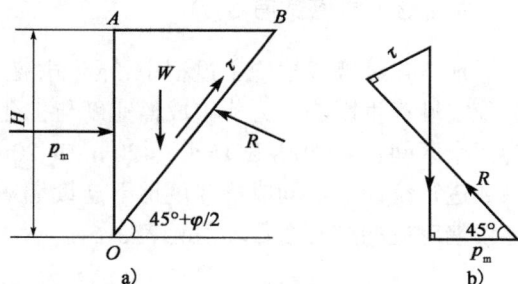

式中:z——任意深度(m);

　　γ——土体重度(kN/m³);

　　K_a——主动土压力系数,$K_a = \tan^2(45° + \frac{\rho}{2})$;

　　q——地面超载。

图 3-7　黏性土中槽壁稳定性

对于饱和状态的土,$\varphi = 0$,$c = \tau_u$(τ_u 为不排水抗剪强度),于是有:

$$e_a = \gamma z - 2\tau_u \qquad (3\text{-}6)$$

$$p_a = \gamma \frac{H^2}{2} + qH - 2\tau_u \qquad (3\text{-}7)$$

设土压力强度 $e_a = 0$ 时的深度为 z_0,则有:

$$z_0 = \frac{2\tau_u}{\gamma} \qquad (3\text{-}8)$$

当 $z < z_0$ 时,e_a 为负值,这表明 z_0 在以上范围内不产生侧压力,槽壁是稳定的。令 $p_a = 0$,根据式(3-8)即可求得槽壁能稳定自立的最大深度,即临界槽深 H_{cr}:

$$H_{cr} = \frac{4\tau_u - 2q}{\gamma} \qquad (3\text{-}9)$$

无地面超载时,$q = 0$,则:

$$H_{cr} = \frac{4\tau_u}{\gamma} \qquad (3\text{-}10)$$

上面分析并未考虑泥浆的静水柱压力,实际施工时,槽内充满了重度为 γ_m 的泥浆,泥浆对槽壁有一定的支持作用。

图 3-7a)中,$\triangle OAB$ 上作用的力有:土体自重 W(包括地面超载)、OB 面上的抗剪力,泥浆对槽壁产生的作用力 p_m(按静水压力考虑)及破裂滑动面上的法向力 R,图 3-7b)为楔形土体 OAB 的力平衡图。

在 OA 面上作用的水平力为 $p_m - p_a$,令 $p_m - p_a = 0$ 可求得临界槽深 H_{cr},即:

$$H_{cr} = \frac{4\tau_u - 2q}{\gamma - \gamma_m} \qquad (3\text{-}11)$$

没有地面超载时($q=0$):

$$H_{cr} = \frac{4\,\tau_u}{\gamma - \gamma_m} \qquad (3\text{-}12)$$

以上公式说明,如果泥浆的重度 γ_m 大,临界槽深 H_{cr} 也就大,假使 γ_m 接近于 γ,就与深度无关,槽壁总是稳定的。因此施工中应用重度较大的泥浆是有利于槽壁稳定的。

3.1.3 成槽速度

地下连续墙成槽施工过程中,抓斗式液压成槽机的成槽速度可能对地下连续墙槽壁变形及稳定性产生影响。为找出成槽速度与扩孔系数之间的对应关系,将成槽速度 $v(\mathrm{m^3/h})$ 划分为四个区间:$v<15\mathrm{m^3/h}$、$15\leqslant v<20\mathrm{m^3/h}$、$20\mathrm{m^3/h}\leqslant v<25\mathrm{m^3/h}$ 和 $v\geqslant25\mathrm{m^3/h}$,并对各区间扩孔系数进行统计。不同成槽速度地下连续墙对应的扩孔系数分布见图3-8,不同成槽速度地下连续墙对应的扩孔系数均值见表3-6。

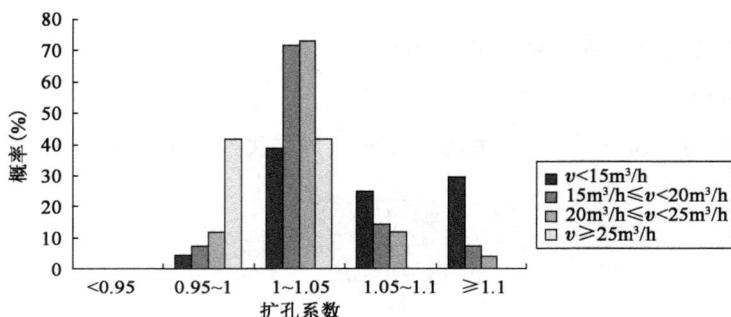

图3-8 不同成槽速度地下连续墙对应的扩孔系数分布

不同成槽速度地下连续墙对应的扩孔系数均值 表3-6

成槽速度（m³/h）	均 值	标 准 差
全部成槽速度	1.036	0.025
$v<15$	1.071	0.063
$15\leqslant v<20$	1.036	0.034
$20\leqslant v<25$	1.026	0.034
$v\geqslant25$	0.986	0.026

由图3-8和表3-6可看出,当成槽速度在一定范围内时,成槽速度与扩孔系数呈负相关关系:成槽速度越慢,扩孔系数越大,槽壁变形和稳定性越差。当成槽速度过快时,抓斗往复作用产生的负压作用反而会破坏地下连续墙槽壁的稳定性。

成槽速度对槽壁稳定性的影响主要通过成槽时间对泥浆性能的影响来体现,成槽时间越长,泥浆就会长时间处于静置状态,其固体颗粒发生离析沉淀,在特殊情况下,泥浆的上部成为普通的清水,清水或接近于清水的泥浆没有维护槽壁稳定的功能;泥浆和地下水之间的压力差可抵抗土压力和水压力,以维护槽壁的稳定,若泥浆的相对密度较小,就会减小压力差,降低槽壁的稳定性。

3.1.4 混凝土浇筑速度

为找出混凝土浇筑速度与槽壁稳定性的关系,将混凝土浇筑速度 $v(\text{m}^3/\text{h})$ 划分为四个区间:$v<40\text{m}^3/\text{h}$、$40\text{m}^3/\text{h}\leqslant v<50\text{m}^3/\text{h}$、$50\text{m}^3/\text{h}\leqslant v<60\text{m}^3/\text{h}$ 和 $v\geqslant60\text{m}^3/\text{h}$,并对各区间扩孔系数进行统计。不同混凝土浇筑速度对应的扩孔系数分布见图3-9,不同混凝土浇筑速度对应的扩孔系数均值见表3-7。

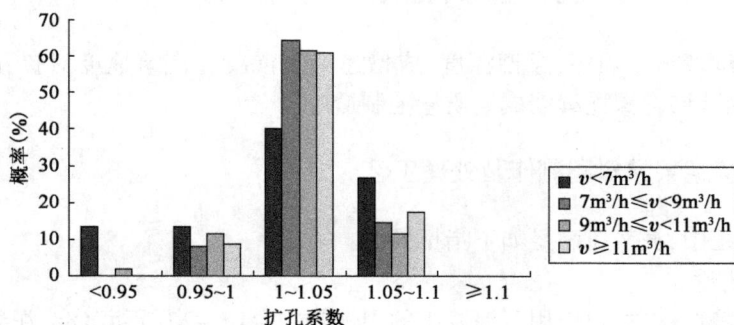

图 3-9 不同混凝土浇筑速度地下连续墙对应的扩孔系数分布

不同混凝土浇筑速度地下连续墙对应的扩孔系数均值   表 3-7

混凝土浇筑速度(m^3/h)	均 值	标 准 差
全部浇筑速度	1.036	0.025
$v<7$	1.042	0.077
$7\leqslant v<9$	1.044	0.049
$9\leqslant v<11$	1.039	0.046
$v\geqslant11$	1.029	0.030

由图3-9和表3-7可看出,当混凝土浇筑速度对扩孔系数影响不大,即混凝土浇筑速度对地下连续墙槽壁变形与稳定性影响不大。

混凝土浇筑速度是影响混凝土对模板侧压力的一个重要影响因素,随着混凝土浇筑速度的增加,混凝土侧压力也增大。大多数研究者认为,混凝土的最大侧压力 F 与浇筑速度 v 的关系式为幂函数(即 $F=kv$),图3-10为关于浇筑速度与最大侧压力的关系曲线。

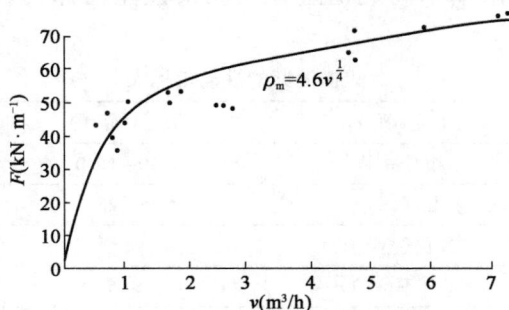

图 3-10 混凝土最大侧压力与浇筑速度的关系

根据图3-9,若混凝土浇筑速度增大,则混凝土作用于模板的最大侧压力也随之增大,槽壁区域土体受压后变形随之增大;当混凝土浇筑速度显著增大时,势必会导致扩孔系数增大,不利于控制地下连续墙槽壁区域土体的变形。

3.2 宁波软弱地层超深连续墙成槽质量控制措施

结合地下连续墙施工顺序、成槽深度、成槽速度及混凝土浇筑速度对扩孔系数的影响研究,提出宁波软弱地层超深连续墙成槽质量控制措施。

3.2.1 护壁泥浆原料和制作及处理工艺

槽壁施工过程中,泥浆应满足如下指标要求:

(1)物理稳定性

泥浆长时间静置,在重力作用下泥浆中的固体颗粒会产生离析而沉淀,泥浆上部成为普通清水,泥浆物理稳定性应使泥浆静置相当长时间而不产生性质变化。

(2)化学稳定性

泥浆在使用过程中,由于其他物质的进入而使泥浆产生化学反应,致使泥浆由悬浮状态向凝聚状态转化,失去形成泥皮的能力。

(3)合适的流动性

黏度、屈服值和凝胶强度等都是代表流体流动特性的一些指标。

(4)良好的泥皮形成能力

泥浆含有适量的优质膨润土,会形成薄而韧的不透水泥皮,如果泥浆质量恶化,则形成厚而脆的阻水性能差的泥皮。

(5)适当的相对密度

泥浆与地下水之间的压力差可抵抗作用在槽壁上的土压力和水压力,维护槽壁的稳定。泥浆的相对密度大还会提高对土渣的悬浮能力,但如果相对密度过大,会影响浇筑混凝土时,妨碍混凝土与泥浆的置换。

地下连续墙成槽施工过程中泥浆的性能指标要求见表3-8。在清槽和水下灌注混凝土等过程中,泥浆性能的要求基本同成槽过程中泥浆性能指标,其相对密度和黏度取下限值即可。

成槽泥浆的性能指标　　　　　　　　　　　　　　　表3-8

序　号	测定项目	指标范围	测定方法
1	相对密度	1.10～1.20	泥浆相对密度秤
2	黏度(S)	18～25	500/700mL漏斗
3	含砂率(%)	<5	洗砂器
4	胶体率(%)	>95	量杯法
5	30m失水量(mL)	<30	失水量仪

续上表

序 号	测 定 项 目	指 标 范 围	测 定 方 法
6	泥皮厚度(mm)	1~3	失水量仪
7	静切力 1min	2~3N/m²	静切力计
8	pH 值	7~9	pH 试纸
9	稳定值(g/mm³)	30	稳定性筒
10	沉渣厚度(mm)	100	重锤法

为保障泥浆指标达到规定的范围,地下连续墙施工过程中严格控制泥浆性能,主要可以分为两方面:

(1)严格控制护壁泥浆原料和制作

制作泥浆的原材料包含膨润土、CMC 和纯碱(Na_2CO_3),泥浆中各种材料的用量根据泥浆的性能指标由试验确定,一般可按下列重量配合比试配,水∶膨润土∶CMC∶纯碱 = 100∶(8~10)∶(0.1~0.3)∶(0.3~0.4)。在特殊的地质和工程的条件下,泥浆的相对密度需加大,如只增加膨润土的用量不行时,可在泥浆中掺入一些重晶石,达到增大泥浆相对密度的目的。

制备泥浆用搅拌机搅拌,搅拌机加水旋转后缓慢均匀地加入膨润土,慢慢地分别加入CMC、纯碱和一定量的水,充分搅拌后倒入膨润土的水溶液中再搅拌均匀,搅拌后流入储浆池待溶胀 24h 后使用。

(2)泥浆性能调整处理

泥浆在制作和使用过程中,由于受其他因素的影响,致使泥浆的性能指标改变,从而影响成槽施工质量。泥浆性能调整处理一般分为物理调整和化学调整两大类。物理调整方法:泥浆的物理调整方法采取重力沉淀方法,具体就是在现场制作大的泥浆池,将使用过的泥浆抽至泥浆池,利用重力沉淀法将泥浆中的大的泥渣沉淀下来,抽走上层表面的泥浆与新鲜泥浆拌和。化学调整方法如表3-9所示。

化学调浆的一般规则 表3-9

调 整 项 目	处 理 方 法	对其他性能的影响
稳定性增加	加膨润土	失水量减少、静切力、相对密度增加
增加黏度	加 CMC	失水量减少、静切力增加,相对密度不变
pH 值增加	加纯碱	失水量减少、稳定性、静切力、相对密度不变
减少黏度	加水	失水量增加,相对密度、静切力减少
增加相对密度	加膨润土	黏度、稳定性增加
减少相对密度	加水	黏度、稳定性减少,失水量增加
增加静切力	加膨润土和 CMC	黏度、稳定性增加,失水量减少
减少静切力	加水	黏度、相对密度减少,失水量增加
减少失水量	加膨润土和 CMC	黏度、稳定性增加
增加稳定性	加膨润土和 CMC	黏度增加,失水量减少

3.2.2　异型幅连续墙槽壁加固

现场施工记录、理论分析和离心试验均表明,由于本场地地质条件和工程结构均较为复杂,增加了地下连续墙在施工中的安全与质量隐患,异形幅地下连续墙成槽困难时,阴阳角处可在槽壁两侧采取必要的加固措施,保证不利土层不至于坍塌。

(1)加固方案比选

常用的软土地基加固方法主要有高压旋喷桩与深层搅拌桩施工两种。两者的相同之处如下:

①从加固机理来看,两种工法都是基于水泥加固土的物理化学反应。

②从加固效果来看,两种工法都可提高地基的抗渗性、稳定性及承载力。

③从适用范围来看,两种工法均可适用于处理淤泥、淤泥质土、粉土和黏性土地基。

④在使用材料方面,两种工法均使用水泥和水,取材方便,并充分利用原状土,节省材料,对水泥无特殊要求。

⑤两种工法使用的人工数量基本相同,台班需要人数约为7人。

两者的不同之处如下:

①在施工工艺方面,高压旋喷法是先利用旋转下沉时喷嘴喷出的高压水流切割、扰动土体,然后再利用旋转喷出高压浆流冲切土体并与之拌和形成水泥土,而深层搅拌法是用搅拌机的搅拌头机械地将水泥浆和土体强制拌和形成水泥土。相对而言,由于受地基土的影响,深层搅拌法形成的桩体形状要规则一些。

②在加固效果方面,由于高压旋喷法注浆量大,被加固土体的吸浆量较饱和,而深层搅拌法注浆量相对较小,被加固土体的吸浆量不够饱和,因此,一般来说高压旋喷桩的承载力及抗渗性要优于深层搅拌桩。

③在施工机械方面,高压旋喷法需要高压泵(一般要求40MPa),整套设备功率较小(约70kW),且设备小巧,适于在工作场地狭小的地方工作,而深层搅拌法则只需中~低压泵,整套设备需要功率较大(约90kW),且设备较大,支架很高,无法适应狭小的工作场地。

④在工程造价方面,深层搅拌法要低廉些,但由于施工场地已硬化、导墙施工已完成,导墙破除与重修的费用也相应大。

⑤在成桩质量方面,深层搅拌法易因地层的影响而使下部桩位发生偏移,桩体的垂直度难以保证,而高压旋喷法是先钻孔,孔斜度易控制,因而桩体的垂直度可得到保证。

综上所述,高压旋喷法和深层搅拌法都是很好的地基加固工程措施,技术成熟,应用面广泛。但结合本工程特点及现场实际情况,选择高压旋喷法对地下连续墙槽壁进行加固处理,理由如下:

①本区域地质情况由黏土、淤泥质黏土、含黏性土粉砂、黏性粉土、粉质黏土层组成,适用于高压旋喷法作业范围。

②需处理的部位要在已完成的导墙上部引孔,穿过导墙面,对土层进行加固,这样不会破坏导墙结构,减少了一定的经济损失与工期损失,同时也不会增加因破除导墙而产生的建筑垃圾,对环境产生污染,浪费了资源。

③根据目前施工场地的条件,施工区域有多台施工机械正在进行施工,场地空间十分有

限,若采用其他大型机械施工,增加了道路、场地等交叉干扰的因素,会起到事倍功半的效果;高压旋喷法施工占地少、机架低、移位方便,可满足现场场地紧张进行施工的条件。

④工期紧、质量与安全要求高,采用高压旋喷桩施工设备简单,运输方便,进退场迅速,施工质量易于控制,加固体强度上升龄期短,可以节约工期。

(2)异型幅槽壁加固方案

首先采用数值模拟分析高压旋喷桩加固槽壁的稳定效果,由于槽壁变形最大位置集中在到墙顶面下20m范围内,旋喷桩长设为20m。从变形计算结果可以看出,采用旋喷桩加固后,增强了槽壁的抗变形能力和自稳性,槽壁的最大水平变形减少71.4%,槽壁在地面位置的水平变形减少65%。

根据计算结果和场地工程条件,建议采用如下方案进行旋喷桩加固:

①1号线鼓楼站、鼓楼站—东门口站明挖区间、鼓楼站均开挖深度超过40m,建议异形幅两侧槽壁采用旋喷桩加固,加固范围为导墙顶面以下20m范围。

②高压旋喷桩桩径 $\phi 850mm$,间距1000mm。

③施工前必须进行试桩2~3根,以便根据旋喷效果确定施工工艺及各项施工参数。高压旋喷桩成桩7d后,方可施工连续墙。加固后采用取芯法进行检测,要求土体无侧限抗压强度 $q_u \geqslant 1.0MPa$。

第4章 复杂地层柔性接头地下连续墙施工技术

地下连续墙施工接头应满足受力和防渗的要求,并要求施工简便、质量可靠,对下一单元槽段的成槽不会造成困难。施工接头有多种形式可供选择,目前最常用的接头形式有锁口管接头、工字形型钢接头、十字钢板接头、"V"形接头和接头箱等。为尽量避免因锁口管顶拔困难、连续墙接头渗漏水等问题对地下连续墙施工与周边环境安全造成不良影响,提出适用于宁波软弱地层中柔性接头地下连续墙施工的工艺与措施。

4.1 锁口管变形对连续墙施工的影响

锁口管变形对连续墙施工的影响可以分为对接头渗漏水的影响和对锁口管顶拔的影响两个方面。

4.1.1 对接头渗漏水的影响

连续墙接头处渗、漏水的原因较多,其中一个很重要的原因是连续墙接头处夹泥。连续墙接头的夹泥由以下因素形成:

①先行幅连续墙接缝处成槽垂直度差,后行幅成槽时不能将接缝处泥土抓干净,导致接缝处夹泥(俗称开裤衩)。

②护壁泥浆性能差,成槽后与混凝土浇筑间隔时间过长,泥浆沉淀,在地下连续墙接缝处形成较厚的泥皮,混凝土浇筑后就有可能出现夹泥现象。

③含沙量多的泥浆易沉淀,在浇筑混凝土工程中大量沉淀物流向接头处会导致夹泥现象。

④后行幅地下连续墙施工时,未对先行幅接缝进行清刷施工或清刷不彻底,导致该处出现夹泥现象。

⑤槽段清淤不彻底,泥浆相对密度过大,黏度过高,水下混凝土浇筑过程中,翻浆混凝土将大量浮泥翻带至地下连续墙顶部,但有少量浮泥被搁置在地下连续墙接缝处,形成混凝土夹泥现象。

⑥孔壁泥皮脱落和孔壁坍塌产生夹泥。

⑦水下混凝土浇筑时,未控制好导管的埋管深度,出现导管拔空,导致墙体混凝土夹泥。

⑧水下混凝土浇筑未能连续进行,混凝土供应不及时,导致水下混凝土两次开管,墙体出

现夹泥施工冷缝。

后行幅地下连续墙施工过程中,须采用如图4-1所示钢丝刷壁器对连续墙接头处的残泥进行清刷,刷壁器的构造见图4-2,刷壁器纵向设置4道钢丝刷,钢丝刷由约20根钢丝构成,钢丝伸出固定端约5cm。钢丝刷壁器由履带起重机吊入后行幅单元槽段中反复清刷连续墙接头。

a)

b)

图4-1 钢丝刷壁器

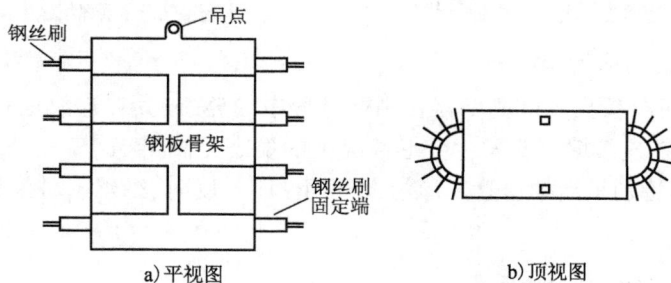

钢丝刷

吊点

钢板骨架

钢丝刷
固定端

a)平视图

b)顶视图

图4-2 钢丝刷壁器构造图

后行幅连续墙成槽完成后使用超声波检测设备对先行幅连续墙接头进行超声波检测(图4-3),以分析槽壁变形与成槽垂直度。1号线鼓楼站WF10-3幅和WS10-10幅连续墙接头超声波检测记录见图4-4和图4-5,由图中发现WF10-3幅连续墙接头最大变形约200mm,WS10-10幅连续墙接头最大变形约150mm,且两接头变形形状差异较大。

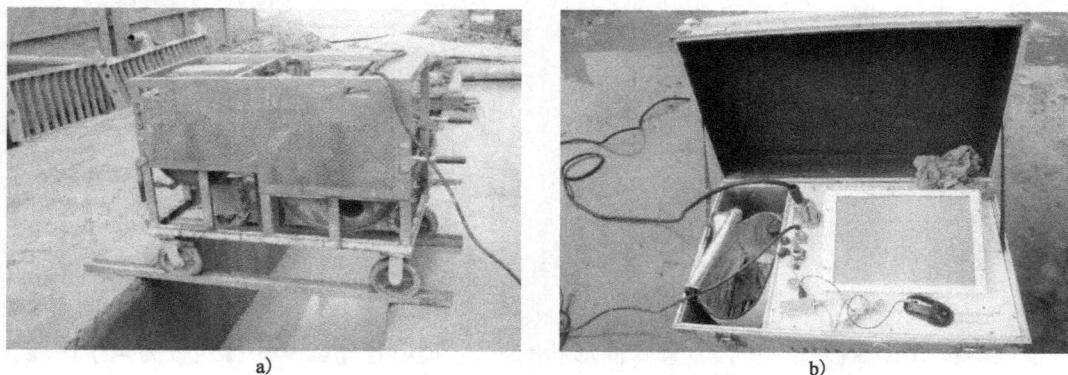

a)

b)

图4-3 地下连续墙接头超声波检测

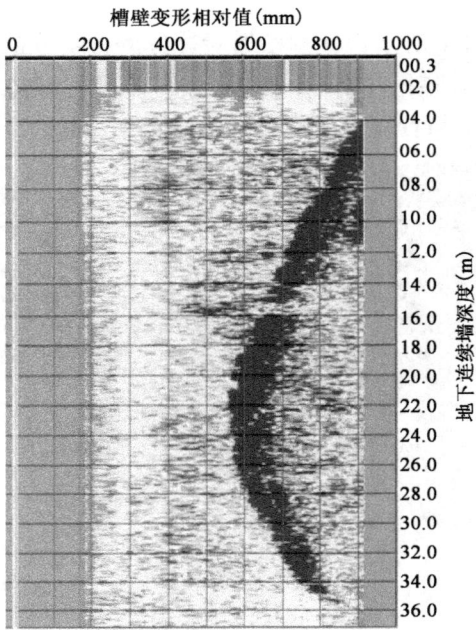

图 4-4　WF10-3 幅连续墙接头处变形

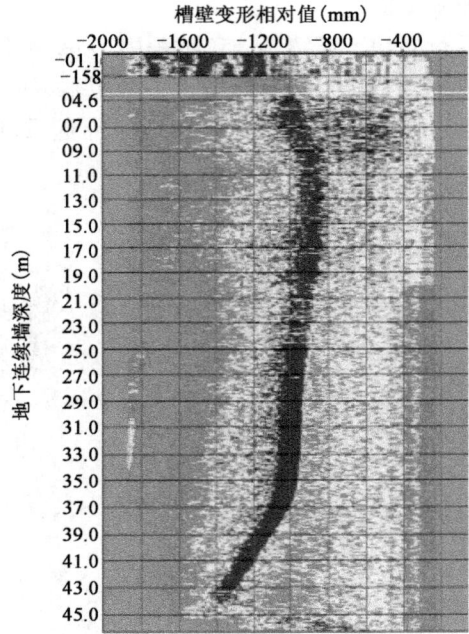

图 4-5　WS10-10 幅连续墙接头处变形

根据以上情况可分析出钢丝刷壁器在刷壁过程中的姿态,其在连续墙接头未变形情况下的姿态见图 4-6a),在连续墙接头发生变形情况下的姿态见图 4-6b)。由图可见,锁口管变形易造成刷壁不彻底,特别是当锁口管变形量大于钢丝刷长度时,钢丝刷对接头最大变形以下位置刷壁效果较差。

4.1.2　对锁口管顶拔的影响

地下连续墙施工时,锁口管受到混凝土作用于其上的侧压力并发生变形,图 4-7 反映了锁口管变形后的形状。

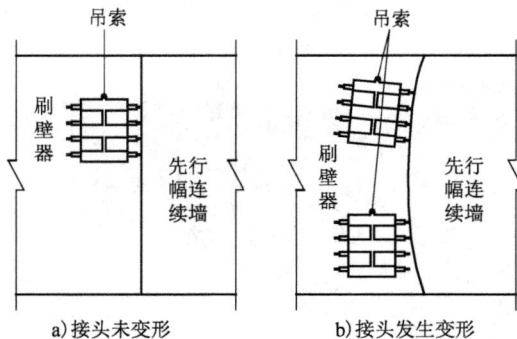

图 4-6　钢丝刷壁器工作姿态图

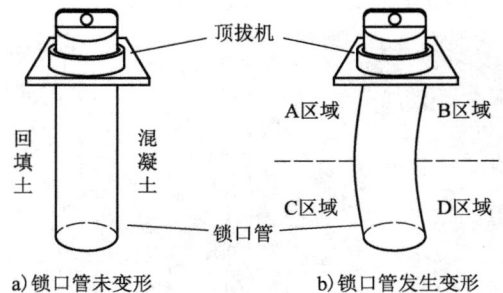

图 4-7　锁口管变形形状图

根据与锁口管接触材料和锁口管弯曲形状的不同,锁口管周围平面可划分为 4 个区域,变形锁口管顶拔过程中各区域的受力相对于未变形锁口管的变化见表 4-1。

锁口管变形导致的受力变化

表 4-1

区　域	受 力 变 化
A	①锁口管对回填土存在挤压作用;②与回填土之间的摩擦力增大
B	与混凝土之间的摩擦力减小
C	与回填土之间的摩擦力减小
D	①锁口管对混凝土存在挤压作用;②与混凝土之间的摩擦力增大

由表 4-1 可看出,锁口管即将脱离混凝土时,A/D 区域的回填土/混凝土会受到锁口管的挤压作用,从而增大锁口管的起拔阻力,甚至会对锁口管的顶拔施工造成影响。

4.2　锁口管变形控制措施

4.2.1　控制施工时间

宁波地区的软塑、流塑的黏土具有很明显的流变性,在实际工程设计施工过程中,土的本构关系不再仅是应力、应变两者之间的关系,而是应力、应变和时间三者之间的关系,即土不仅应该作为弹塑性体来研究,同时也应该作为黏弹塑性体来研究。假设作用的土压力是不变的,而水平基床系数是随着时间不断减小的,根据压力、位移、基床系数的关系推知,位移应该是随时间不断增加的。采用反分析的方法,通过对实际工程中深基坑的三维有限元计算,不断调整观测点处的水平基床系数,模拟观测点处的实测位移,从而得到基床系数与时间的关系。

李惠平等通过对软土地区深基坑工程实例的反分析方法,得出淤泥质粉质黏土和淤泥质黏土的基床系数公式,见式(4-1):

$$K_{h} = aK_{0} \frac{1}{(N+1)^{b}} \tag{4-1}$$

式中:K_{h}——水平基床系数;

　　K_{0}——初始水平基床系数;

　　N——基坑开挖的天数;

　　a、b——回归系数。

地下连续墙施工时,应做好各道工序的衔接工作,尽量减少单元槽段成槽结束时刻至连续墙混凝土浇筑开始时刻的时间间隔,以尽量减小土体蠕变效应对管后土体基床系数衰减导致的锁口管变形。

4.2.2　单元槽段超挖

大量实验研究表明,重塑土的水平向基床系数比原状土小,重塑土抵抗水平变形的能力比原状土差,因此有必要控制单元槽段超挖量,尽量不扰动单元槽段以外土体,以减小锁口管受混凝土侧压力后的变形。

根据工程实践经验,单元槽段超挖 5cm 仍可保证锁口管顺利下方的要求,小于 5cm 可能会使锁口管下放困难。因此,单元槽段超挖量控制在 5cm 为宜,见图 4-8。

4.2.3　锁口管后回填

锁口管安置到指定位置后,管后侧超挖部分尽量回填砂或砂土,并对回填土做压实处理,严禁在未回填情况下浇筑混凝土。

砂的水平向基床系数较黏土大许多,且砂的水平向基床系数随含水率增高的衰减速度较黏土慢,因此采用砂回填是减小锁口管变形的最有效的方式。

对于黏性土,其水平向基床系数与含水率的关系见图4-9,回填黏土与泥浆混合后呈饱和状态,回填黏土的水平向基床系数相对于原状土衰减很大,抵抗锁口管水平变形的能力很差。黏土回填后应对其进行压实处理,压实后密实程度高,土粒之间的可压缩的孔隙小在外力的作用下排出的气体、液体相对较少,所以土的密实程度越高,压缩量就越小,水平基床系数就越大,抵抗锁口管变形的能力就越大。

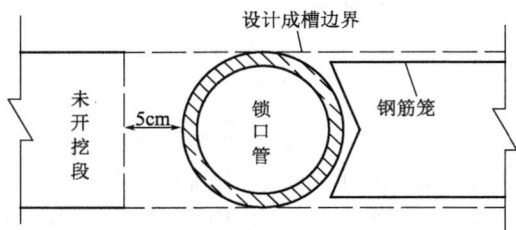

图4-8 单元槽段超挖示意图

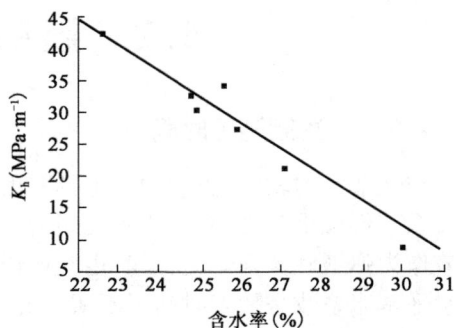

图4-9 黏土水平向基床系数与含水率的关系

为在保证施工质量的前提下尽量降低施工成本,可利用本标段基坑开挖施工产生的旋喷桩加固后的弃土作为回填土,该方法较单纯回填黏土仅增加少量运输成本,但相对于黏土,加固土基床系数大大增加,可显著减小锁口管变形。

4.2.4 管底插入墙趾土层

锁口管管底插入墙趾土层深度对锁口管最大变形的影响较小,但对于未插入土中的锁口管,管下部变形显著增大,因此锁口管下端必须做收口处理并插入土中,插入土层中的深度大于等于1.0m即可,大于1.0m后锁口管插入土层中的深度对锁口管变形的影响很小。

4.2.5 钢丝刷壁器改良

在锁口管产生变形后,当前刷壁器并不能有效清除连续墙接头处的泥皮,对下部接缝尤为如此;对于需隔断承压水的地下连续墙,由于接缝处泥皮未清刷彻底,接缝处易发生渗、漏水现象,隔水效果会大大降低。为此对钢丝刷壁器进行改进,以使其更好地与接缝变形后的形状相结合。

当前钢丝刷壁器不能有效刷去连续墙下部接缝处的泥皮,可采用偏心吊的方法解决此问题,偏心吊的方法为通过改变吊索长度来控制钢丝刷壁器的姿态,因此需对刷壁器吊点进行改进,改进后的钢丝刷壁器见图4-10。

偏心吊工作时需对吊索长度进行调整,具体见图4-11。当刷壁器清除连续墙接头上部淤泥时,可使 $L_1 < L_2$,此时刷壁器姿态为略偏向 L_1,见图4-12a);当刷壁器清除连续墙接头下部淤泥时,可使 $L_1 > L_2$,此时刷壁器姿态为略偏向 L_2,见图4-12b)。

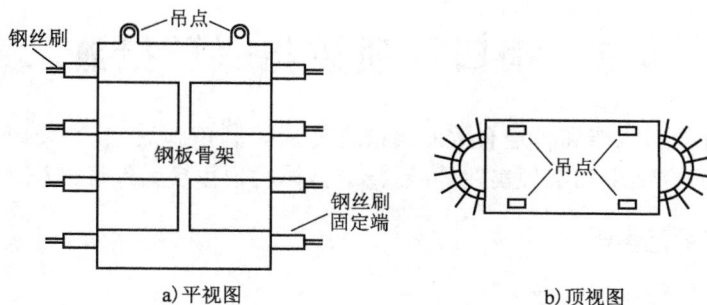

图 4-10 偏心钢丝刷壁器构造

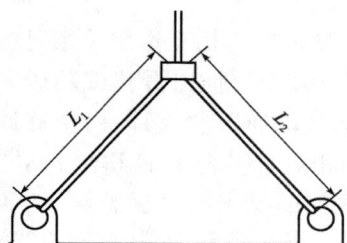

图 4-11 刷壁器吊索布置

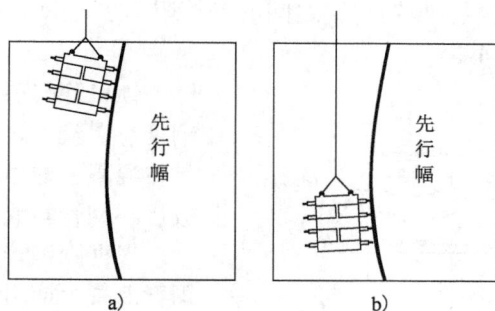

图 4-12 偏心吊的工作姿态

采用偏心吊方法进行连续墙接头刷壁施工,可使刷壁器钢丝刷与连续墙接头紧密贴合,更加有效地清除接头处残泥。

4.2.6 端部接缝宽度

为控制锁口管端部变形,制作锁口管时端部接缝宽度$(D_3 - D_1)$和$(R_3 - R_2)$不宜过大,以锁口管可顺利套接为宜;对于既有锁口管可适当调整R_2值,即增大锁口管顶端定位块(图4-13)的半径使其略小于锁口管底端定位槽的半径,以减小锁口管绕钢插销转动的自由量。

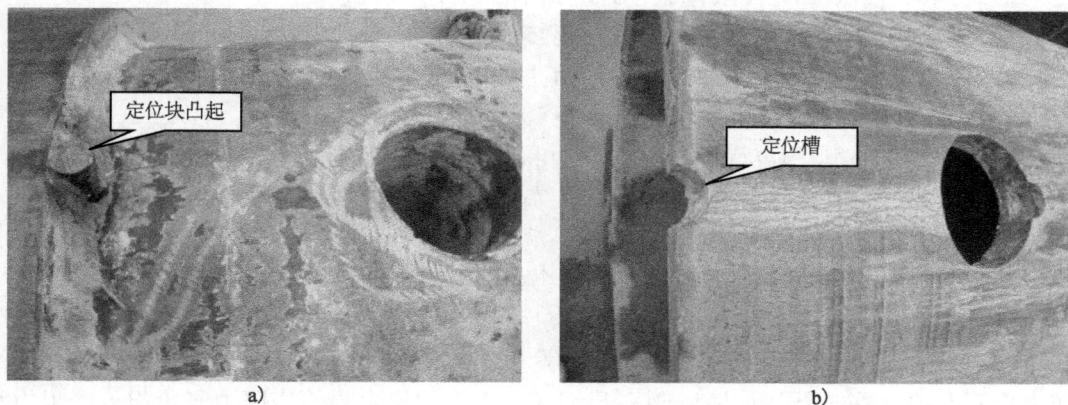

图 4-13 锁口管端部定位装置图

4.3　锁口管顶拔与保证措施

在探明锁口管变形规律和指定有效的锁口管变形控制措施后,有必要研究锁口管拔起阻力的变化,并依据研究结果和工程实践经验,指定具体的顶拔反力保证措施。

4.3.1　锁口管起拔阻力

(1)计算模型

锁口管起拔阻力可分解为4部分,分别为锁口管自重 G、初凝混凝土与锁口管之间的黏结力 c、混凝土与锁口管之间的摩擦阻力 f、土体与锁口管之间的摩擦阻力 s,锁口管顶拔受力分解见图4-14。

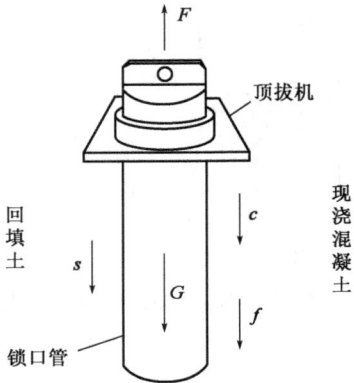

图4-14　锁口管顶拔受力分析示意图

锁口管与混凝土在顶拔过程中的相互作用关系可参考圆钢管与混凝土之间的推出滑移试验,推出滑移试验研究主要是在混凝土推出端或是在加载端布置位移计,用位移计的读数量测钢管与混凝土之间的相对滑移值,由此得出 $P\text{-}S$ 曲线。

根据圆钢管与混凝土之间的推出滑移试验结果,所有的钢管混凝土推出试件典型的荷载—滑移曲线($P\text{-}S$ 曲线)可归纳为两种类型(图4-15),并且可将典型荷载—滑移曲线分为以下四个受力阶段:

①胶结段(OA):加载初期,钢管和混凝土之间不发生明显滑移,表明化学胶结力发挥作用,对钢管混凝土的黏结起主要贡献。随着荷载增大,到极限荷载的20%左右,加载端开始出现滑移,此时发生滑移部分的胶结作用丧失且不再恢复,由钢管表面凹凸不平所引起的微观机械咬合力开始发挥作用($P\text{-}S$ 曲线的 A 点)。由于在此之前界面黏结力由化学胶结力承担,故称此段为胶结段。

②滑移段(AB):随着荷载进一步增大,加载至一定的荷载(40% ~ 60%的极限荷载,对于不同的试件有较大差别),钢管混凝土之间的滑移逐步发展,且加载段滑移发展较快,此时界面黏结力主要由发生滑移界面上的机械咬合力和未发生滑移界面上的化学胶结力承担,当界面的机械咬合力和胶结力的合力达到最大值时(峰值点或拐点处),荷载达到极限荷载 P_u($P\text{-}S$ 曲线的 B 点)。荷载—滑移曲线表现出一定的非线性。在此阶段,机械咬合力在界面黏结中占主导地位。

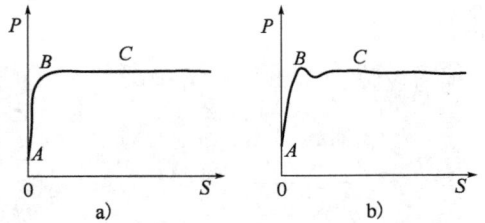

图4-15　$P\text{-}S$ 曲线的两种主要形状

③摩阻段(BC):当试件达到峰值点或拐点后,钢管混凝土之间的滑移明显进入非线性阶段,一旦钢管和核心混凝土在整个界面长度上发生相对滑移,化学胶结力即全部破坏,同时滑移较大界面上的机械咬合力也发生破坏,界面黏结力将主要由界面摩阻力来承担。摩阻力与接触面的摩擦系数和法向力的大小成正比。在试验中,摩擦系数将随着滑移的加大而减小,钢

管与混凝土界面上的法向力等于钢管对混凝土产生的横向约束力,约束力的大小取决于钢管内径变化幅度,如果钢管内径由大向小变化时,混凝土的滑动就犹如被楔入一个锥形体,越向下滑动,钢管产生的约束力就越大,从而增大摩擦力;如果钢管内径由小到大或严格光滑而不发生变化,混凝土滑动时钢管将不对其产生约束力,从而使得摩擦力减小。当钢管混凝土界面化学胶结力和微观机械咬合力组成的最大黏结力大于界面上的初始摩擦力时,$P\text{-}S$ 曲线便出现较明显的峰值荷载点及其随后的下降趋势,但下降趋势不是很明显,如图 4-14b 所示。此情况下,界面黏结破坏的极限荷载 P_u 即化学胶结力和机械咬合力的最大值。反之,当钢管与核心混凝土界面的化学胶结力和微观机械咬合力所组成的黏结力小于界面上的初始摩擦力时,$P\text{-}S$ 曲线便不会出现峰值点和下降段,而只呈现拐点,拐点之后,$P\text{-}S$ 曲线仍持续缓缓上升,如图 4-15a) 所示。此时界面黏结破坏的极限荷载 P_u 即等于界面初始摩擦力。

④后滑移段(C 点以后):$P\text{-}S$ 曲线在经过了摩阻段后,$P\text{-}S$ 曲线呈现平稳趋势,进入摩阻段以后,法向力基本保持不变,界面摩擦力也相对平稳,使得荷载—滑移曲线呈平稳趋势。

根据以往施工经验,当锁口管开始顶拔至锁口管松动,锁口管受顶拔力最大,即顶拔过程中锁口管起拔阻力随锁口管位移的变化与图 4-14b) 较为相似。若顶拔机在锁口管顶拔过程中提供的顶拔力充足,锁口管一旦开始松动,则锁口管后续顶拔直至移出地下连续墙槽段均不存在困难;若顶拔机提供的顶拔力不足以克服锁口管的起拔阻力,则锁口管不会脱离混凝土。

根据以上分析,最不利情况下锁口管起拔阻力即锁口管松动脱离混凝土瞬间的起拔阻力,即仅分析锁口管松动脱离混凝土瞬间锁口管的起拔阻力。

(2)混凝土与锁口管之间的黏结力

混凝土达到 28d 龄期后,其与圆钢管之间的黏结强度极限值约为 1.5MPa。对于上述结果,依混凝土龄期与黏结强度之间的关系进行折减。

根据试验结果,提出混凝土黏结强度的时变计算式为:

$$\tau(t) = \tau_{c,28}(1 - e^{bt}) \tag{4-2}$$

式中:$\tau(t)$——龄期 t 的混凝土黏结强度标准值,$t \leqslant 28$;

$\quad\tau_{c,28}$——28d 龄期的混凝土黏结强度标准值;

$\quad b$——参数,由回归分析得到,根据试验数据平均值拟合为 -0.15。

(3)混凝土与锁口管之间的摩擦力

混凝土与锁口管之间摩擦力 f 的采用试验方法测定,制作如图 4-16 所示试块,其中混凝土重为 G,拉力为 F,则摩擦系数可用式(4-3)确定:

$$\mu = \frac{F}{G} \tag{4-3}$$

试验采用纸盒制作混凝土容器(图 4-17),试验过程为:将纸盒置于锁口管正上方,从纸盒上部灌入混凝土,待灌入 4h 后取下纸盒,同时移动混凝土试块以破坏混凝土与锁口管之间的黏结力,锁口管上洒水以模拟锁口管与混凝土在槽段中的接触环境,然后用弹簧秤水平拉动混凝土试块(图 4-18),待混凝土试块匀速运动时读出摩擦力 F,重复若干次,以后每隔 1h 测摩擦力,并做相应记录,试验记录见表 4-2。

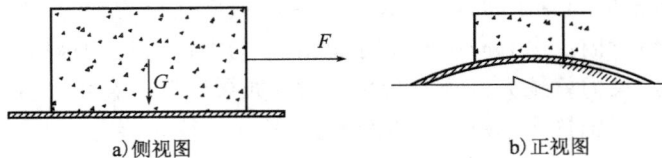

a)侧视图   b)正视图

图 4-16　测定混凝土与锁口管间摩擦系数

图 4-17　混凝土容器　　　　　　图 4-18　测定摩擦系数

混凝土与锁口管摩擦系数实验记录　　　　　表 4-2

时间 （h）	混凝土试块质量 （kg）	摩擦力（kg）			摩擦系数 μ
		1	2	3	
4		1.72	1.65	1.63	0.59
5	2.82	1.62	1.61	1.61	0.57
6		1.60	1.55	1.58	0.56
7		1.56	1.53	1.55	0.55

经试验,混凝土与锁口管之间摩擦系数 μ 随时间变化很小,本次模拟摩擦系数取均值0.56。

（4）土体与锁口管之间的摩阻力

考虑到泥浆的绕流作用,土体与锁口管之间的摩擦阻力参考沉井施工过程中采用触变泥浆润滑套时沉井与土体与泥浆的摩擦阻力。触变泥浆润滑套是近代沉井施工中的一种下沉辅助措施。使用触变泥浆润滑套下沉沉井的方法是在沉井外墙周围与土壁之间设置触变泥浆隔离层,以减少土与井壁之间的摩阻力,保证沉井顺利下沉。

触变泥浆在沉井下沉施工中的应用,其基本原理是利用这种泥浆维护地下连续墙槽壁与井壁的稳定及隔离土壁与井壁的接触,以减小摩阻力,采取泥浆套助沉时,摩阻力可取3~5kPa。

（5）锁口管自重

根据现场实测资料,锁口管自重约 0.8t/m,因锁口管底端和接缝处未完全密封,故不考虑护壁泥浆对锁口管的浮力作用。

4.3.2 锁口管起拔阻力变化规律

为分析不同因素对锁口管起拔阻力的变化规律,采用单一变量对比分析的方法,除需对比的变量外,其余参数均为实际施工参数。

为确定混凝土浇筑速度 v,统计 1 号线鼓楼站和东门口站 152 幅地下连续墙混凝土浇筑记录,混凝土液面上升速率统计见表 4-3,152 幅连续墙混凝土液面平均上升速度为 9.18m/h。护壁泥浆的成分为水、膨润土、纯碱和 CMC,其中纯碱和 CMC 并不具有缓凝作用,则外加剂影响修正系数 $\beta_1 = 1.0$。根据施工现场"地下连续墙混凝土灌注记录统计表"中的记录,混凝土实测坍落度为 210mm,则混凝土坍落度影响修正系数为 1.15。

混凝土液面上升速度统计　　　　　表 4-3

扩孔系数	速度(m/h)			
	$v < 7$	$7 \leqslant v < 9$	$9 \leqslant v < 11$	$v \geqslant 11$
$K < 0.95$	2	0	1	0
$0.95 \leqslant K < 1$	2	5	6	2
$1 \leqslant K < 1.05$	6	40	32	14
$1.05 \leqslant K < 1.1$	4	9	6	4
$K \geqslant 1.1$	1	8	7	3
合计	15	62	52	23

(1)混凝土温度的影响

为研究混凝土温度对锁口管起拔阻力的影响规律,对比当混凝土温度在 20℃、25℃、30℃、35℃、40℃、45℃ 和 50℃ 时,40m 深地下连续墙锁口管起拔阻力的变化,计算参数见表 4-4。

混凝土温度对应顶拔力计算参数　　　　　表 4-4

参　数	取　值	参　数	取　值
γ_c	25kN/m³	H	40m
β_2	1.15	β_1	1.0
v	9.18m/h	—	—

锁口管与混凝土之间的摩擦力 f 在锁口管与混凝土接触范围内均布,锁口管与混凝土之间的黏结力 c 按混凝土黏结强度的时变计算公式计算,40m 地下连续墙在不同混凝土温度情况下对应的起拔阻力计算结果见表 4-5,锁口管顶拔阻力随温度变化曲线见图 4-19。

混凝土温度对应起拔阻力计算结果　　　　　表 4-5

温度(℃)	侧压力 G_4(kPa)	黏结力 $c(t)$	摩擦力 $f(t)$	摩阻力 $s(t)$	自重 $G(t)$	起拔力 $F(t)$
20	64	127	225	32	32	416
25	57	127	200	32	32	391
30	50	127	176	32	32	367
35	45	127	158	32	32	349

温度（℃）	侧压力 G_4（kPa）	黏结力 $c(t)$	摩擦力 $f(t)$	摩阻力 $s(t)$	自重 $G(t)$	起拔力 $F(t)$
40	41	127	144	32	32	335
45	38	127	134	32	32	325
50	35	127	123	32	32	314

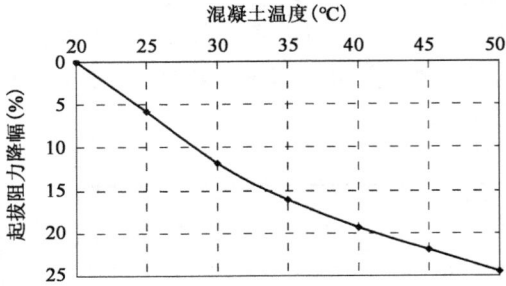

图 4-19　起拔阻力随混凝土温度变化曲线

由表 4-5 和图 4-19 可看出，若混凝土温度升高，则锁口管起拔阻力减小，当混凝土温度由 50℃ 降至 20℃ 时，锁口管起拔阻力增大了 22.8%。

混凝土温度与锁口管起拔阻力呈负相关关系：混凝土温度主要影响混凝土施加于锁口管的侧压力，进而影响混凝土与锁口管之间的摩擦力，混凝土温度升高，混凝土施加于锁口管的侧压力减小，导致混凝土与锁口管之间的摩擦力减小，最终使锁口管起拔阻力减小。

（2）连续墙深度的影响

为找出连续墙深度对锁口管起拔阻力的影响规律，对比当地下连续墙深度在 40m、42m、44m、46m、48m、50m、52m 时锁口管起拔阻力变化，计算参数见表 4-6。

连续墙深度对应起拔阻力计算参数　　表 4-6

参　数	取　值	参　数	取　值
γ_c	25kN/m³	v	9.18m/h
β_2	1.15	β_1	1.0
T	40℃	—	—

分别计算锁口管与混凝土之间的黏结力 c 和摩擦力 f、锁口管与回填土之间的摩阻力 s、锁口管自重 G，计算结果见表 4-7，起拔阻力随连续墙深度变化曲线见图 4-20。

连续墙深度对应起拔阻力计算结果　　表 4-7

深度（m）	侧压力 G_4（kPa）	黏结力 $c(t)$	摩擦力 $f(t)$	摩阻力 $s(t)$	自重 $G(t)$	起拔力 $F(t)$
40	41	127	144	32	32	335
42	41	140	152	33	34	359
44	41	154	158	35	35	382
46	41	168	166	36	37	406
48	41	183	173	38	38	432
50	41	198	180	39	40	458
52	41	214	188	41	42	485

由表 4-7 和图 4-20 可知，若地下连续墙深度增大，则锁口管起拔阻力随之增大，当连续墙深度由 40m 增大至 52m 时，锁口管起拔阻力增大了 44.8%。

地下连续墙深度与锁口管和混凝土、回填土之间的接触面积呈正相关关系:连续墙深度越大,锁口管与混凝土、回填土之间的接触面积越大,势必会增大锁口管与混凝土之间的黏结力 c、锁口管与混凝土之间的摩擦力 f 和锁口管与回填土之间的摩阻力 s,最终导致锁口管起拔阻力增大。

(3)顶拔时机的影响

为找出顶拔时机对锁口管起拔阻力的影响规律,对比 40℃混凝土浇筑结束后 4h、5h、6h、7h、8h和9h 顶拔时,40m 深地下连续墙锁口管起拔阻力变化,计算参数见表 4-8。

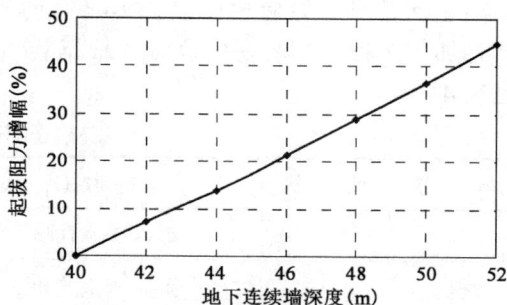

图 4-20　起拔阻力随连续墙深度变化曲线

顶拔时机对应起拔阻力计算参数 表4-8

参　数	取　值	参　数	取　值
γ_c	25kN/m³	v	9.18m/h
β_2	1.15	β_1	1.0
T	40℃	—	—

分别计算锁口管与混凝土之间的黏结力 c 和摩擦力 f、锁口管与回填土之间的摩阻力 s、锁口管自重 G,计算结果见表4-9,起拔阻力随顶拔时机变化曲线见图4-21。

顶拔时机对应起拔阻力计算结果 表4-9

顶拔时机(h)	侧压力 G_4(kPa)	黏结力 $c(t)$	摩擦力 $f(t)$	摩阻力 $s(t)$	自重 $G(t)$	起拔力 $F(t)$
4	41	107	144	32	32	316
5	41	167	144	32	34	376
6	41	222	144	32	35	430
7	41	279	144	32	37	488
8	41	336	144	32	38	545
9	41	393	144	32	40	601

由表4-9和图4-21可知,若锁口管顶拔时机推迟,则锁口管顶拔力随之增大,当锁口管顶拔时机由4h增大至9h时,锁口管起拔阻力增大了90.2%。

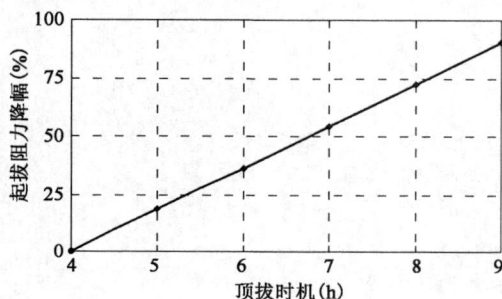

图 4-21　起拔阻力随顶拔时机变化曲线

锁口管顶拔时机与锁口管和混凝土之间的黏结力 c 存在正相关关系:顶拔时机推迟,锁口管和混凝土之间的黏结力 c 增大,导致起拔阻力增大。

(4)锁口管变形的影响

为研究变形后的锁口管对混凝土挤压作用导致的起拔阻力变化情况,采用现场试验的方法,采用长度为 25cm、直径为 16mm 的光圆钢管模拟锁口管,钢管加工成图 4-22a)所示 5 种形状,

a~e 五种形状在钢管底面以上 10cm 处最大变形依次为 0、3mm、5mm、7mm、10mm,每种形状各加工 3 根。塑料桶中放置 9 根钢管,钢管布置见图 4-22b),各钢管的形状与顶拔时机见表 4-10。

钢管的形式与顶拔时机   表 4-10

编　号	形　状	顶 拔 时 机	编　号	形　状	顶 拔 时 机
1	a	浇筑混凝土后 4h	9	d	浇筑混凝土后 5h
2	b	浇筑混凝土后 4h	10	e	浇筑混凝土后 5h
3	c	浇筑混凝土后 4h	11	a	浇筑混凝土后 6h
4	d	浇筑混凝土后 4h	12	b	浇筑混凝土后 6h
5	e	浇筑混凝土后 4h	13	c	浇筑混凝土后 6h
6	a	浇筑混凝土后 5h	14	d	浇筑混凝土后 6h
7	b	浇筑混凝土后 5h	15	e	浇筑混凝土后 6h
8	c	浇筑混凝土后 5h			

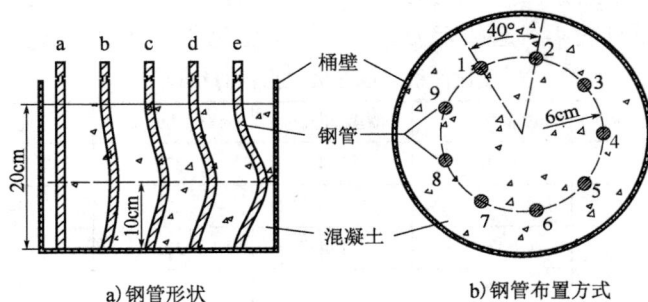

a)钢管形状　　　　　　　　　b)钢管布置方式

图 4-22　钢管布置方式

现场试验情况见图 4-23,试验结果见表 4-11 和图 4-24。

a)　　　　　　　　　　　　　　　　b)

图 4-23　钢管顶拔试验装置

钢管顶拔试验结果   表4-11

编 号	起拔阻力(kN)	编 号	起拔阻力(kN)	编 号	起拔阻力(kN)
1	6.47	6	11.71	11	14.46
2	10.45	7	13.09	12	16.41
3	10.49	8	17.54	13	21.40
4	13.30	9	22.39	14	29.29
5	14.60	10	30.97	15	38.81

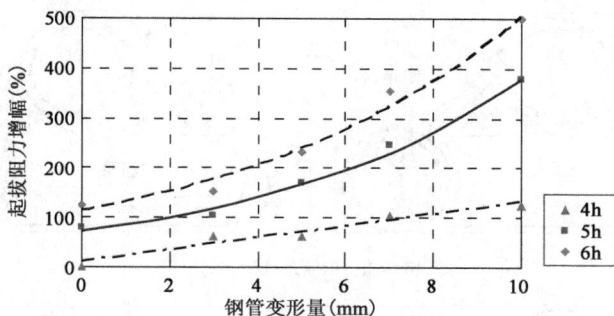

图4-24 起拔阻力与钢管变形量的关系

由图4-24可以看出,混凝土浇筑4h后,由于混凝土尚未初凝,起拔阻力随钢管变形量的变化较为平缓;混凝土浇筑5~6h后,混凝土已度过初凝阶段,钢管变形区域充盈的混凝土与钢管相互挤压,起拔阻力随钢管变形增大上升较快。

锁口管最大水平变形值一般不超过30cm,锁口管长度最短为38m,因此锁口管最大水平变形与锁口管长度的比值 $n = 0.0079$,小于3mm(钢管的水平变形与其长度的比值),由于锁口管仅对D区域混凝土产生挤压作用,因此顶拔时机分别为4h和5h时锁口管变形导致起拔阻力的可能最大增幅不超过62%和102%。

4.3.3 异型幅顶拔反力保证措施

异型幅地下连续墙由于导墙不连续,阴角塌孔区域由混凝土充盈后起拔阻力增大等原因,锁口管顶拔施工过程中导墙受到顶拔反力作用会发生下沉、断裂等现象,同时导墙下部土体也会产生沉降,给锁口管顶拔施工造成困难。针对以上情况,需采取相应措施,确保锁口管顶拔顺利进行。

(1)施工顺序调整

异型幅连续墙成槽时由于阴角区塌孔,在此区域进行连续墙接头施工易造成混凝土绕管,同时异型幅地下连续墙由于导墙不连续,导墙在锁口管顶拔过程中易发生破坏,因此异型幅地下连续墙在条件允许时应尽量按照闭合幅地下连续墙处理。

图4-25列出了异型幅地下连续墙施工可能出现的顺序,其中图4-25a)和图4-25b)两种施工顺序分别需要进行三次和两次锁口管顶拔操作,对于导墙及其下部土体显然是不利的显然,异型幅地下连续墙宜采用图4-25c)所示的施工顺序,以减少锁口管顶拔困难的概率,同时减小导墙及其下部土体的破坏。

a)三次锁口管顶拔操作

b)两次锁口管顶拔操作

c)一次锁口管顶拔操作

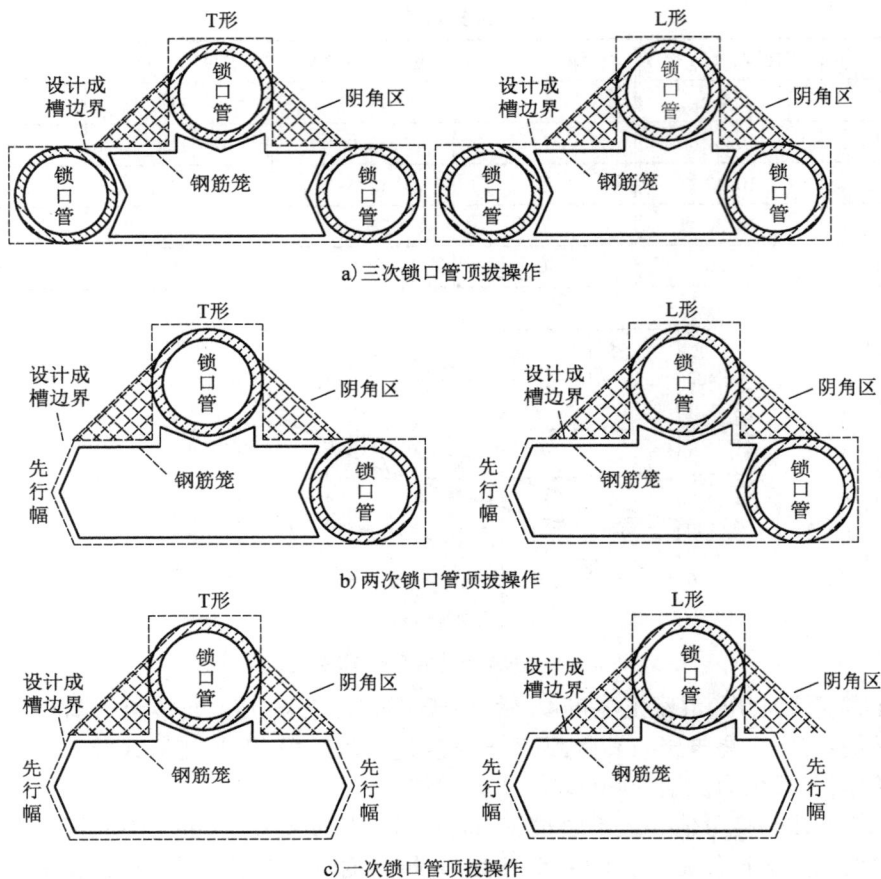

图 4-25　异型幅地下连续墙施工顺序

（2）导墙刚度加强

针对异型幅地下连续墙施工过程中导墙易发生沉降、断裂等破坏现象,可采取相应措施加强导墙强度,如双层配筋和导墙加宽等,具体布置见图4-26。

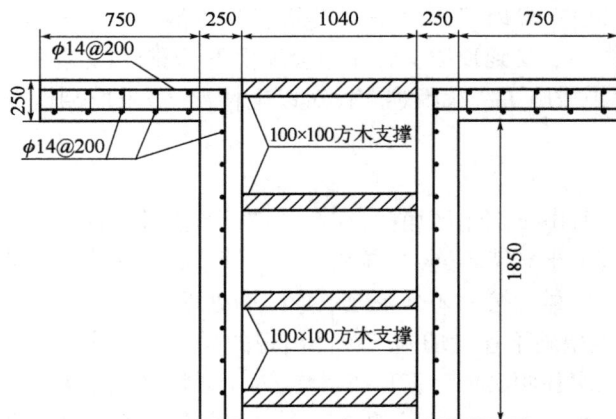

图 4-26　导墙双层配筋(尺寸单位:mm)

异型幅导墙现场施工情况见图4-27。

a)

b)

图4-27　异型幅导墙现场施工图

（3）增大受力面积

为减小顶拔机工作时施加于导墙上的压强，可在顶拔机下垫工字钢或钢板以增大导墙的受力面积，工字钢可按图4-28布置。

a)

b)

图4-28　异型幅地下连续墙导墙上方布置工字钢

4.4　锁口管施工应急措施

在锁口管施工过程中由于各种无法避免的因素，可能会出现锁口管顶拔困难甚至锁口管断裂的现象，因此必须指定详尽的锁口管施工应急措施，保证地下连续墙安全施工。

4.4.1　锁口管顶拔困难

锁口管顶拔与混凝土浇筑相结合，混凝土浇筑记录作为提拔锁口管时间的控制依据，根据水下混凝土凝固速度的规律及施工实践，混凝土浇筑开始后5h左右开始拔动，以后每隔20~30min提升一次，待混凝土凝固后，将锁口管一次全部拔出。若锁口管顶拔困难，可在导墙上方垫6cm钢板，使导墙能成为一个整体，提供足够的反力，同时调用大顶拔力（800t）的顶拔机进行顶拔施工。

若发生锁口管采用以上方法后仍不能拔除,可采取以下步骤进行抢救:

①顶拔机垂直顶拔装置收缩,抱箍系统恢复到初始位置,然后用履带起重机移除顶拔机。

②用成槽机开挖锁口管未开挖一侧土体至锁口管底,开挖过程中采用泥浆护壁。

③用履带起重机沿未开挖槽段方向水平牵引锁口管,使锁口管与混凝土剥离,破坏锁口管与混凝土的黏结力。

④一旦锁口管与混凝土部分脱离即停止水平牵引,将用履带起重机将锁口管安放至原位置,顶拔机重新开始顶拔操作。

⑤拔除锁口管,并对相邻槽段已开挖部分做回填处理。

4.4.2 锁口管断裂

若先行幅地下连续墙施工过程中锁口管发生断裂,后行幅地下连续墙钢筋笼应按图4-29制作,钢筋笼的配筋率按原设计方案执行。

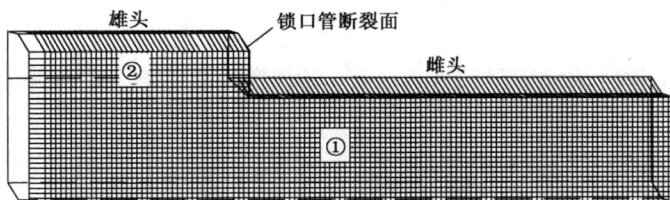

图4-29 后行幅钢筋笼形式

由于钢筋笼形状不规则,起吊过程中中心难以确定,因此钢筋笼分成①、②两部分制作:②部分的长度与常规钢筋笼锁口管断裂面以上的长度相同,幅宽为1m,①部分的钢筋笼长度为其原设计长度。①区的钢筋笼为了避免未拔出的锁口管弯曲变形而导致钢筋笼无法下方,因此预留70~80cm的变形空间,②区的钢筋笼需填补①区钢筋笼留下的位置,取幅宽1m。

①区钢筋笼采用320t式起重机配合150t式起重机配合起吊,②区钢筋笼采用150t履带式起重机和50t汽车式起重机配合起吊,钢筋笼的下放过程中用水平筋将①、②区钢筋笼水平连接。

由于折断的锁口管管壁圆弧是向外侧的,与钢丝刷壁器的形状相同,因此应采用特殊的钢丝刷壁器刷壁,能够使锁口管侧壁淤泥清除干净;同时需注意锁口管折断处的泥土,应清理干净避免浇筑混凝土时夹泥造成严重的渗水。后行幅地下连续墙①、②两部分钢筋笼水平对接,时需注意相应的接驳器位置,同时混凝土浇筑至锁口管断口处时需注意混凝土面的上升速度,需根据因混凝土灌入锁口管而造成液面上升过慢的具体情况调整导管长度。

完成后行幅地下连续墙施工后,需对锁口管断管处进行加固,加固形式可采用以下三种:地下连续墙+旋喷桩止水帷幕、钻孔灌注桩+旋喷桩止水帷幕及高压旋喷桩。

通过经济技术比选,宜采用"钻孔灌注桩+旋喷桩止水帷幕"的加固形式,具体布置见图4-30。

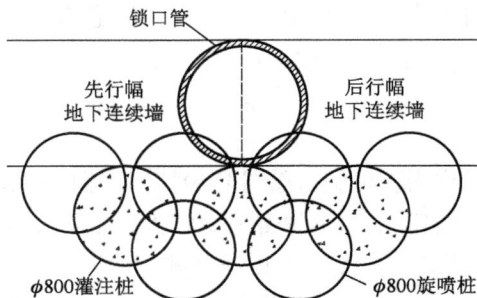

图4-30 锁口管断管处加固示意图

在墙体外侧布置 3 根直径 800mm、间距 200mm 的灌注桩补强,并布置 6 根 800mm 的高压旋喷桩止水。钻孔灌注桩的深度地下连续墙深度一致,钢筋笼配筋按照主筋 $\phi12@22$,箍筋 $\phi8@200$ 布置,止水帷幕加固范围从基坑底 5m 至顶板,采用三重注浆管,水泥规格为 P. O32.5R,掺量为 30%。

第5章 深基坑快速支撑体系设计与施工技术

针对宁波轨道交通1号线和2号线鼓楼站换乘结点超大异形基坑施工的实际问题,采用预应力高强度鱼腹梁支撑,结合实时监测系统,极大地提高了支撑体系的整体刚度和稳定性,有效地减小基坑位移。宁波轨道交通在鱼腹梁支撑体系的设计计算以及施工和拆除技术方面积累了丰富的经验。

5.1 鱼腹梁支撑基本原理及特点

5.1.1 鱼腹梁支撑基本原理

预应力高刚度鱼腹梁工具式组合内支撑系统,简称 IPS（Innovative Prestressed Support）工法,是基于预应力原理,针对传统混凝土内支撑、钢支撑的不足,通过大量的工程研究和实践应用,开发出的一种新型深基坑支护内支撑结构体系,它由鱼腹梁(高强低松弛的钢绞线作为上弦构件、H 型钢作为受力梁、与长短不一的 H 型钢撑梁等组成),对撑,角撑,立柱,横梁,拉杆,三角形接点,预压顶紧装置等标准部件组合并施加预应力,形成平面预应力支撑系统与立体结构体系。与传统混凝土内支撑、钢支撑相比,极大地提高了支撑体系的整体刚度和稳定性,结合远程实时监测系统,从而有效而精确地控制基坑位移,大幅度减小基坑的变形。其作用方式及与传统支撑方式对比如图 5-1 所示。

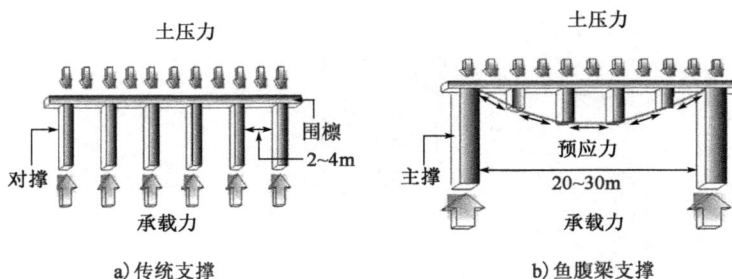

图 5-1 传统支撑与鱼腹梁支撑对围护的作用力示意图

5.1.2 鱼腹梁支撑特点

作为新型的基坑内支撑结构体系,鱼腹梁支撑具有如下特点:

①工程安全:相对于传统支撑系统的破坏模式——脆性破坏,IPS工法支护结构的破坏模式为延性破坏,从而提高了基坑支护结构的安全度。在基坑开挖过程中,IPS工法支护结构能针对可能产生的较大水土压力或突发的施工荷载,通过加装组件、施加预应力等措施,能确保支护结构的安全和控制周边土体的变形,有效地保护基坑周边的建(构)筑物、市政道路和管线等环境的安全。为了实现对基坑侧壁水土压力和围护结构变形的有效监控,采用多功能监测警报系统,从而完全消除了基坑支护结构破坏的可能性。

②工程质量:工具式可装拆的标准部件,高精度的制作与安装工艺要求,低合金材料,高强螺栓连接,自有产业工人装配作业,大幅提高了施工精度,确保了设计要求。先进的平面与立体结构体系更加保证了质量安全,系深基坑内支撑产业升级技术。

③经济效益:本工法提供开阔的施工空间,使挖土、运土及地下结构施工便捷,不仅显著改善地下工程的施工作业条件,而且大幅减少围护结构的安装、拆除、土方开挖及主体结构施工的工期和造价。与传统支撑相比,本工法降低造价20%以上,安装、拆除、挖土及地下结构施工工期缩短40%以上。

④环境效益:高刚度和高稳定性的结构体系有效提高基坑安全度,高精度工艺要求严格控制基坑变形,大幅降低地下空间开发建设对周边建(构)筑物、市政道路管线等环境的影响。构件材料全部回收重复循环使用,符合国家节能减排的产业政策,系绿色施工技术。

5.2 异形基坑鱼腹梁设计

支撑布设如图5-2和图5-3所示。根据基坑的特点,整个体系由8组鱼腹梁和5组对撑及部分角撑构成,每道对撑由两组型钢组成。

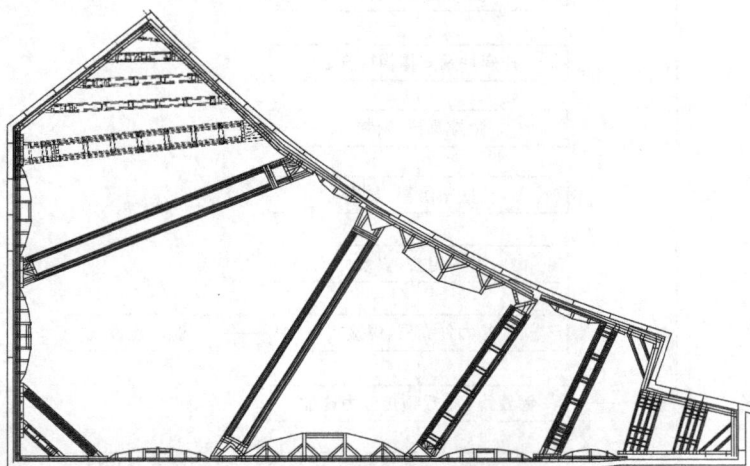

图5-2 鱼腹梁支撑体系平面布置

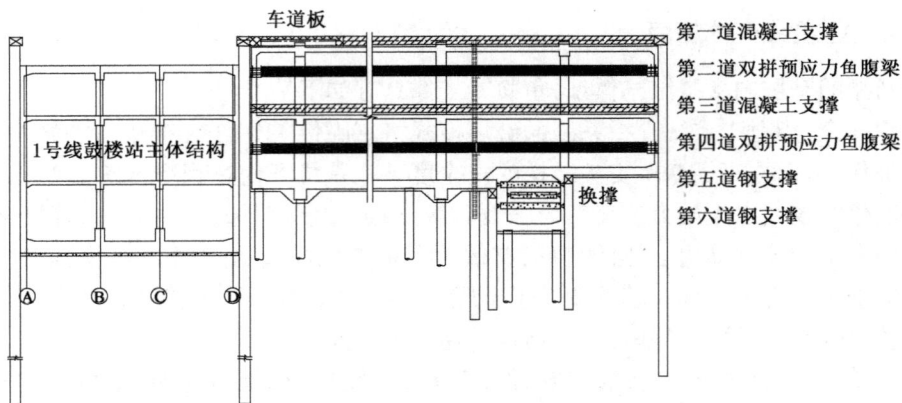

图 5-3　支撑体系剖面

5.3　鱼腹梁支撑体系施工技术

作为可重复使用的工程结构,鱼腹梁支撑体系的施工包括鱼腹梁支撑体系的安装和拆除。

5.3.1　鱼腹梁支撑体系的安装

预应力鱼腹梁工具式组合内支撑拼装须严格按规定的工艺进行,其施工工艺流程如图 5-4所示。

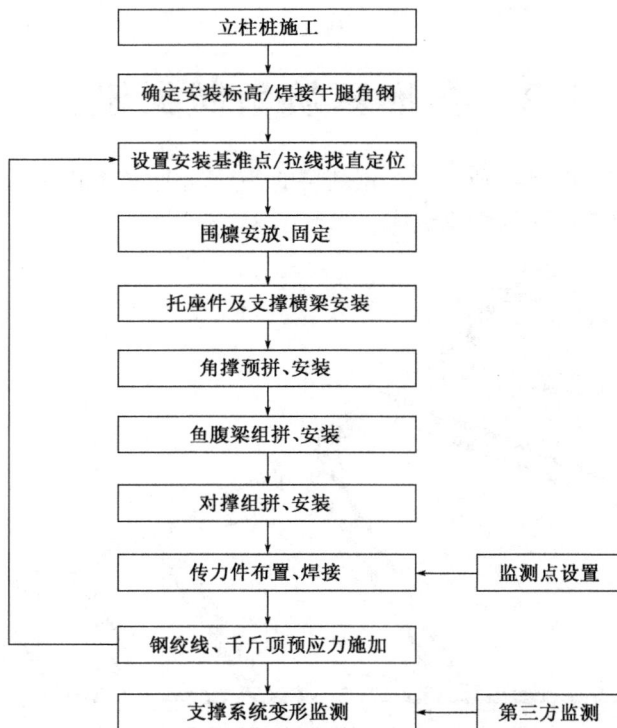

图 5-4　鱼腹梁支撑安装工艺流程图

具体的安装工艺如下：

(1)基准点设置及拉线定位

围檩安装前须确定轴线基准点,用全站仪或者经纬仪通过坐标计算测设基坑相邻两个转角内侧的基点,通过该基点采用挂线的方法进行平面安装定位,实际安装轴线偏差不得超过±20mm。拉线采用弦线或棉线,直径0.8~1.0mm,现场以拉线的距离而定;线坠用来确定中心,直径通常以25~50mm为宜,线坠的坠尖要准确,以对准中心点。在基准中心点以外地点稳固地安设绞架,挂上弦线或棉线并使用拉紧力将其拉直(拉紧力应为线拉断力的30%~80%),定位好之后在牛腿上面做出标记以供围檩安装位置控制之用。基坑内侧围檩单边定位线需满足在一条直线这一基本要求,目的是施加预应力后保证外侧围护结构均匀受力。

化学螺栓施工要保证螺栓的锚固深度,化学螺栓全长19cm,锚固长度12.5cm,外露6.5cm,根据现场实际使用数量1000根抽检一组,每组3根进行拉拔试验检测。贴板与地连墙之间应紧贴密实,无空隙,如存在空隙应用水泥砂浆填实。

现场实施如图5-5所示。

图5-5 基准点设置及拉线定位图

(2)牛腿施工

牛腿位置与标高根据设计图纸确定。基坑四周闭合边线上的钢牛腿设置应控制其上围檩中心线在同一个水平面,允许高差不大于±2mm(中心线)。牛腿焊接(图5-6)前须彻底清理连接部位(如预埋件、H型钢等)不少于200mm×200mm范围内的铁锈、油污、混凝土残留物等杂物。焊好的钢牛腿须保证三处连接部位牢固可靠,有足够的稳定性,不得出现歪扭、虚焊现象;横杠水平度误差要控制在2mm内且其仰角应控制为≥90°,且不得超过95°。牛腿与围护结构既有钢件对接过程中,须有测量技术员全程对牛腿的垂直度、标高、水平度等进行监控。

图 5-6 牛腿施工图

（3）围檩安装

安装围檩应遵循"先长后短，减少接头数"的原则，优先使用较长围檩，特别是标准节的构件，以减少接头数。围檩随支撑架设顺序逐段吊装，人工配合吊机将钢围檩安放于牛腿支架上，围檩就位后应检查钢牛腿是否因撞击而松动，如有松动立即补焊加固。围檩的连接部位和搭接部位必须满足强度要求，使用摩擦型高强螺栓紧固连接。

高强螺栓连接副组装时，螺母带圆台面的一侧应转向垫圈有倒角的一侧。对于大六角高强螺栓连接副组装时，螺栓头下垫圈有倒角的一侧应转向螺栓头，切忌装反。高强螺栓紧固时，将扳手套在预紧后的高强螺栓上，内套筒插入螺栓内部的梅花头，然后微转外套筒，使其与螺母对正，并推至螺母根部。按通电源开关，内外套筒背向旋转将螺栓紧固。高强螺栓紧固分两次进行，第一次初拧，初拧扭矩值为终拧的 $50\% \sim 70\%$，第二次终拧达到规范要求值 $T_{\mathrm{C}} = 726\mathrm{N} \cdot \mathrm{m}$，偏差不大于 $\pm 10\%$。待紧固到设计扭矩时，将电源关闭，外套筒脱离螺母，紧固完毕。围檩安装图见图 5-7。

图 5-7 围檩安装图

拼接的整个钢围檩体系必确保双榀或多榀型钢构件形成整体、共同受力。基坑转角处两个方向围檩端头必须紧贴转角（着实受力），并采取有效的措施保证两个方向围檩的连接。

（4）托座与支撑梁安装

托座件的安装务必控制其水平标高，通过角撑、对撑、鱼腹梁的定位标高反推其顶面水平标高，误差不得超过 $\pm 5\mathrm{mm}$；托座上部标高 = 支撑结构中心标高 -（H 型钢规格的 $1/2$ + 支撑梁规格）。

托座件的安装要求严格控制垂直度,在立柱桩发生偏位时,托座务必要通过加垫钢板达到垂直要求。假如立柱的标高定位发生偏差时,可以用槽钢代替托座(临时调整方式)与支撑梁进行连接,需在支撑梁和原托座上使用氧气乙炔现场开孔时,注意控制孔径大小,避免受力后螺栓出现滑脱;另外,立柱与托座连接螺栓的安装方向需要保持一致。安装后的托座件须与型钢立柱桩紧固牢靠,摩擦型高强螺栓的扭矩需达到规定要求。

预应力施加完成之后,施工人员务必检查确保支撑横梁与角撑、对撑、鱼腹梁(仅限大跨度)的有效连接;尤其是角撑和对撑须用高强度螺栓进行紧固,以提高预应力支撑体系的整体刚度。托座与支撑梁安装见图5-8。

a)   b)

图5-8 托座与支撑梁安装图

(5)角撑安装

角撑与围檩之间有夹角,不易直接安装并施加预应力。每道角撑安装前应先在地面进行预拼接并检查预拼后支撑的顺直度,拼接支撑两头(含千斤顶及 TO 构件)中心线的偏心度控制在 2cm 之内,经检查合格后按部位进行整体吊装就位。

角撑预拼过程中,将 WA 构件、专用千斤顶、TO 构件等通过高强螺栓连接牢固,另专用千斤顶的十字锁扣须设置在正中间,即前后各留三丝的余地,便于拆除时预应力卸除。部分角撑连接过程中,若 SC 的放置空当存在多余空间时必须使用相对应厚度的钢板垫紧贴密,防止支撑体系受力后整体发生偏心。角撑安装见图5-9。

a)   b)

图5-9 角撑安装图

（6）鱼腹梁安装

鱼腹梁安装应按照设计跨度在地面进行预拼，螺栓紧固务必达到设计及规范要求。安装用千斤顶、油表必须进行定期标定，并做好记录。预应力筋下料时采用砂轮机切断，不得使用氧气、乙炔切割和电焊切断，以免烧伤预应力筋。钢绞线张拉应力值符合设计要求，张拉伸长率控制在 ±6%。

鱼腹梁预拼完成后整体起吊摆放在支撑牛腿上，支撑起吊后两端由人工牵引，确保支撑整体稳定。实施张拉时，应使千斤顶的张拉力作用线与预应力筋的轴线重合一致。实际伸长值与理论伸长值的差值符合设计要求，设计无规定时，实际伸长值与理论伸长值的差值应控制在 ±6% 以内，否则应暂停张拉，待查明原因并采取措施予以调整后，方可继续张拉。

钢绞线张拉应按顺序逐根进行，考虑因钢束之间摩阻力的影响，分三次张拉到设计应力，即第一次到 20% 设计值，第二次张拉到 70% 设计应力，第三次到 100% 设计应力。以保证整个鱼腹梁钢束张拉完毕后满足设计规定应力值。鱼腹梁的安装见图 5-10。

a)　　　　　　　　　　　　　　　　　　b)

图 5-10　鱼腹梁安装图

（7）对撑安装

如施工场地条件允许，对撑安装应在地面进行预拼，严格控制支撑平面的平直度，拼接支撑两头中心线的偏心度控制在 ±2mm 以内。对撑就位时要采用两点或四点吊装，吊点宜控制在离端部 0.2L 处。对撑两端安装就位后的标高差不大于 20mm 及整个对撑长度的 1/600。整体挠曲度控制不大于跨度的 1/1000。对撑与对撑的水平轴线偏差不大于 30mm，其与钢围檩的夹角须确保达到设计要求，避免因偏心过大而造成失稳。所有对撑连接中，SC 的放置空当中必须使用相对应钢板垫紧贴密，防止支撑体系整体偏心。对撑安装见图 5-11。

（8）传力件安装

施加预应力之前，必须进行整个支撑体系的限位焊接即 T 形传力件安装。传力件的设置数量不得少于设计图纸要求（通常三角键后 ≥3/m，其他部位 ≥1/m），同时须满足围护压力均匀且有效传递的客观条件。传力件与围护的后置埋件及钢构等的焊接应逐层累焊至填满坡口，每道焊缝焊完后，都须清除焊渣及飞溅物，做到丰满牢固；焊接传力件时不得在装配式钢构件的母材上打火引弧。最后在传力件之间的空隙区域用细石混凝土一次性填实，确保传力的稳定。传力件安装见图 5-12。

a)

b)

图 5-11 对撑安装图

a)

b)

图 5-12 传力件安装图

（9）预应力施加

①施加预应力如图 5-13 所示，顺序如下：

a. 检查各部件螺栓的连接是否紧固，传力件与围护体系的连接状态。

b. 如基坑中部设有对撑，则先加压对撑。

c. 角撑加压。

d. 钢绞线加压。

a)

b)

图 5-13 预应力施加图

②施加预应力过程中应注意的一些问题：

a. 张拉前,应对张拉器、油缸、油表等设备进行标定。

b. 随着新安装的支撑预应力的施加,相邻的已经安装好的支撑应力可能会减少,所以可根据设计要求附加预应力。因此支撑必须要有附加预应力的装置(即支撑连接件),当墙体水平位移率超过警戒值时,可适量增加预应力以控制变形。

c. 施加预应力时,要及时检查每个接点的连接情况,并做好施加预应力的记录;严禁支撑在施加预应力后由于和预埋件不能均匀接触而导致偏心受压;在支撑受力后,必须严格检查并杜绝因支撑和受压面不垂直而发生渐变,从而导致基坑挡墙水平位移持续增大乃至支撑失稳等现象发生。对撑预应力施加见表5-1。

对撑预应力施加表 表5-1

编　号	型钢根数	总施加预应力 （kN）	单根型钢预应力锁定值 （kN）	单根型钢预应力实际值 （kN）
对撑-05	4	3150	787	865.7
对撑-06	4	4387	1096	1205.6
对撑-07	4	2546	636	699.6

d. 为了控制千斤顶油缸伸出的长度在10cm以内,在加压时可以采取在千斤顶后面设置钢板的措施来调整油缸长度。

e. 支撑的加压严格按设计图纸上提供的轴力来进行,不允许加载不到位或超加载。

钢绞线施加预应力应注意的问题:

a. 钢绞线安装时要左右对称。

b. 张拉钢绞线时,检查张拉部位和连接部位(传力件焊接处和螺栓连接处)后再行施工。

c. 钢绞线张拉时要一根一根进行,采用分批超张一定要用形拉的方式(内层按15%控制,中间层按10%控制,最外一层不超张),避免部分张拉不到位,成整体并均匀受力。

d. 钢绞线的张拉首先施加图纸上注明张拉力的70%,稳定后再加载至100%荷载,在该张拉荷载下保持5min,观测锚头无位移现象后锁定。

e. 钢绞线张拉时钢绞线的伸长率,预应力,钢绞线张拉器以及特殊情况等要记录并存档。

f. 在设计图纸中,钢绞线的数量为奇数时,实际施工中需要增加3根钢绞线作为安全储备,反之为偶数时则增加2根。钢绞线在构件平面的布置及钢绞线安装顺序如图5-14所示。

（10）变形监测

工具式支撑系统的变形监测一般与基坑监测同步进行,监测内容有整体相对水平位移、构件轴力变化。

整体相对水平位移监测:监测点位置一般设置在与钢围檩平行的正上方,固定后拉钢线且设置铝质发射板,数量根据工程大小确定,一般基坑宽度在20~30m至少设一道;仪器采用(如德国喜利得PD40型)高精度手持式激光测距仪,误差要求±1.0mm。监测频率正常情况下2~3次/d,异常情况下4~6次/d。

构件轴力监测:采用弦式反力计或应变片直接布置于装配式钢支撑构件主要受力点,通过传导电缆线将变形应力进行集成,监测频率正常情况1~2次/d,异常情况3~6次/d。

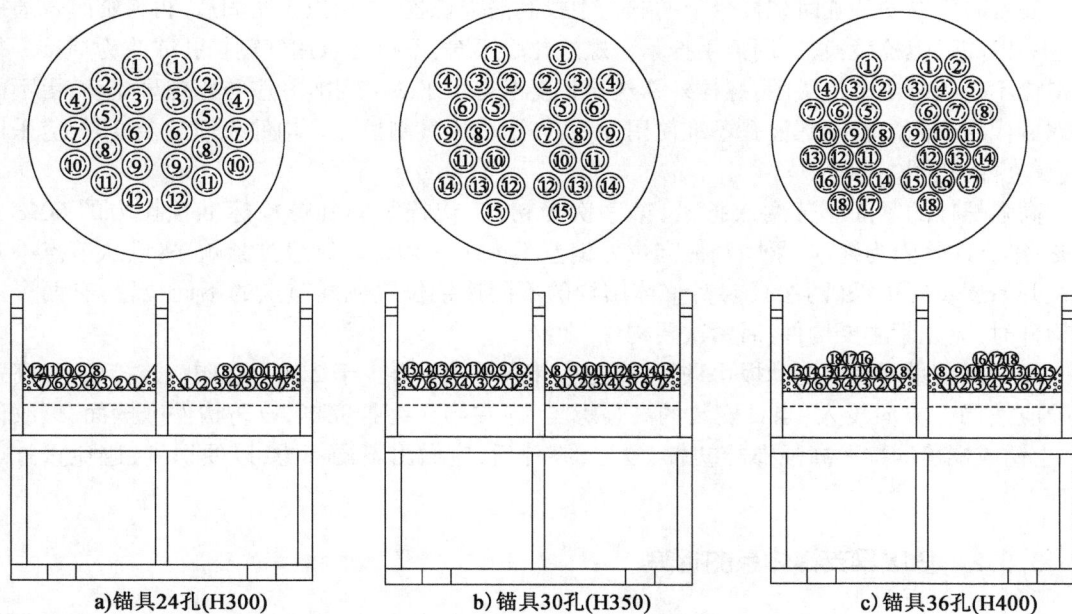

a) 锚具24孔(H300)　　　　b) 锚具30孔(H350)　　　　c) 锚具36孔(H400)

图 5-14　钢绞线安装顺序图

监测结果专业人员分析,及时通报各方,过程连续监测直至基坑开挖结束结构混凝土达到预定强度,报警值的控制请严格按照设计指标进行,通常 1 级基坑按照累积位移 20mm、日变化量 5mm 控制。变形监测现场见图 5-15。

a)　　　　　　　　　　　　　　　　　　b)

图 5-15　变形监测现场图

(11)高强螺栓的安装和紧固

构件中心的位置调整完毕后,即可安装高强螺栓。安装时高强螺栓连接副(包括一个螺栓、一个螺母和两个垫圈)应在同一包装箱中配套取用,不得互换。扭剪型高强螺栓垫圈应安装在螺母一侧,并注意螺母和垫圈的安装方向,不得装反。遇有高强螺栓不能自由投入孔内时,不得强行打入,这样会使螺纹损伤,影响预紧效果,而且使孔壁受挤压,螺栓受剪,改变高强螺栓受力状态,而起不到高强螺栓的作用。应先用铰刀进行扩孔或修孔后,再穿入,但修孔后,孔径不得大于原孔径 2mm。用绞刀扩孔时,要使板束密贴,以防铁屑挤入板缝,铰孔后要用砂轮机清除孔边毛刺和铁屑。螺栓穿入方向应一致,以便于操作。

安装时先在安装临时螺栓余下的螺孔中投满高强螺栓,并用扳手紧固后,再将临时普通螺栓逐一以高强螺栓替换,并用扳手拧紧。螺栓孔眼不对,不得任意用气割扩孔或改为焊接。每个螺栓不得用两个以上垫圈;螺栓外露丝扣长度不得少于 2~3 扣,并应防止螺母松动;更不能用螺母代替垫圈。精制螺栓孔不准使用冲钉,亦不得气割扩孔。构件表面有余度时,应采用相应斜度的垫圈。

高强螺栓的紧固应分两次拧紧:第一次为初拧,初拧紧固到螺栓标准预拉力的 60% ~ 80%;第二次紧固为终拧,紧固到标准拉力偏差不大于 ±10%。每组拧紧顺序,应从节点中心部位开始逐步向边缘(两端)施拧;整体结构的不同连接位置或同节点的不同位置,有两个连接构件时,应先紧主要构件,后紧次要构件。

高强螺栓紧固宜用电动扳手进行,终拧后外露丝扣不得少于 2 扣。在同一连接面上,高强螺栓应按同一方向投入;当日安装的高强螺栓,应在当天终拧完毕,以防构件摩擦面、螺纹沾污、生锈或螺栓漏拧。高强螺栓初拧、复拧、终拧后,应做出不同标志,以便识别,避免重拧或漏拧。

5.3.2 鱼腹梁支撑体系的拆除

工具式组合内支撑拆除前,应先进行可靠的换撑工作,主体结构的楼板、底板或传力带混凝土强度须达到设计强度的 80% 以上(且传力带与围护结构之间间隙已按要求完成密实填充),确保钢支撑拆除后,围护结构侧向位移控制在设计规定范围内。换撑图见图 5-16。

图 5-16 换撑图

拆除时应避免瞬间预加应力释放过大而导致结构局部变形、开裂。预应力鱼腹梁工具式钢支撑的拆除顺利一般按安装的逆序进行(监测→释放钢绞线预应力→拆除对撑、角撑及围檩→拆除传力件及支撑梁→拆除牛腿及型钢立柱),且严格遵守设计要求。拆除围檩和支撑梁见图 5-17。

支撑拆除前现场施工队需做好应急准备(应急物资、设备须到场),同时做好变形监测等工作。拆撑前还须划分坑周保护区,滑裂面 3.0m 范围以内为重点保护区,拆除过程中严禁过量堆载(堆载应小于 $15kN/m^2$)。预应力卸载,支撑拆除过程中应安排专人对基坑本体及周边环境变形进行 24h 观测,位移正常后继续拆除,若位移超标,应发出预警信号,并立即停止支撑拆除;分析其原因,采取相应的补救措施。

图 5-17　拆撑图

　　鱼腹梁拆除时若现场条件允许,可以整体卸除预应力后直接吊装至地面进行分解;若不具备整体移吊条件,应根据现场环境,先行拆除钢绞线,再拆除偏心梁 EB 和锚固件、AF 等构件。支撑体系的预应力卸除之后,开始拆除支撑连接处的下部螺栓,上部螺栓只需拧松即可。

　　支撑拆除(含吊装)属高空作业[国家标准《高处作业分级》(GB 3608—2008)规定:"凡在坠落高度基准面 2m 以上(含 2m)有可能坠落的高处进行作业,都称为高处作业。"],施工过程中须严格遵守高空作业安全管理相关规定。

　　钢支撑拆除后应进行整理,凡构件变形超过规定要求或局部残缺的应进行校正修补。支撑应分层堆放整齐,高度一般不超过 4 层,底层钢支撑下面应安设好垫木。

第6章　复杂环境条件深基坑施工变形控制技术

轨道交通基坑工程通常处于建筑物、重要地下构筑物和生命线工程的密集地区,为保证周边建(构)筑物的正常使用和安全运营,变形控制和环境保护往往成为基坑工程成败的关键,基坑设计也逐步从强度设计转为变形控制设计。宁波轨道交通1号线工程为平面异形不稳定基坑,研究其基坑的开挖施工变形控制技术对于类似工程具有非常重要的借鉴意义。

6.1　基于边框架逆作法的基坑开挖变形控制措施

为保护基坑周围环境安全,采用下二层板边框架逆作方案,利用局部逆作楼板代替混凝土支撑,提高基坑的整体支撑刚度,控制基坑开挖引起的水平变形。

6.1.1　边框架逆作法施工方案

宁波地区软土地质条件差,基坑开挖施工难度较高,使用传统的全逆作法施工难以保证工期要求和工程质量。因此参照上海类似工程的经验,将第四道混凝土支撑取消,采用开挖过程中逆作下二层楼板来取代,提高支护结构的整体刚度。基坑标准段剖面如图6-1所示。围护结构采用1m厚地下连续墙,沿基坑深度方向第一道为钢筋混凝土支撑,第四道支撑利用逆作的下二层边框架楼板,其余均为直径609mm钢支撑。

边框架逆作采用主体结构下二层楼板作为基坑开挖期间一道支撑,楼板采用C35混凝土,每隔3m板带设置一个5m×10m出土孔,作为下二层板下出土通道,如图6-2所示。开孔的位置考虑设置在结构立柱位置,有利于回筑阶段立柱的整体浇筑,保证竖

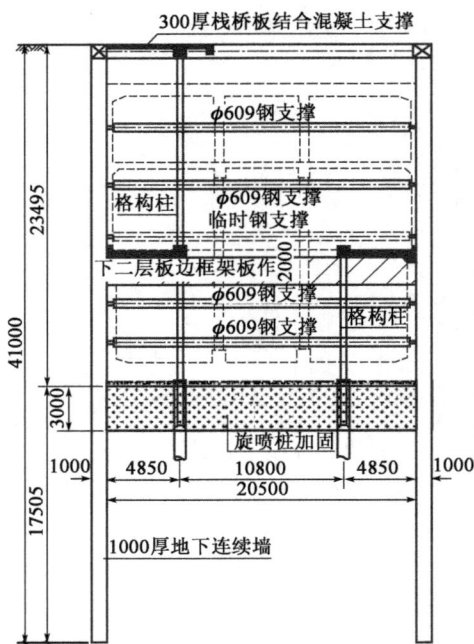

图6-1　基坑标准段剖面图(尺寸单位:mm)

向结构的质量。下二层板两侧与连续墙通过预埋的接驳器进行连接(如图 6-3 所示)。在板的中间设置两道竖向临时格构柱,格构柱由 4 根 L 形 180mm×18mm 等边角钢组成,格构柱尺寸为 560mm×560mm,插入直径 1m 的灌注桩中。为了减少格构柱隆沉影响板的受力,灌注桩长度为 30m,进入⑧₁粉砂层。只有一道临时格构柱延伸至基坑第一道支撑下方,一方面是该侧局部有临时车道盖板,另一方面也是减少上部基坑内格构柱的数量,有利于地面长臂挖机挖土。在板的设计时,考虑可以作为临时材料处理场地,堆放不超过 4kN/m² 的施工荷载。

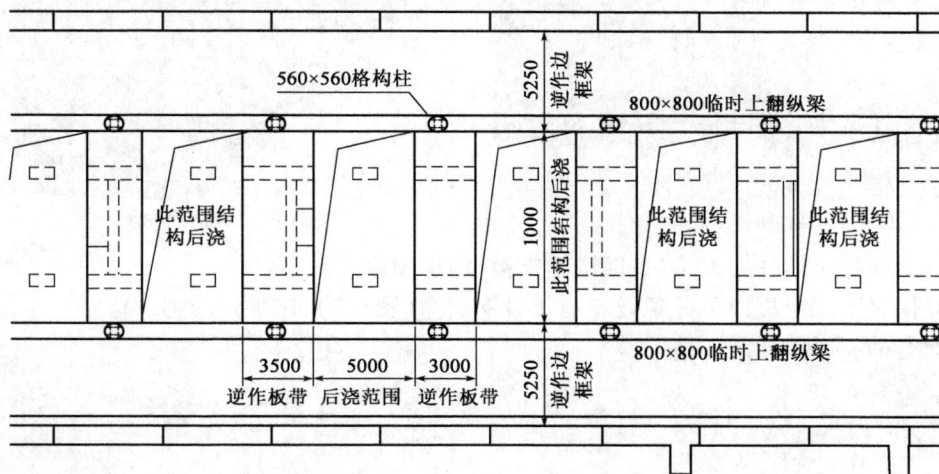

图 6-2　逆作楼板平面图(尺寸单位:mm)

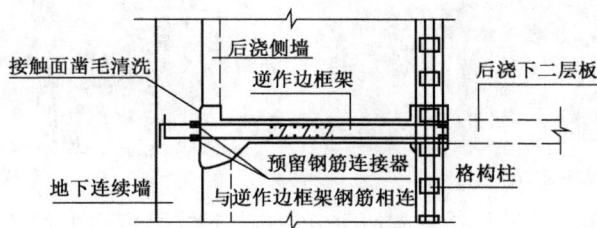

图 6-3　楼板与连续墙连接节点图

6.1.2　边框架逆作法施工工艺

基坑开挖采用机械开挖与人工开挖相结合的原则,对于三层结构基坑,下二层板以上采用长臂挖机和小型挖机的组合方式出土,下二层板以下采用龙门吊抓斗和小型挖机的组合方式由预留出土口出土。

基坑开挖时在沿围护结构两侧各留 2m 宽平台,并避免挖掘机在开挖作业时碰撞架设的钢支撑;既可充分利用平台处土体抗力保证围护结构的稳定,又可利用该平台进行腰梁与钢支撑施工及人工修理侧壁;每小段的开挖长度不应超过 2 道撑的范围,下一层土方开挖前,应先挖除预留平台部位的土方;开挖至距坑底部 30cm 时,需进行人工清底。基坑开挖顺序如下:

①地下连续墙、立柱桩、坑内土体加固及降水达到要求后,开槽施作第一道混凝土支撑(图 6-4)。

②待第一道混凝土支撑达到设计强度,开挖至第二道钢支撑底部(图6-5),架设该道钢支撑,并施加预应力(图6-6)。

图6-4 施作第一道混凝土支撑

图6-5 坑内土体放坡开挖

③依次开挖土体并架设第三、四道钢支撑,施加预应力。

④开挖至下二层板以下并架设一道临时钢支撑(图6-7),施加预应力。

图6-6 钢支撑施加预应力

图6-7 临时钢支撑

⑤浇筑垫层并施作下二层板边框架(图6-8),待下二层板边框架达到设计强度后拆除临时钢支撑。

⑥向下开挖土体(图6-9),架设第六道钢支撑,施加预应力(图6-10)。

图6-8 施作下二层板边框架

图6-9 小挖掘机在下二层板下挖土

⑦开挖至基坑底部,浇筑垫层并施作底板(图6-11)。

图6-10　架设第六道钢支撑

图6-11　基坑底板施工

⑧待底板达到设计强度,拆第六道钢支撑。

⑨回筑下三层内衬及下二层板,待其达到设计强度后,拆除第四道钢支撑。

⑩回筑下二层内衬及下一层板,待其达到设计强度后,拆除第二道钢支撑(图6-12)。

⑪回筑下一层内衬及顶板,待其达到设计强度后,拆除第三道钢支撑,覆土至第一道支撑底部后,凿除第一道混凝土支撑(图6-13)。

图6-12　主体结构施工

图6-13　拆除混凝土支撑

⑫其他内部结构施工。

6.1.3　逆作结构板下土体加固

由于在软土地层下二层板施工过程中,难以在坑内软土中设置支架模板,因此,在施工前,下二层板下土体及坑底土体需进行加固处理,使用数值模拟方法研究逆作结构板下土体的加固形式及加固厚度。

(1)加固形式

在加固厚度(2m)及加固程度(三轴旋喷桩,水泥浆液的水灰比为1.0,桩径1000mm,桩间搭接200mm)相同的情况下,模拟了三种不同逆作结构板下土体加固形式:方案1:不加固;方案2:裙边+抽条加固,边宽5.75m,条宽4m,相邻加固土体间距4m;方案3:满堂加固。

基坑长边中部不同逆作结构板下加固形式在各开挖工况下的墙体水平位移见图6-14,墙体最大位移与开挖深度的关系见图6-15,墙体最大位移位置与开挖深度的关系见图6-16。

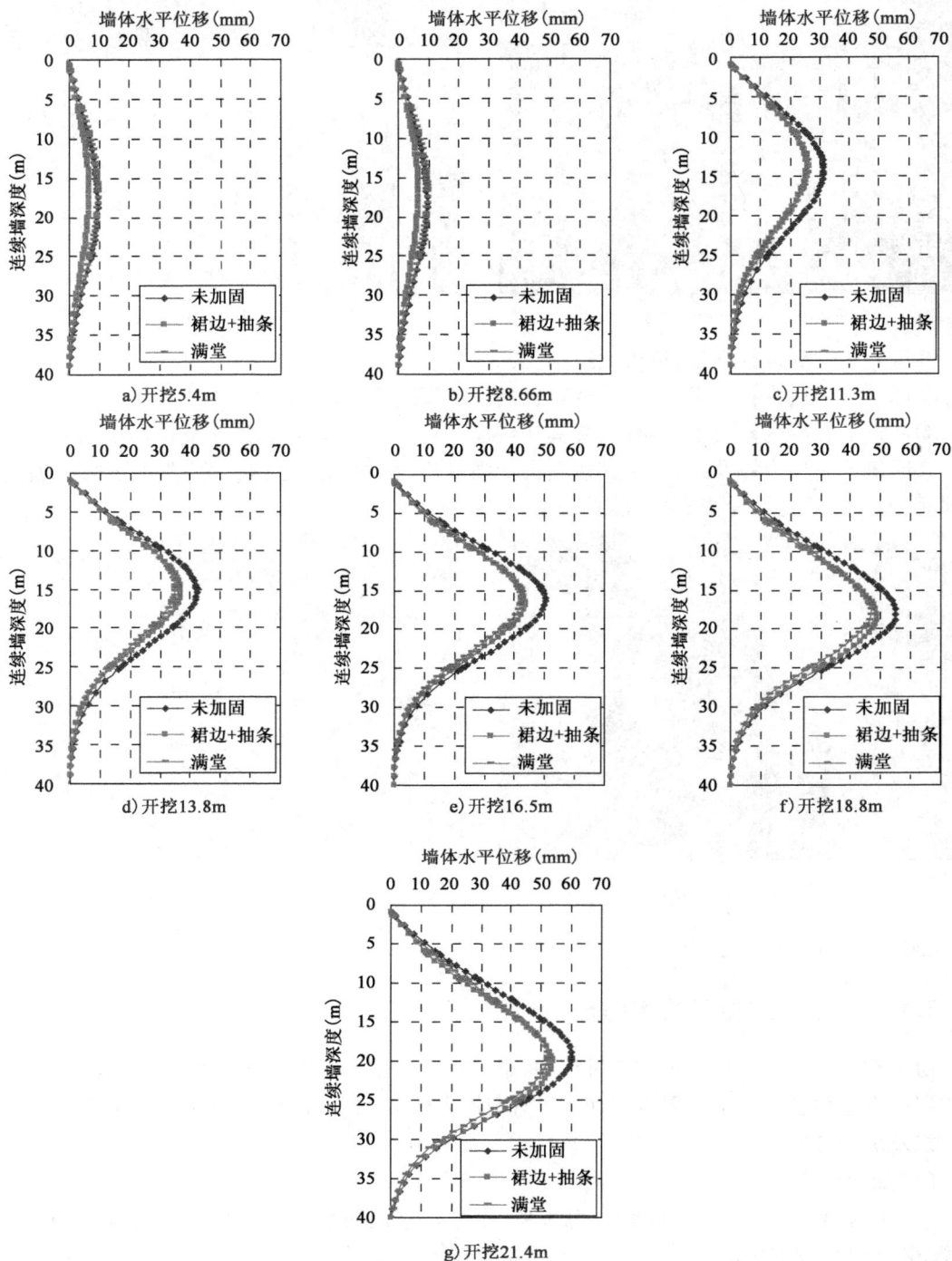

a) 开挖5.4m

b) 开挖8.66m

c) 开挖11.3m

d) 开挖13.8m

e) 开挖16.5m

f) 开挖18.8m

g) 开挖21.4m

图6-14 各开挖工况对应的墙体水平位移

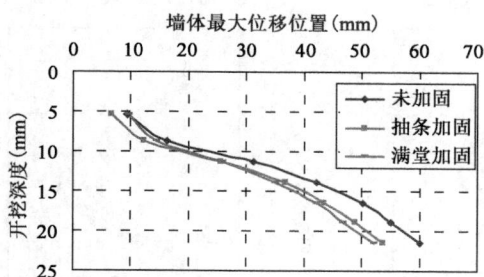

图6-15　墙体最大位移与开挖深度的关系

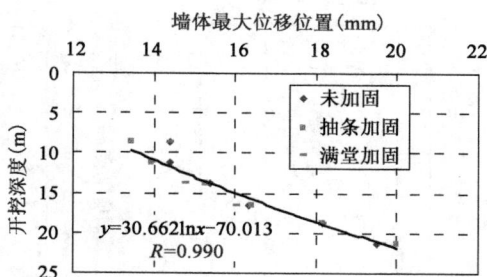

图6-16　墙体最大位移位置与开挖深度的关系

由上图可得到以下规律：

①逆作结构板下土体加固可以抑制连续墙水平位移，基坑开挖至21.4m时，逆作结构板下土体未加固对应的墙体最大位移为60.1mm，而裙边+抽条加固与满堂加固对应的墙体最大位移分别为53.7mm与52.0mm，较不加固时分别减小了10.7%与13.4%。

②不同逆作结构板下土体加固形式对墙体最大位移位置基本无影响，如图6-16所示，不同加固形式对应的墙体最大位移位置与开挖深度关系曲线基本重合，可见改变土体加固形式不会对墙体最大位移位置产生影响。

（2）加固厚度

在加固形式（裙边+抽条加固）及加固程度（三轴旋喷桩，水泥浆液的水灰比为1.0，桩径1000mm，桩间搭接200mm）相同的情况下，模拟了4种不同逆作结构板下土体加固深度，即逆作结构板下分别加固0m、1m、2m与3m。不同加固厚度在各开挖工况下的墙体水平位移见图6-17，墙体最大位移与开挖深度的关系见图6-18，墙体最大位移位置与开挖深度的关系见图6-19。

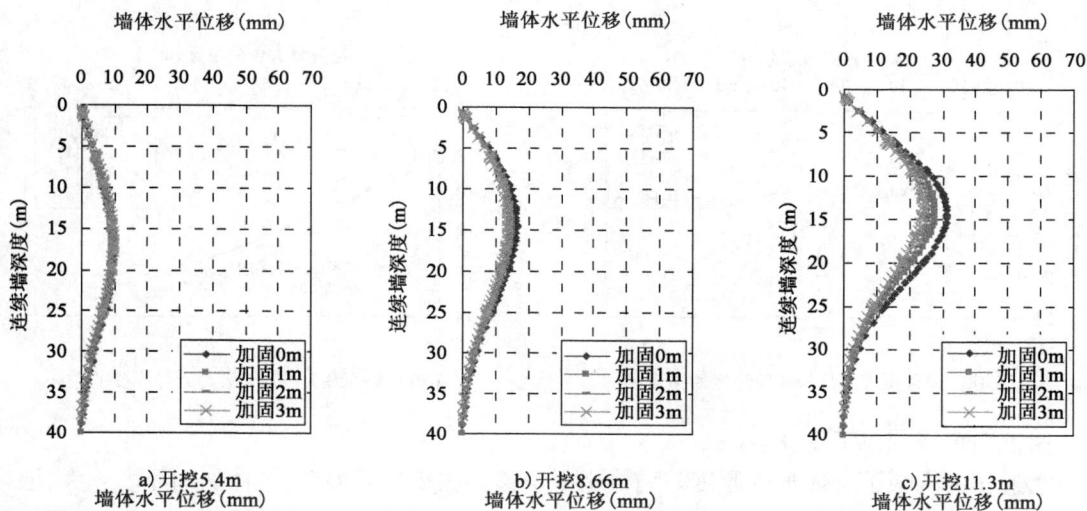

a）开挖5.4m
墙体水平位移（mm）

b）开挖8.66m
墙体水平位移（mm）

c）开挖11.3m
墙体水平位移（mm）

图 6-17

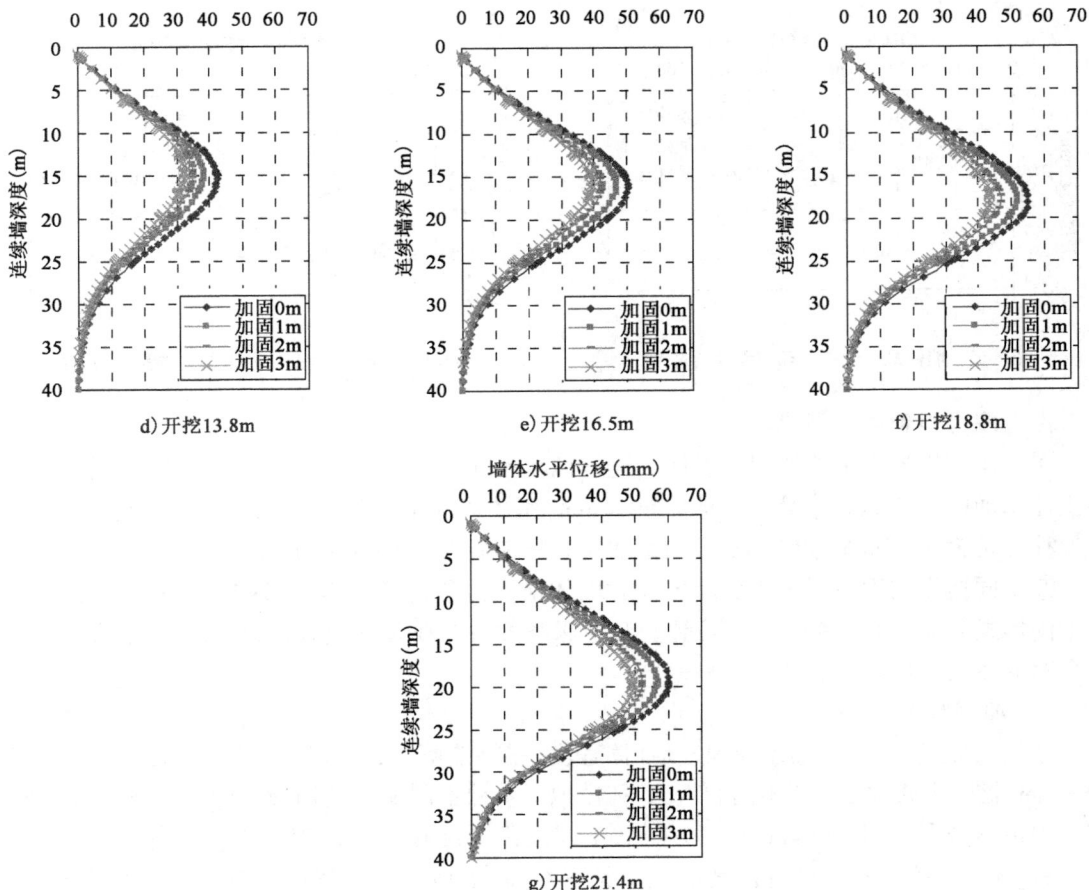

d) 开挖13.8m

e) 开挖16.5m

f) 开挖18.8m

g) 开挖21.4m

图6-17　各开挖工况对应的墙体水平位移

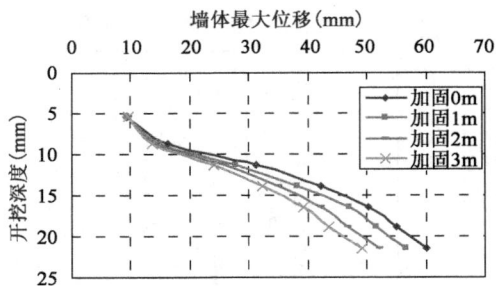

图6-18　墙体最大位移与开挖深度的关系

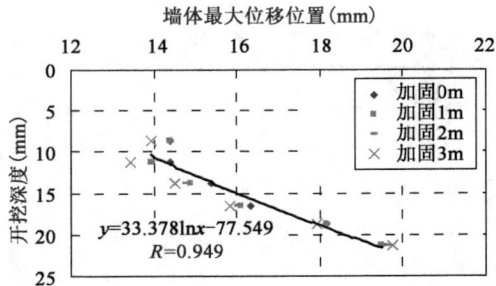

图6-19　墙体最大位移位置与开挖深度的关系

由上图可得到以下规律：

①逆作结构板下土体加固厚度与墙体水平位移存在负相关关系，土体加固厚度越大，墙体水平位移越小，基坑开挖至21.4m时，基底未加固对应的墙体最大位移为60.6mm，而加固1m、2m与3m对应的墙体最大位移分别为56.7mm、52.0mm与49.1mm，较未加固时分别减小

了 5.5%、13.5% 与 18.3%。

②逆作结构板下土体加固厚度对墙体最大位移位置基本无影响,如图 6-19 所示,不同加固深度对应的墙体最大位移位置与开挖深度关系近似呈对数分布。

(3)逆作结构板下土体加固合理形式

旋喷加固后的土体强度较高,而基坑开挖时需挖除逆作结构板下的加固土体,难以用长臂挖掘机和抓斗直接挖除,必须配合镐头机将坑内土体破碎后才能取出,这一过程无疑延长了基坑的暴露时间;且由逆作结构板下土体加固形式选择的数值研究可知,逆作结构板下采取满堂加固后围护结构最大变形仅比裙边 + 抽条加固减小了 2.7%,满堂加固显然是不经济的,因此逆作结构板下建议采取裙边 + 抽条加的形式,土条宽度及相邻土条间距配合逆作结构板布置方案确定。

墙体变形随逆作结构板下土体加固厚度增大而逐渐减小,然而一味增大加固厚度无疑会增加工程量与工程造价,同时土体破除还会增加基坑暴露时间,因此不可能无限增大加固厚度;由逆作结构板下土体加固厚度的数值研究可知,当加固厚度为 0~2m 时,增大加固厚度对减小墙体变形效果显著,当加固厚度增大至 2~3m 时,墙体变形速率趋缓,因此可取逆作结构板下 2m 范围作为加固厚度。

综上所述,逆作结构板下建议采用裙边 + 抽条加固,边宽 5.5m,条宽 4m,相邻加固土体间距 4m,逆作结构板下土体加固示意见图 6-20。

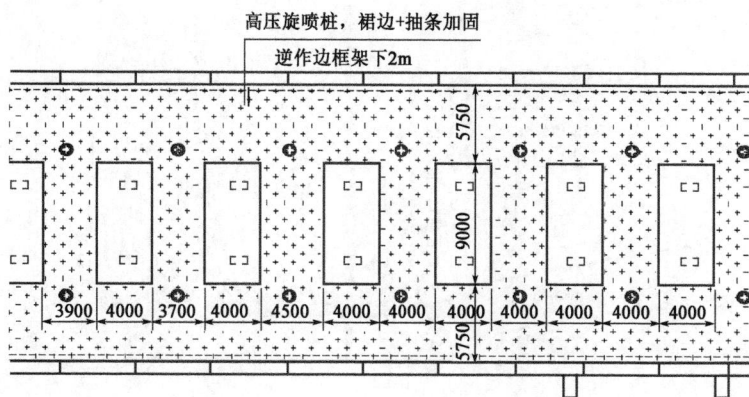

图 6-20　东门口站主体逆作结构板下加固示意图(尺寸单位:mm)

6.2　基坑分层变形控制 + 总变形控制技术

以往基坑开挖常以变形速率及累计总变形量作为控制指标,缺乏微观动态控制,导致超标报警容易滞后。因此,针对开挖变形控制要求严格的基坑工程,将变形控制标准量化至施工全过程,提出基于开挖厚度与地层参数的深基坑分层变形控制 + 总变形控制技术。以鼓楼站附属结构 10 号出入口为依托工点,以下对分层开挖方案进行介绍并对施工效果进行评价。

6.2.1 鼓楼站附属结构 10 号出入口介绍

鼓楼站附属结构 10 号出入口位于原解放北路西侧,府桥街北侧,南临军分区家属宿舍,东侧与 2 号线主体基坑连接,平面位置关系见图 6-21。

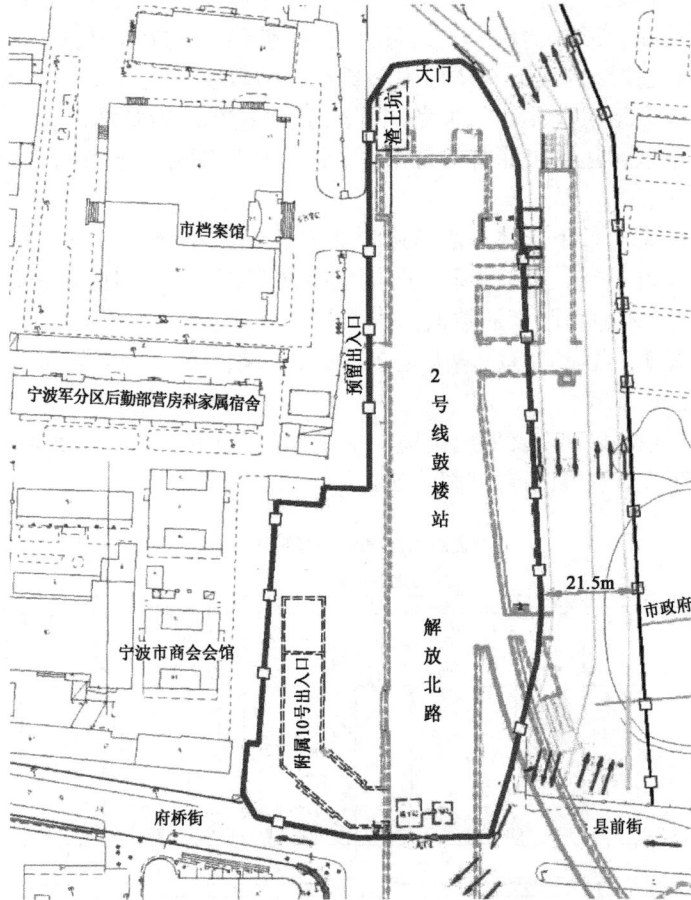

图 6-21 鼓楼站 10 号出入口与周边环境相对位置关系示意图

10 号出入口为地下一层,基坑最大开挖深度为 12.68m,宽度为 9 ~ 10.96m,围护结构采用 $\phi 850@600$ SMW 工法桩,桩长为 7.4 ~ 27.4m,局部采用 $\phi 800@1000$ 钻孔灌注桩 + 双排 $\phi 800$ @550 止水帷幕,钻孔灌注桩桩长为 23 ~ 35m,止水帷幕桩桩长为 23m;坑内设置 $\phi 800$ 抗拔桩,桩长为 22.619 ~ 30.88m。

工程顶板位于①$_{1-1}$ 杂填土层和①$_{1-3}$ 浜填土层中,侧墙主要位于①$_3$T 黏土层中,底板均位于②$_1$ 黏土层中,开挖最深的位置,集水井处位于②$_{2-2}$ 淤泥质黏土层中。工程场地范围开挖区域内与工程相关的地下水为松散岩类孔隙潜水,主要赋存于场地表部填土和黏土、淤泥质黏土层中,渗透系数为 1.0×10^{-6} ~ 4.07×10^{-7} cm/s,潜水位变幅一般在 0.5 ~ 1.0m 之间。

基坑位于 2 号线鼓楼站西侧,此出入口西侧有三幢三层砖楼房,为宁波市商会会馆(周宅)。该建筑位于府桥街与解放北路交叉口西北侧,始建于清末,建成于民国初,至今已有 100 多年历史,整个建筑面积约 3000m²,由两幢南北对称的三层楼楼房组成,结构类型为砖混结构,条形基础,属于保护建筑,距离为 14.83m;临近府桥街有一两层混凝土结构,距离为 11.45m。

考虑到对西侧商会会馆的保护,基坑西侧围护结构 SMW 工法桩桩长加深 1m,沿基坑深度方向设置 3 道支撑,其中第一道为混凝土支撑,其余均为"钢围檩 + φ609 钢支撑"(其中有 3 根换撑),坑底以下 3~6.5m 采用高压旋喷桩进行加固。内部结构采用现浇钢筋混凝土箱形结构。

基坑西侧主要有新改迁的电力管廊和 DN800 顶管污水管道。南侧主要为新改迁的 DN219 燃气管道、DN600 给水管道及 DN1200 雨污合流管道。

根据周边环境条件和工程特点,10 号出入口基坑保护等级为二级,即要求周围地面最大沉降量≤0.2%H,围护墙体最大水平位移≤0.3%H(H 为基坑开挖深度)。

6.2.2　基坑分层开挖变形控制标准与施工工艺

基坑开挖前通过数值模拟、理论分析明确基坑围护结构变形增量与累计量控制标准,见表 6-1,变形速率控制值为 3mm/d(连续 3d)。

基坑开挖变形控制标准

表 6-1

工　　况	围护结构水平位移控制值(mm)	
	增量	累计量
第一道支撑安装完毕	2	2
第二道支撑安装完毕	9	11
第三道支撑安装完毕	9	20
底板达到设计强度	5	25(电梯坑段 29)

10 号出入口总土方量为 4800m³,2010 年 12 月 14 日进行开挖,于 2010 年 12 月 29 日土方开挖结束。采用一台 DLQ-8 轮式冲抓斗挖土,一台加藤 HD307 小挖机配合倒土。土方开挖纵剖面图见图 6-22。

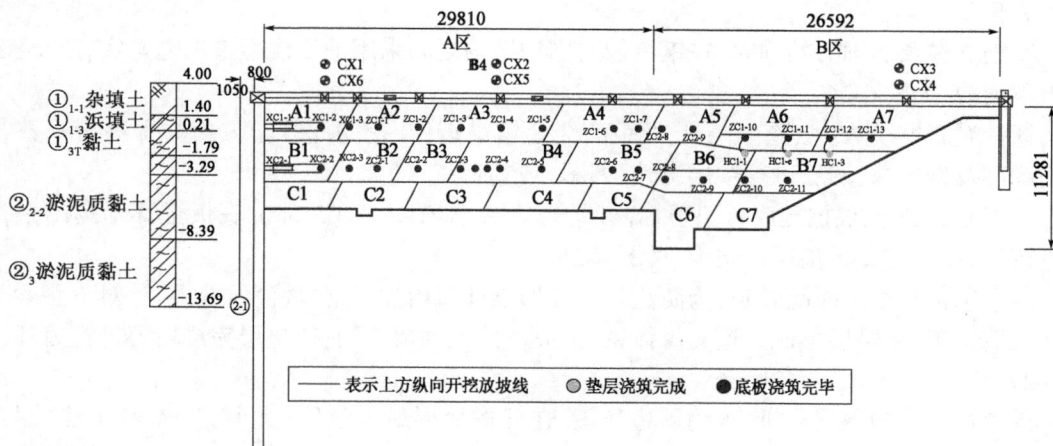

图 6-22　鼓楼站 10 号出入口土方开挖纵剖面图(尺寸单位:mm)

基坑分层变形控制＋总变形控制过程如下：

（1）开挖表层土

2010年10月19日开始表层土开挖，当第一道支撑，即混凝土支撑浇筑完毕后，于2010年11月14日达到设计强度值，监测最大水平位移为0.89mm，小于2mm，未达到累计报警值。

（2）开挖第一层土

考虑到10号出入口与商会会馆的相对位置关系，2010年12月14日开始第一层土方开挖，从A区至B区；出入口土块编号A1与A2中间处正上方存在110kV电力管廊，开挖从A2开始推至A1，然后再向A3挖至A7结束，12月21日第一层土开挖结束。第一层土方开挖完成后，第二道支撑安装结束，监测最大水平位移为5.84mm，小于11mm，未达到累计报警值。

（3）开挖第二层土

12月21日进行第二层土开挖，在A4、A5中间位置进行掏槽，将小挖机安置在B5处，继续向B4-B3-B2-B1进行开挖；A1土方结束后，考虑到集水井处为出入口开挖深度最大，若开挖至此处正常平推，有可能加大基坑变形，因此决定最后开挖此处土方，12月24日完成第二层土的开挖。第二层土方开挖完成后，第三道支撑安装结束，监测最大水平位移为10.95mm，小于20mm，未达到累计报警值。

（4）开挖第三层土

第三层土方于12月24日由C2处进行开挖，向C1-C3-C4-C5方向平推，C5土方挖完后，由C4位置处将小挖机吊出，放置至B7的位置，挖土顺序为B7-B6-C7-C6，12月29日完成10号出入口土方开挖。第三层土方开挖完成后，底板达到设计强度值后，监测最大水平位移为23.93mm，小于25mm，未达到累计报警值。

在开挖施工过程中，依据监测数据，实时提出施工控制措施，减小开挖引起的周边土体变形，保障施工安全：

①根据10号出入口的设计要求，钢支撑间距为0.72～3.2m（图6-23）。挖土时采取挖至2～3根支撑位置进行架设围檩和钢支撑，但需架设钢支撑位置的围檩长度大部分小于常规尺寸，因此，将围檩截取成相应尺寸满足现场施工需要，尽量减少无支撑暴露时间，以避免基坑变形扩大化。

②钢支撑预加轴力的同时，在钢围檩与围护结构之间采用细石混凝土填充密实，防止支撑受力不均匀，见图6-24。

③针对斜坡段A7位置，由于此处距商会会馆最近，开挖完此处土方后立即进行平整、架设钢围檩及钢支撑，然后进行垫层浇筑，如图6-25所示。

④当C2、C3土块挖至底板垫层标高时，未等A区C1、C4、C5部位底板全部暴露出来，立即进行平整，施作底板垫层及防水，见图6-26。

⑤由于桩头处理时间较长，为防止基坑变形累计值增加，先分块浇筑垫层，针对下翻梁、集水井处后施工，使垫层形成一道支撑体系，抗拔桩处先预留空间，待垫层完成后再进行处理，见图6-27。

⑥通过对监测数据分析，观测周边环境，在开挖变形最大位置（尤其是SMW工法桩与钻孔灌注桩交界处、基坑拐角处）增加临时钢支撑。在开挖B6、B7土方时，为减少基坑变形，在第二道支撑与第三道支撑中间处增设两道临时钢支撑。

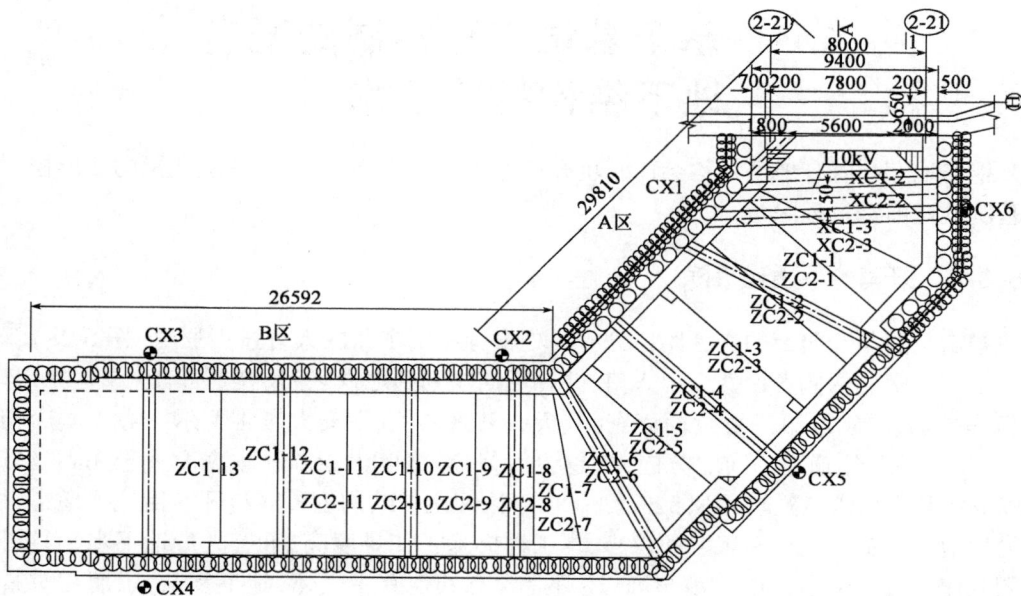

图 6-23　10 号出入口钢支撑及围檩平面布置图(尺寸单位:mm)

图 6-24　钢围檩与围护结构之间填充细石混凝土图

图 6-25　A7 处斜坡段垫层浇筑完成平面图

图 6-26　浇筑垫层、施工防水图

图 6-27　桩头后期处理示意图

6.3 基于基坑变形控制的既有
地下结构拆除技术

开挖场地存在既有地下结构会对基坑开挖产生不利影响,不利于基坑开挖的变形控制,需要在基坑开挖前进行拆除。

6.3.1 既有地下通道拆除

在中山东路与开明街的交叉路口处有一处横穿中山东路的人行过街通道(图 6-28),该通道在中山东路南北两侧各设两个出入口,并在后期规划到地铁区间的出入口中,4 个出入口分别与新华书店、原宁波第三百货商店东侧、天一豪景西侧、平安大厦雅戈尔中心专卖店相近。通道为"工"字形,主通道为南北方向,穿越中山路,净宽度大于 8m,净高度大于 3m。建筑面积 1900m²(其中出入口建筑面积 325m²)。由于区间围护结构位置穿越开明街地下通道,故应先行处理地下通道。由于施工空间狭小,本工程拆除工作难度高,且有大量地下水,通道长时间封闭致使空气不流通,CO_2 浓度很高,还可能含有其他有害气体;施工复杂,工期相对紧,对后期围护结构施工影响大;周边通信、热力、给水及燃气管线未改迁,对施工存在一定影响;离场内重型起重机行走道路及围挡外行车道较近,安全保护极为重要。

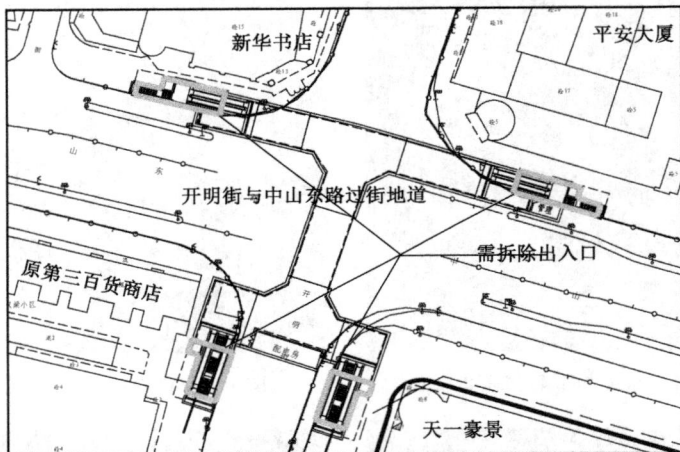

图 6-28 开明街地下通道平面图

开明街地下人行通道共有 4 个出入口,分别为:东(西)南侧出入口、东北侧出入口、西北侧出入口,通道结构为钢筋混凝土结构。四个出入口概况如下:

①东(西)南侧出入口的长度为 10.85m,宽度为 5.8m。电梯口后侧墙长 8.35m,宽 0.55m,内侧高 1.5m、外侧高 1.16m,主要配筋有 $\phi22$、$\phi18$ 的螺纹钢与 $\phi8$ 的圆钢。电梯口前侧墙长 8.35m,宽 0.4m,内侧高 1.2m、外侧高 1.6m,主要配筋有 $\phi22$、$\phi18$ 的螺纹钢与 $\phi8$ 的圆钢。

②东北侧出入口的长度为 18.65m,宽度为 4.1m。电梯口后侧墙长 4.1m,宽 0.55m,内侧高 0.957m、外侧高 0.671m,主要配筋有 $\phi22$、$\phi18$ 的螺纹钢与 $\phi8$ 的圆钢。

③西北侧出入口的长度为 18.65m,宽度为 4.1m。电梯口后侧墙长 4.1m,宽 0.55m,内侧

高 0.957m、外侧高 0.671m，主要配筋有 Φ22、Φ18 的螺纹钢与 Φ8 的圆钢。

对于开明街通道处理的多种方案，原则上对影响地墙施工部分的地下通道结构采取切割方案处理，有影响的桩采取全回转钻机拔出，坑内通道结构采取随挖随破除，地下墙范围内通道底障碍物采取冲击钻处理，坑内范围内通道底障碍物采取镐头机配合挖机处理，部分较难处理的障碍物用全回转钻机进行处理。具体施工工序如下：

工序一：

拆除开明街通道出入口电梯及附属设备，拆除过程中施工人员必须正确佩戴安全帽，高空作业人员必须正确佩戴安全带。施工过程派专人巡视，维护交通，禁止行人靠近施工场地。场地允许情况下搭建彩钢板围挡，在场地狭小处设立警示牌并用境界线隔离施工区域。由于电梯内有过多粉尘等杂物，施工时注意防火，每组电梯施工时必须配备灭火器。既有的雨棚及电梯等设施见图 6-29。

a)　　　　　　　　　　　　　　　　b)

c)　　　　　　　　　　　　　　　　d)

图 6-29　雨棚及电梯等设施

工序二：

地下人行通道出入口盖板使用 SAP2000 计算软件进行平面计算，通道盖板顶面荷载按 40kPa 考虑，按重要性系数 $\gamma_0 = 1.0$，分项系数 $\gamma = 1.35$，最大裂缝控制宽度 $\omega_{max} = 0.3$mm 计算，取平面尺寸最大的日新街地下通道西南出入口盖板（平面尺寸 6.6m×9.5m）为计算依据，开明街地下通道出口盖板设计参照日新街通道盖板实施。根据计算，盖板结构采用 C30 混凝土,板厚 350mm,横向受力主筋,下排 HRB335 级钢筋 $\phi25@150$,上排 $\phi22@150$;纵向构造上、下排 HRB335$\phi20@150$。

出入口盖板考虑到施工的安全、质量、经济、施工方便等因素,采用钢管扣件式满堂脚手架($\phi48 \times 3.5$)作为模板支架。模板采用 15mm 厚优质胶合板,模板下方纵横向铺设 $10cm \times 10cm$ 方木进行衬垫,以提高板模刚度。底模铺设完毕后钢筋整体绑扎,盖板混凝土一次性浇筑。由于几个通道盖板均在机动车道上,为了增加通道盖板的安全性,其浇筑过程中搭设的模板支架不予拆除,用作支撑,待通道恢复后拆除。通道盖板待通道恢复时进行破除,并施作通道的附属设施。通道出入口及盖板施工见图 6-30。

图 6-30　通道出入口盖板施工

工序三:

在开明街通道内加设 300mm 厚封堵墙 FDQ,兼做导墙,对中山东路南侧地下墙施工范围内的原开明街通道围护桩进行清障,为了保证通道的行走安全,在通道顶沿纵向设置 1 道通长的围檩,下面用 $\phi609$ 钢管进行支撑,间距 4m,两边设置型钢斜撑。

导墙和横隔板在植筋、扎筋、制模、混凝土浇筑等工序严格按规范施工。在导墙沟槽开挖结束后,立即将中心线引入沟槽下,以控制底模及模板施工,确保导墙中心线的正确无误。导墙混凝土达到一定强度后方可拆模(一般为 1d),拆除后应及时设置支撑,确保导墙不移动。导墙模板拆除后,检查导墙的中心线平整度、垂直度是否符合要求。导墙施工结束后,立即在导墙顶面上作出分幅线,并测量出每幅槽段钢筋笼的吊点位置标高,以控制吊筋的长度。在钢筋笼下放到位后,由于吊点位置与测点不完全一致,吊筋会拉长等,会影响钢筋笼的标高,为确保接驳器的标高,应每次用水准仪测量钢筋笼的笼顶标高,根据实际情况进行调整,将笼顶标高调整至设计标高。导墙混凝土墙顶上,用红漆标明单元槽段的编号;同时测出每幅墙顶标高,标注在施工图上,以备有据可查。经常观察导墙的间距、整体位移、沉降,并做好记录,成槽前做好复测工作。穿过导墙做施工道路,必须用钢板架空,并用黏土填充密实。深导墙施工见图 6-31。

工序四:

施工开明街通道范围内的混凝土直撑,达到强度后,将开明街通道位置处上覆土清除,暴露出开明街通道顶板,约 1.5m 深。分条分块间隔破除通道顶板,切割通道顶板时采用大型液压片锯切割,操作程序如下:

图6-31　深导墙施工

首先在切割路线的一侧,间隔139mm处画上轨座对齐线。并在同一侧标识安卡锚栓固定点,然后利用HILTI TE76电锤钻钻孔,再放入HILTI HKD-E M12内牙安卡,并确实固定;最后使用螺丝将轨座固定对齐锁上轨道,装上切割机头并连接油管和水管,安装适当钻石锯片、锯条后,放置锯片护挡,依照HILTI的液压、电动切割机操作步骤,对顶板实施切割。通道顶板拆除见图6-32。

图6-32　通道顶板拆除

工序五:

基坑具备开挖条件后进行开挖,随挖随凿通道侧墙,以及对通道周边围护桩进行清除。人员进入深导墙内侧,按照切割顶板时的固定方法,沿放好的切割线对通道侧墙实施切割。如必要,卸掉液压片锯护挡,以保证两切割缝间的有效宽度。最后在开明街通道范围内施作临时混凝土圈梁用作内支撑,将水抽干后,人员下到深导墙内侧,在方木支撑的保护下,安装好液压片锯对底板实施切割。通道侧壁拆除和底板拆除见图6-33。

工序六:

底板凿除后,清除混凝土碎渣,浇筑一层10cm混凝土垫层。将三重管旋喷桩机置于垫层上进行下二层板和坑地地基加固施工。开明街处于城中心位置,为避免过大的环境影响,此处地基加固采用三重管完成。

图 6-33 通道侧壁拆除和底板拆除

工序七：

鼓楼站—东门口站区间地连墙在成槽施工时遇到障碍物，通过查阅从档案馆取得的通道竣工图及采用小型钻机对地连墙范围内障碍物进行钻探，判断为通道底板下水泥搅拌土，范围暂定基坑北侧四幅及南侧三幅地墙范围内有加固土，约 37.6m，且通道结构 2m 范围内有加固土，施工中按实际情况确定加固土范围。通道底板下垫层为 20cm 厚 C20 素混凝土垫层 + 10cm 厚碎石垫层，通道基坑范围为 6m 厚注浆地基加固。针对地连墙范围内的通道下的障碍物采取冲击锤进行处理。冲击锤处理通道下障碍物见图 6-34。

图 6-34 冲击锤处理通道下障碍物

工序八：

通道周边围护桩拔除拟采用全回转钻机磨桩（图 6-35）切削桩周边土体，再用吊机配合将桩拔出。通道西侧围护桩桩型为 φ1000@1150 钻孔灌注桩，桩长 18.15m，共计 3 枚；东侧围护桩为 φ800@950 钻孔灌注桩，桩长 18.15m，共计 3 枚。利用 EXL1500 型全回转钻机，在作业时产生的下压力和扭矩，驱动钢套管转动，利用管口的高强刀头对土体及钢筋混凝土等障碍物的切削作用，将套管钻入地下至桩底，然后利用全回转钻机自身顶板功能或其他液压起拔设备将桩拔除。最后向套管内回填水泥土，并在回填的同时逐节拔除钢套管。在整个过程中，套管钻进及液压起拔设备对钻孔桩的起拔是施工的关键。该工法最大的特点是可将套管钻入有岩层或高强障碍物的土层,利用套管的护壁作用,在套管内进行拔桩,施工安全,工效高,对周围环境影响极小。

6.3.2　地铁临时封堵墙及钢筋混凝土支撑拆除

工程施工过程中使用绳锯切割机对附属结构5~8号口及1、2号风井钢筋混凝土支撑快速、便捷、安全、环保地完成了拆除工作。封堵墙门洞切割拆除要求前后与结构施工工序衔接紧密,施工组织流畅。施工时应注意以下事项:

①编制施工方案。施工方案一要确定施工组织流程、制定施工工艺,安全控制方案;二要根据门洞尺寸和实际场地允许情况确定分块大小,切割断面距离需要根据起重机的起重能力及经济分析综合确定。

图6-35　采用全回转钻机磨桩处理

②搭设支架,为提供作业平台需搭设支架,推荐采用可调快速钢支架,这样可提高搭拆速度、有效降低造价。

③水钻取定位孔及吊装孔,首先根据施工方案制定的分块尺寸及分块数量取穿锯绳的定位孔,再取吊装每块的吊装孔。

④绳锯切割,根据取好的定位孔进行墙体的切割,由于封堵墙墙体配筋主筋多为竖向筋,一般首刀先进行横向切割,再依次进行竖刀切割,对于分块较多、尺寸较大的门洞,可在进行竖刀切割时多取一刀,形成一个楔形的长条状的缺口,以便于吊装。

⑤起吊及外运破除,在确定封堵墙切割断面前需选定起重机型号,由于实际场地情况不同,因此起重机的选择应考虑足够的安全系数。例如本项目大多吊装距离较近,在6~8m之间,而平均每块的分块重量在10t左右,所以大多采用70t轮胎式汽车起重机进行吊装作业,既可以保证足够的吊装安全系数,又可以在吊装作业完成后,及时配合适合吨位的叉车进行水平运输至指定地点进行破除,方便快捷,不占用多余的场地影响其他工序的施工,在集中破碎施工时要尽量远离已完结构以及地下管线。地铁临时封堵墙及钢筋混凝土支撑拆除见图6-36。

6.3.3　既有人防结构拆除

根据挖探点显示,中山东路南侧以及解放路东侧有废弃人防通道,通道底板埋深3.5~4m,为直墙拱形结构(顶部为厚约25cm的预制拱,拱顶距路面约1.5m),净高2m,宽2m,其内有水(深浅不一),局部被破坏或坍塌。根据人防办提供的图纸,人防通道拱顶离原地表约0.8m或1.0m两种,基本上以0.8m为主。拱部以素混凝土预制为主,侧墙部分地方是煤渣砌块。现场探挖证实了人防通道的存在,区间及东门口站处实测人防通道拱顶距人行道表面约1.0m,鼓楼站实测人防拱顶距行车路面约1.47m,通道内有约1.1m深的污浊的地下水积聚;横穿中山路的拱顶距路面约2.7m,内部充满水,深约2m。东门口站人防探挖现场见图6-37,鼓楼站人防探挖现场见图6-38,横穿中山路的人防探挖现场见图6-39,区间人防探挖现场见图6-40。

图6-36 地铁临时封堵墙及钢筋混凝土支撑拆除

图6-37 东门口站人防探挖现场

人防通道和本工程基坑的位置关系:换乘节点部分人防通道自解放南路转向中山东路,局部分部在换乘节点基坑内(2号线鼓楼站);1号线鼓楼站部分人防通道沿中山东路向东走向,位于1号线鼓楼站基坑内(偏南侧),在东侧端头和地下连续墙重合。在基坑内侧时,距地下连续墙内侧最远距离3.07m;鼓楼站—东门口站区间部分人防通道沿中山东路向东走向,自与1号线鼓楼站重合部位开始和区间地下连续墙重合约有116m,然后偏出间南侧地下连续墙外侧,距地下连续墙外侧最远距离2.94m;东门口站部分人防通道沿南侧地下连续墙外侧走向,最近距离0.22m,最远距离1.64m。

a)

b)

图 6-38　鼓楼站人防探挖现场

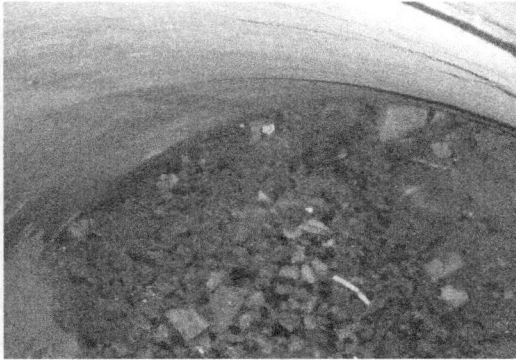
a)

b)

图 6-39　横穿中山路的人防探挖现场

a)

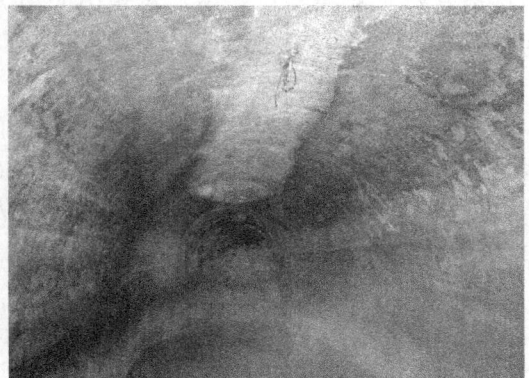
b)

图 6-40　区间人防探挖现场

既有人防通道与本工程基坑外置部分重叠,其存在将给工程的基坑围护结构施工和开挖施工带来严重影响:

(1)对围护结构施工的影响

因大部分纵向人防通道和主体围护结构位置重合或贴近,且详勘资料显示人防通道位于浅层松散的杂填土(原河道浜填土)和软弱的淤泥质土层,如不处理,围护结构地下连续墙无法进行成槽施工;由于人防通道所处土层性能极差,地连墙槽段周围又存在施工及围挡外的车辆动载(场地狭窄,车道距地连墙边仅 1~2m),如因坍孔而引起路面塌陷,后果无法预计,安全风险大。因此,必须先处理人防通道,清除后回填才能进行地连墙施工。对于存在横穿基坑的人防通道处的地下连续墙施工,必须先清除该槽段一定范围内的人防通道结构,对两侧人防通道进行封堵,然后才能施工。

(2)对基坑施工的影响

由于人防通道年久失修,内部充水,无论其位于基坑内外,作为一个不稳定的储水体均存在极大安全隐患,基坑开挖时可能造成涌水灾害;位于坑内侧的人防通道在车站基坑开挖时既难于保证提供可靠的墙前土抗力,同时凿除也费工、费时,增加了基坑无撑暴露时间,对坑周边环境保护不利。

(3)对行车安全的影响

由于成槽、基坑开挖期间存在重型机械碾压人防通道拱顶的工况,若由于单侧开挖引起拱脚位移或土抗力不足,可能会引起人防通道拱顶塌陷,进而引起整个通道结构的破坏,后果严重。

为确保车站地墙顺利成槽施工并减少车站基坑开挖过程的风险,对本工程基坑施工影响范围内存在的人防通道结构全部进行破除清障处理,处理长度约880m。既有人防通道拆除的工序如下:

(1)路面破除

在地下管线交底清晰,确保无影响管线的情况下,根据挖探点放样人防通道位置,两侧预留80cm工作宽度,然后破除路面层,挖除人防通道拱顶填土。人防通道部分区段与污水管道(DN600)相邻,处理人防通道,同时将污水管挖除。破除宽度7m。其他区段破除宽度5.4m,根据最新污水改迁拖拉管施工过程中发现人防通道深为6.9m,处理深度以现场实际情况为准。

(2)插打钢板桩

为保证基坑及周边管线、交通安全,在人防通道结构两侧各打设一排4号小齿口拉森钢板,打入深度约为12m。由于基坑深度大于3m属于深基坑,根据规范要求,在钢板桩围护墙顶部设置一道 $H400 \times 400 \times 13 \times 21$ 型钢围檩及 $H400 \times 400 \times 13 \times 21$ 型钢支撑,支撑水平间距为 5~7m。

(3)破除人防通道及污水管结构

支撑设置完毕后,开挖钢板桩围护墙间土体并破除人防通道拱顶,抽取通道内积水,陆续将整个通道结构破除并完全清理出基坑。人防通道分段施工时需在破除处端部采用沙袋封堵,封闭积水外溢的通道。人防通道分期处理时间隔时间较长或永久封堵处由于通道内积水较多,对主体施工时基坑开挖产生了安全隐患,必须采用钢筋混凝土封堵墙封堵。

（4）回填

为保证回填质量,防止将来路面沉降采用水泥土回填。将优质黏土(或改良土)与42.5号普通硅酸盐水泥充分拌和(水泥掺量约10%)后作为回填土分层压实回填。回填至支撑底部时,拆除支撑并拔除钢板桩,拔除钢板桩时应及时向拔除空隙内回填中粗砂并灌水密实。最后陆续回填直至原地面高程。为保证回填土具有足够强度,处理完成约7d后,方可进行下道工序施工。

（5）路面恢复

回填完毕后进行路面恢复,由于人防通道区域多为施工便道及行车道位置。路面采用30cm厚C30钢筋混凝土。钢筋采用$\phi14$螺纹钢,间距20cm。

第7章 超深基坑承压水治理和环境保护技术

随着城市建设的发展,高层建筑、基础设施建设和大型地下工程的建设朝着越来越大、越来越深的方向发展。原来认识和掌握的深基坑降水技术已不能满足建设工程发展的需要,因此有必要对超深基坑降水进行进一步的探索和研究,结合宁波轨道交通1号线鼓楼站—东门口站的降水实践,对基坑承压水控制以及相关的环境保护技术进行总结。

7.1 工程承压水降压要求

工程承压水降压要求即满足基坑底板的稳定条件:基坑底板至承压含水层顶板间的土压力应大于承压水的顶托力:

$$\frac{P_{cz}}{P_{wy}} = \frac{H \cdot \gamma_s}{\gamma_w \cdot h} \geqslant F_s \tag{7-1}$$

式中:P_{cz}——基坑底至承压含水层顶板间土压力(Pa);

$\quad P_{wy}$——承压水头高度至承压含水层顶板间的水压力(Pa);

$\quad H$——基坑底至承压含水层顶板间距离(m);

$\quad \gamma_s$——基坑底至承压含水层顶板间土的加权平均重度(kN/m^3);

$\quad h$——承压水头高度至承压含水层顶板的距离(m);

$\quad \gamma_w$——水的重度(kN/m^3),取 $10kN/m^3$;

$\quad F_s$——安全系数,取 1.10。

在安全突涌可能性计算时,为确保工程安全,在计算参数选择时应根据场地实际条件,按施工期间最不利条件进行计算,根据本工程实际条件,各基坑的抗突涌验算及安全开挖深度、最小安全降深见表7-1。

1103 标基坑工程抗突涌概况 表 7-1

名 称 层 位		鼓 楼 站				鼓楼站—东门口站区间		东 门 口 站		
		1 号线端头井	1 号线标准段	局部联络线	2 号线端头井及其他	局部落深	一般区域	端头井	基坑标准段	有效站台中心处
⑤₁⑤₃ 粉砂粉土	基坑深度(m)					24.1	22.0	24	22.6	24.4
	承压水顶板埋深(m)					30.8		29.7		
	承压水水头埋深(m)	因地质沉积原因,无此含水层				4.5		4.5		
	安全系数					0.47	0.61	0.42	0.52	0.39
	突涌可能性					可能突涌	可能突涌	可能突涌	可能突涌	可能突涌
	安全开挖深度(m)					15.0		14.8		
	最小安全降深(m)					15.1	11.6	15.6	13.2	16.2
⑧₁	基坑深度(m)	25.3	23.7	24.3	19.2	24.1	22.0	24	22.6	24.4
	承压水顶板埋深(m)	48.8				47.8		47		
	承压水埋深(m)	3				3		4.8		
	安全系数	0.98	1.05	1.01	≥1.24	1.01	1.10	1.05	1.11	1.03
	突涌可能性	可能突涌	可能突涌	可能突涌	不突涌	可能突涌	不突涌	可能突涌	不突涌	可能突涌
	安全开挖深度(m)	22.5				22.1		22.8		
	最小安全降深(m)	4.78	2.05	3.74	—	3.43				2m

7.2 工程承压水性质研究

通过现场的⑧层承压水降压试验得到其水位地质参数,同时进行沉降观测分析,为基坑降水方案的提出提供支撑。

7.2.1 现场降水试验方案

根据甲方与基坑围护设计单位的要求及对岩土工程勘察报告中水文地质条件的分析,抽水试验场地按以下原则选择:试验场地具有代表性水文地质特征、具有施工条件、不影响未来施工场地布置;试验场地内的抽水试验不会对周围建筑产生不良影响;试验场地布置在排水便利范围内。

据此,本次抽水试验共设置 3 口试验井,分别为 S1、S2、S3。抽水试验井位置见图 7-1,抽水试验各孔间距见表 7-2,抽水试验井结构见图 7-2,各试验井的结构参数详见表 7-3。

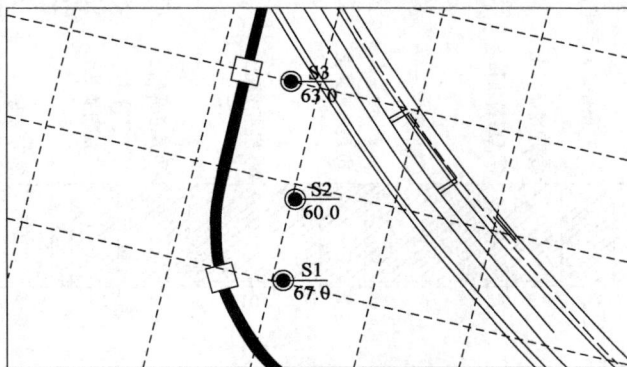

图 7-1 抽水试验井布置图

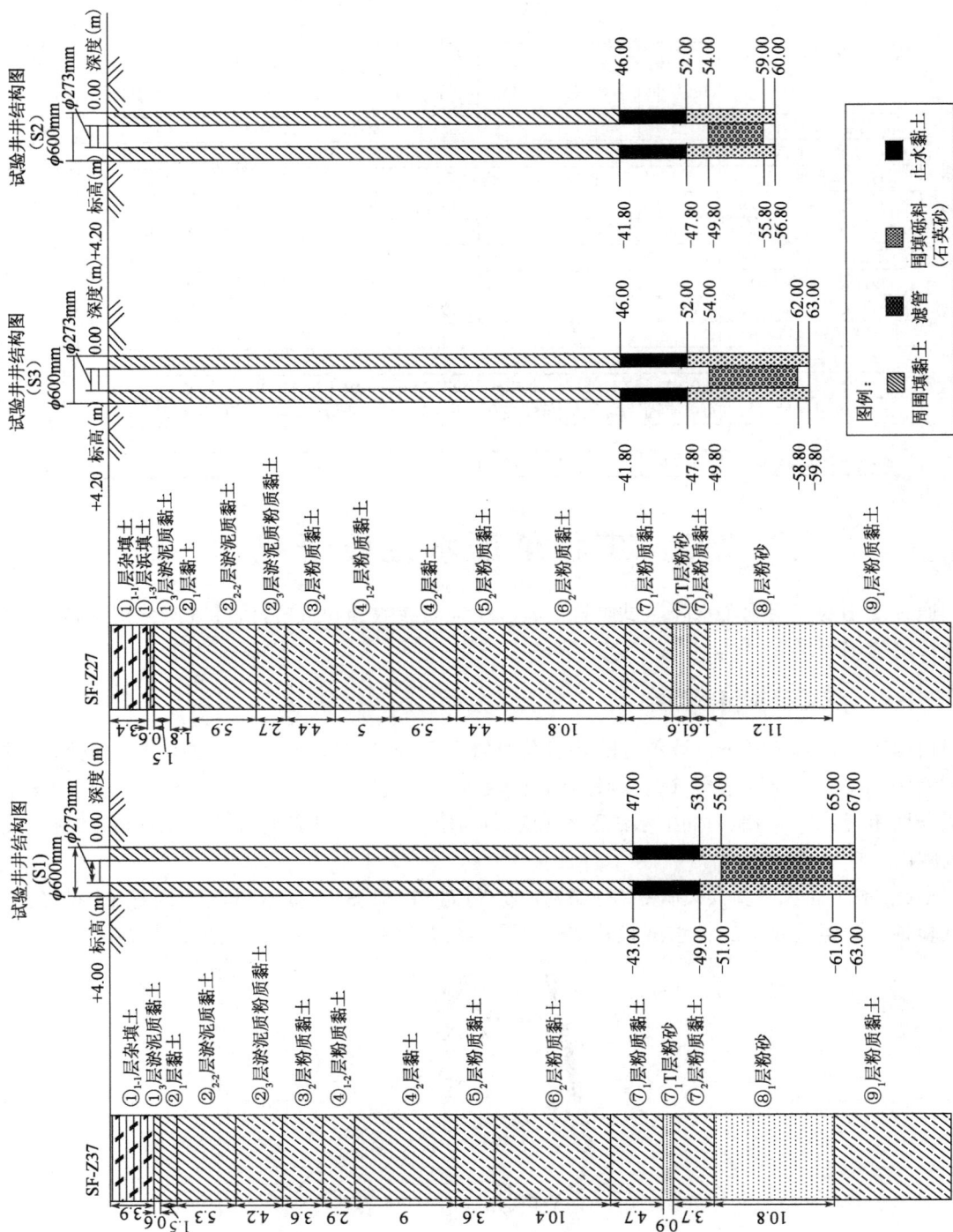

图7-2 抽水试验井结构图(单位: m)

试 验 孔 间 距 表 表7-2

孔号	S1～S2	S2～S3	S1～S3
间距(m)	9.1	12.0	20.8

井 结 构 参 数 表 表7-3

试 验 井 号	井深 (m)	实管长度 (m)	滤水管深度 (m)	填砾深度 (m)	填黏土球深度 (m)
S1(抽水井)	67.0	0.0～57.0	55.0～65.0	53.0～67.0	47.0～53.0
S2(观测井)	60.0	0.0～55.0	54.0～59.0	52.0～60.0	46.0～52.0
S3(抽水井)	63.0	0.0～55.0	54.0～62.0	52.0～63.0	46.0～52.0
合计	抽水试验井3口,其中抽水井2口,观测井1口				

根据勘察报告,结合承压含水层第⑧$_1$层单井涌水量大且降深较小,本试验进行单落程稳定流抽水试验。先采用单孔抽水试验,通过其他孔观测承压水水头进行稳定流抽水试验,获取水文地质参数。当单孔抽水试验结束后,水位完全恢复时,进行群井抽水试验,群井抽水试验为S1、S3试验井进行同时抽水,通过S2观测孔观测承压水水头变化。

本次抽水试验采用振弦式孔隙水压力传感器进行水位测量,并采用datataker数据采集设备进行自动采集。振弦式孔隙水压力传感器线性误差小于1%,datataker数据采集仪采集数据分辨率小于0.01。datataker数据采集仪和水压力传感器分别见图7-3和图7-4。

图7-3 数据采集仪

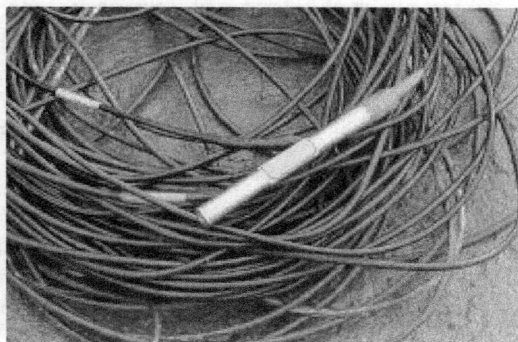

图7-4 水压力传感器

结合试验内容,主要进行静水位观测、抽水时水位观测、恢复水位观测和水量观测,观测频率在保证试验精度的前提下根据水位变化速率进行适当调整。

7.2.2 抽水试验结果

抽水前进行静止水位观测,根据观测数据,本场地静止水位具有一定的波动性,水位波动在20cm左右,其静止水位观测结果及其变化曲线见图7-5。

在各组试验结束后,在水位恢复阶段,分别进行了一次水位波动性观测,水位波动幅度在20～25cm。

抽水试验现场数据采集结束后,对原始数据进行分类整理,采用AquiferTest软件生成水位随时间降深曲线。本次抽水试验现场共进行4组试验,分别为:第一组S1单井试抽水试验,第二组S1单井抽水试验,第三组S3单井抽水试验,第四组S1、S3群井抽水试验。

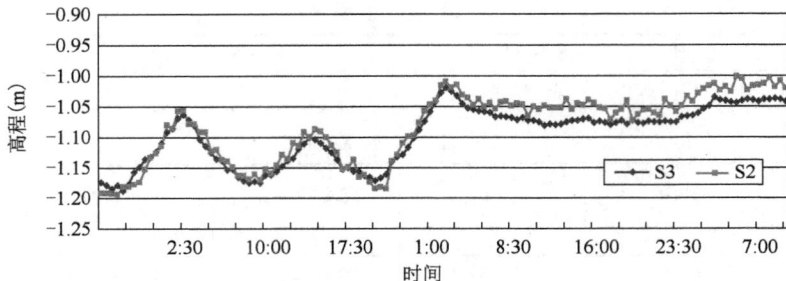

图 7-5　静止水位监测曲线图

（1）第一组 S1 单井试抽水试验

在 2009 年 8 月 3 日进行的 S1 井单井试抽水试验，S1 井抽水时间为 110min，抽水时平均单井涌水量为 40.0m³/h，恢复阶段水位观测 50min，本次抽水试验历时 160min。共取得 S1、S2、S3 三个孔观测资料 3 组，S1 孔抽水阶段水量观测资料 1 组。各井水位统计见表 7-4，时间—降深变化曲线图见图 7-6。

停抽时水位观测资料数据　　　　　　　　　　表 7-4

井　号	到抽水井距离（m）	初始水位（m）	停抽水位（m）	水位降深（m）	备　注
S1	0	5.06	7.21	2.15	抽水井
S2	9.1	4.91	5.84	0.93	观测井
S3	20.8	5.25	5.97	0.72	观测井

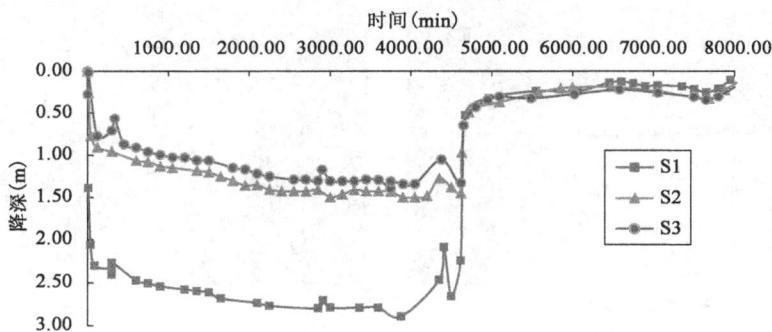

图 7-6　第一次抽水试验中各试验井时间—降深曲线图

抽水井 S1、观测井 S2、S3，抽水阶段各时间间隔水位下降平均速率，相对于停止抽水时下降的百分比统计，水位恢复阶段各时间间隔水位恢复平均速率，相对于停止抽水时恢复的百分比统计如表 7-5 所示。其中，变化速率为上下两时间段平均变化速率，负值表示恢复或水位有上升；下降或恢复百分比是相对于最大降深时刻进行统计。

水位下降、恢复平均速率及百分比统计表　　　　　　表 7-5

孔号		S1		S2		S3	
试验阶段	时间（min）	速率（cm/min）	百分比（%）	速率（cm/min）	百分比（%）	速率（cm/min）	百分比（%）
抽水阶段	5	42.55	88.1	11.37	60.8	7.81	53.7
	10	1.48	91.2	1.40	68.2	2.04	67.8

孔号		S1		S2		S3	
试验阶段	时间 （min）	速率 （cm/min）	百分比 （%）	速率 （cm/min）	百分比 （%）	速率 （cm/min）	百分比 （%）
抽水阶段	20	0.76	94.3	2.04	90.0	0.90	80.2
	30	0.47	96.3	−0.04	89.6	0.45	86.4
	60	0.21	98.9	0.01	89.8	0.19	94.2
	80	0.13	100.0	0.14	92.8	0.09	96.6
	110	−0.88	10.9	0.23	0.0	0.08	0.0
水位恢复阶段	115	−36.91	87.3	−11.93	63.8	−7.76	53.4
	120	−1.56	90.5	−1.88	73.8	−1.86	66.2
	130	−0.80	93.8	−0.63	80.5	−0.78	77.0
	140	−0.45	95.7	−0.50	85.8	−0.41	82.6
	160	−0.30	98.2	−0.20	90.1	−0.25	89.5

在 S1 井试抽水试验时，对观测井 S2、S3 的整个试验过程水位下降及恢复百分比进行图表化统计，统计结果见图 7-7。

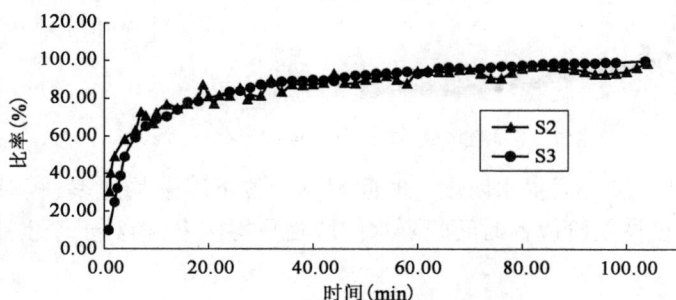

a）观测井水位下降比率曲线图

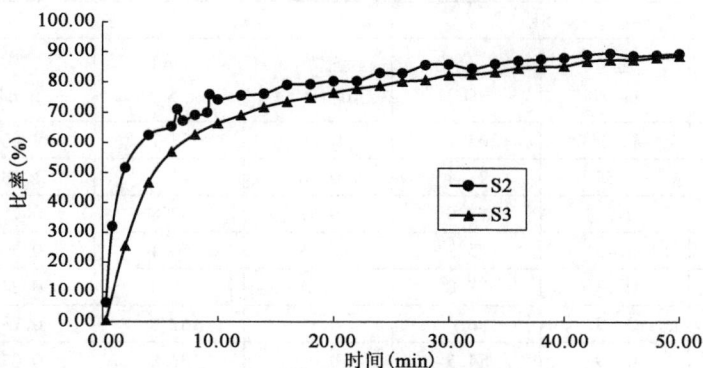

b）观测井水位恢复比率曲线图

图 7-7　观测井水位下降与恢复比率曲线图

本组抽水试验为试验性抽水，抽水时采用定流量非稳定流抽水试验，单井涌水量约 40.0m³/h，抽水井水位最大降深 2.15m，观测井 S2、S3 水位最大降深分别为 0.93m、0.72m。抽水前期水位下降迅速，在抽水 10min 时观测孔水位降深占总降深的 68% 左右；水位恢复也较快，10min 时恢复 70% 左右，50min 即恢复 90% 左右。

（2）第二组 S1 单井抽水试验

在 2009 年 8 月 12 日进行的 S1 井单井抽水试验，S1 井抽水时间为 4600min，抽水时平均单井涌水量为 40.0m³/h，恢复阶段水位观测 3410min，本次抽水试验历时 8010min。共取得 S1、S2、S3 三个孔观测资料 3 组，S1 孔抽水阶段水量观测资料 1 组。各井水位统计见表 7-6，时间—降深变化曲线图见图 7-8。

停抽时水位观测资料数据 表 7-6

井　号	到抽水井距离（m）	初始水位（m）	停抽水位（m）	水位降深（m）	备　注
S1	0.0	5.06	7.85	2.79	抽水井
S2	9.1	5.24	6.69	1.45	观测井
S3	20.8	5.22	6.49	1.27	观测井

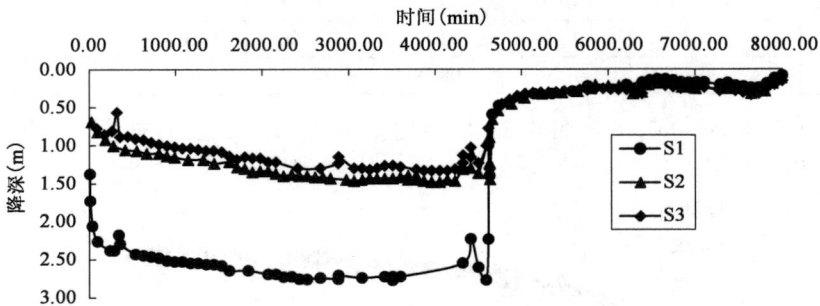

图 7-8　试验井 S1、S2、S3 的时间—降深对比曲线图

抽水井 S1、观测井 S2、S3，抽水阶段各时间间隔水位下降平均速率，相对于停止抽水时下降的百分比统计，水位恢复阶段各时间间隔水位恢复平均速率，相对于停止抽水时恢复的百分比统计如表 7-7 所示。

水位下降、恢复平均速率及百分比统计表 表 7-7

孔号		S1		S2		S3	
试验阶段	时间（min）	速率（cm/min）	百分比（%）	速率（cm/min）	百分比（%）	速率（cm/min）	百分比（%）
抽水阶段	5	38.34	68.7	10.54	37.7	8.03	31.2
	10	1.55	71.4	0.70	41.3	1.58	37.4
	20	0.62	73.6	0.91	47.8	0.75	43.2
	30	0.46	75.3	0.32	50.1	0.36	46.0
	60	0.23	77.8	0.25	55.4	0.24	51.6
	120	0.13	80.6	0.15	61.8	0.13	57.5
	240	0.09	84.5	0.07	67.8	0.07	64.3
	480	0.02	86.0	0.03	73.4	0.02	67.5
	720	0.03	88.3	0.02	77.1	0.03	73.7
	1440	0.01	91.7	0.01	84.6	0.02	82.9
	2880	0.01	94.6	0.01	89.8	0.00	88.1
	4320	−0.01	87.1	0.00	90.1	0.00	87.2
	4590	0.13	100.0	0.05	100.0	0.06	100.0

孔号		S1		S2		S3	
试验阶段	时间（min）	速率（cm/min）	百分比（%）	速率（cm/min）	百分比（%）	速率（cm/min）	百分比（%）
水位恢复阶段	4605	−13.21	71.0	−3.59	38.4	−2.81	32.7
	4610	−1.59	73.9	−1.66	44.4	−1.87	40.0
	4620	−0.77	76.6	−0.80	50.1	−0.77	45.9
	4630	−0.37	78.0	−0.52	53.8	−0.34	48.5
	4660	−0.23	80.4	−0.33	60.8	−0.27	54.9
	4720	−0.14	83.5	−0.04	62.5	−0.11	60.1
	4840	−0.07	86.5	−0.10	70.9	−0.08	67.9
	5020	−0.05	89.6	−0.03	75.0	−0.05	74.9
	5400	0.00	89.9	−0.02	79.3	−0.01	76.6
	6000	−0.01	92.2	−0.01	85.4	−0.01	79.9
	7470	0.00	92.3	0.00	80.8	0.00	77.4
	7860	−0.01	94.2	−0.01	82.5	−0.01	81.6

在 S1 井试抽水试验时,对观测井 S2、S3 的整个试验过程水位下降及恢复百分比进行图表化统计,统计结果见图 7-9。

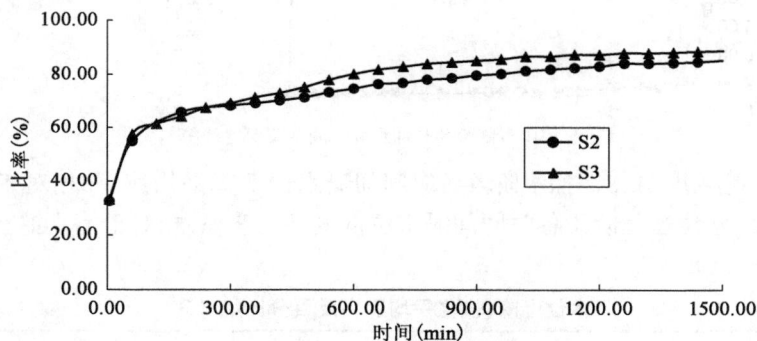

a)观测井水位下降比率曲线图

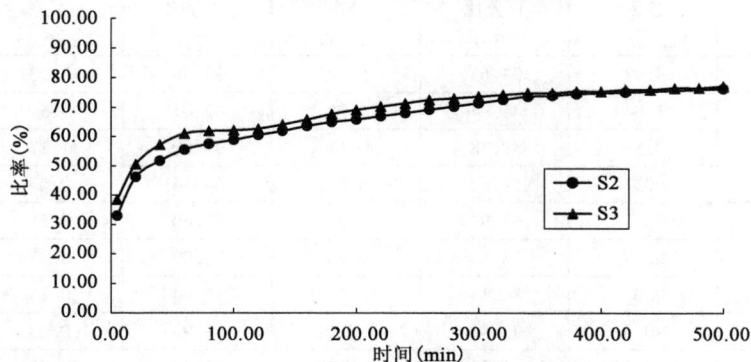

b)观测井水位恢复比率曲线图

图 7-9　观测井水位下降与恢复比率曲线图

抽水时采用定流量非稳定流抽水试验,单井涌水量约 $45.0m^3/h$,抽水井水位最大降深 2.85m,观测井 S2、S3 水位最大降深分别为 1.49m、1.34m。抽水前期水位下降迅速,在抽水

50min 时观测孔水位降深占总降深的 60% 左右;水位恢复也较快,10min 时恢复 40% 左右,150min 即恢复 60% 左右,之后的平均恢复速率较慢。

（3）第三组 S3 单井抽水试验

在 2009 年 8 月 20 日进行的 S3 井单井抽水试验,S3 井抽水时间为 2676min,抽水时平均单井涌水量为 21.0m³/h,恢复阶段水位观测 1634min,本次抽水试验历时 4310min。共取得 S1、S2、S3 三个孔观测资料 3 组,S3 孔抽水阶段水量观测资料 1 组。各井水位统计见表 7-8,时间—降深变化曲线图见图 7-10。

停抽时水位观测资料数据 表 7-8

井　　号	到抽水井距离（m）	初始水位（m）	停抽水位（m）	水位降深（m）	备　　注
S1	20.8	5.08	5.79	0.71	观测井
S2	12.0	5.34	6.14	0.80	观测井
S3	0	5.32	12.69	7.37	抽水井

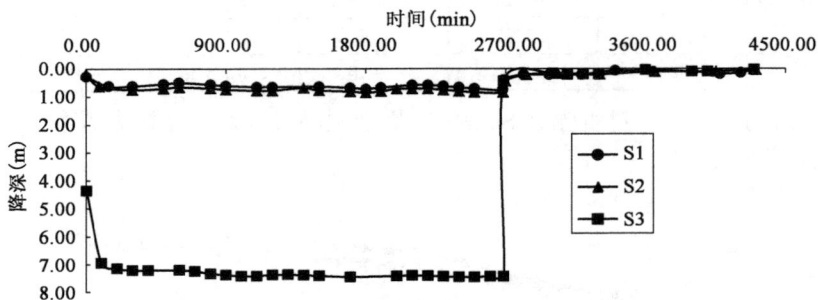

图 7-10　试验井与抽水井时间—降深曲线图

抽水井 S3、观测井 S1、S2,抽水阶段各时间间隔水位下降平均速率,相对于停止抽水时下降的百分比统计,水位恢复阶段各时间间隔水位恢复平均速率,相对于停止抽水时恢复的百分比统计如表 7-9 所示。

水位下降、恢复平均速率及百分比统计表 表 7-9

孔号		S1		S2		S3	
试验阶段	时间（min）	速率（cm/min）	百分比（%）	速率（cm/min）	百分比（%）	速率（cm/min）	百分比（%）
抽水阶段	5	4.93	34.65	5.34	33.39	124.31	84.21
	10	1.04	41.94	1.38	42.01	3.50	86.59
	20	0.53	49.38	0.61	49.60	1.17	88.17
	30	0.37	54.64	0.39	54.54	0.66	89.07
	60	0.17	61.94	0.21	62.60	0.51	91.14
	120	0.14	73.64	0.13	72.09	0.27	93.36
	240	0.07	86.14	0.10	86.64	0.13	95.54
	480	−0.02	79.41	−0.01	83.99	0.03	96.44
	720	−0.02	72.96	−0.02	77.31	0.02	96.98
	1440	0.01	87.85	0.01	88.25	0.02	98.67
	2160	0.00	85.27	0.00	85.99	0.00	99.06
	2670	0.02	100.00	0.02	100.00	0.01	100.00

孔号		S1		S2		S3	
试验阶段	时间（min）	速率（cm/min）	百分比（%）	速率（cm/min）	百分比（%）	速率（cm/min）	百分比（%）
水位恢复阶段	268	−2.61	40.41	−2.68	36.89	−62.11	92.57
	2686	−1.10	48.14	−1.31	45.07	−1.28	93.43
	2696	−0.49	55.07	−0.53	51.75	−0.64	94.31
	2706	−0.33	59.77	−0.53	58.44	−0.41	94.85
	2726	−0.20	65.40	−0.16	62.47	−0.26	95.57
	2795	−0.12	76.64	−0.15	75.79	−0.14	96.89
	2920	−0.01	78.85	−0.03	80.81	−0.05	97.70
	3150	0.02	72.27	0.02	76.15	0.02	97.15
	3480	−0.03	87.59	−0.03	87.81	−0.03	98.70
	4080	0.01	82.59	0.00	84.86	0.01	98.12
	4310	−0.06	100.85	−0.05	99.55	−0.05	99.73

在 S3 井试抽水试验时，对观测井 S1、S2 的整个试验过程水位下降及恢复百分比进行图表化统计，统计结果见图 7-11。

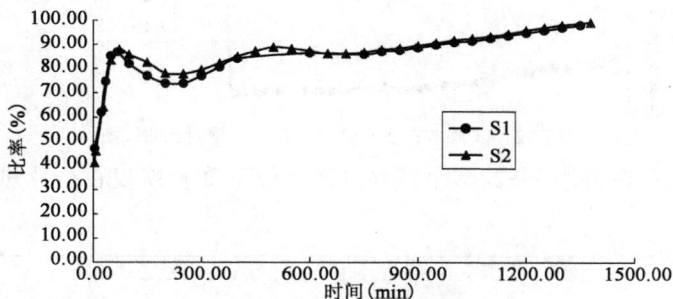

a) 观测井水位下降比率曲线图

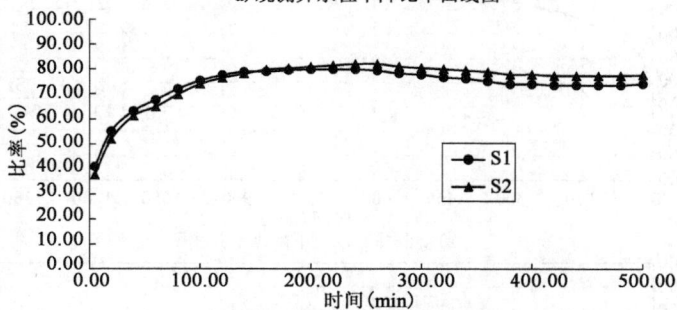

b) 观测井水位恢复比率曲线图

图 7-11 观测井水位下降与恢复比率曲线图

抽水时采用定流量非稳定流抽水试验，单井涌水量约 21.0m³/h，抽水井水位最大降深 7.44m，观测井 S1、S2 水位最大降深分别为 0.76m、0.86m。抽水前期水位下降迅速，在抽水 10min 时观测孔水位降深占总降深的 40% 左右；水位恢复也较快，10min 时恢复 45% 左右，150min 即恢复 80% 左右，之后平均恢复速率较慢。本组试验在抽水阶段与水位恢复阶段水位变化均有较明显波动，初步排除抽水阶段单井涌水量变化引起的波动可能，可能是含水层本身波动引起的。

（4）第四组 S1、S3 群井抽水试验

在 2009 年 8 月 23 日进行的 S1、S3 井群井抽水试验，S1、S3 井抽水时间为 6518min，抽水时 S1 井平均单井涌水量为 $45.0m^3/h$，S2 井平均单井涌水量为 $21.0m^3/h$，恢复阶段水位观测 4162min，本次抽水试验历时 10680min。共取得 S1、S2、S3 三个孔观测资料 3 组，S1、S3 孔抽水阶段水量观测资料 2 组。各井水位统计见表 7-10，水位随时间降深变化曲线图见图 7-12。

停抽时水位观测资料数据   表 7-10

井　号	到观测井距离（m）	初始水位（m）	停抽水位（m）	水位降深（m）	备　注
S1	9.1	5.14	8.90	3.76	观测井
S2	0.0	5.39	7.78	2.39	观测井
S3	12.0	5.38	14.68	9.30	抽水井

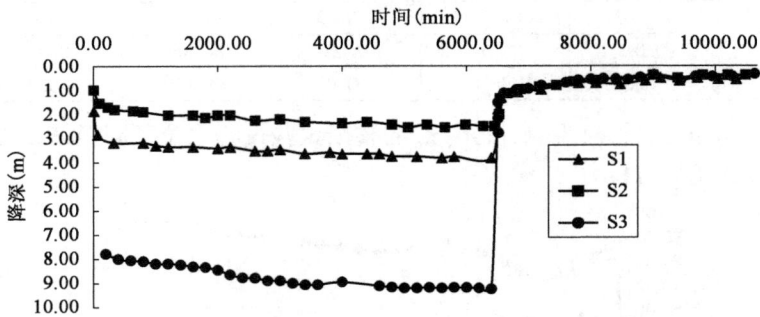

图 7-12　试验井 S1、S2、S3 的时间—降深对比曲线图

抽水井为 S1、S3，观测井为 S2，整个试验过程水位下降及恢复百分比进行图表化统计，统计结果见图 7-13。

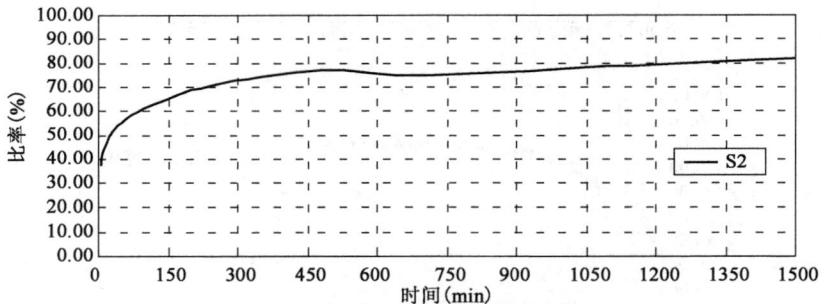

a）观测井S2水位下降比率曲线图

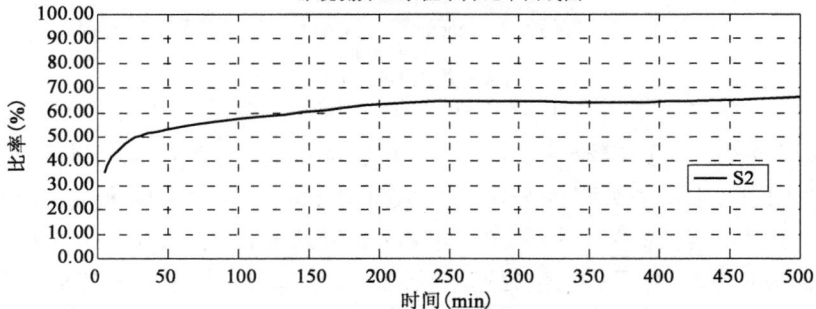

b）观测井S2水位恢复比率曲线图

图 7-13　观测井水位下降与恢复比率曲线图

抽水时采用定流量非稳定流抽水试验,S1 单井涌水量约 45.0m³/h,抽水井水位最大降深 3.76m,S3 单井涌水量约 21.0m³/h,抽水井水位最大降深 9.31m,观测井 S2 水位最大降深分别为 2.44m。抽水前期水位下降迅速,在抽水 10min 时观测孔水位降深占总降深的 40% 左右;水位恢复也较快,观测孔 10min 时恢复 40% 左右,150min 即恢复 60% 左右,之后平均恢复速率较慢。

7.3 鼓楼站降水对周边环境的影响

施工场地进行降水作业后,场地土体有效应力增加,势必引起地表沉降问题,分析降水对周边环境的影响并提出针对性的控制措施很有必要。以试验井区域为中心,在 70m 范围内布置监测点,考虑到现场施工环境,监测点仅在试验区域布置 6 条监测剖面,监测点间距约 10m、15m,共布置 60 个点,沉降点编号为 C1-1 ～ C6-10,具体平面位置见图 7-14。

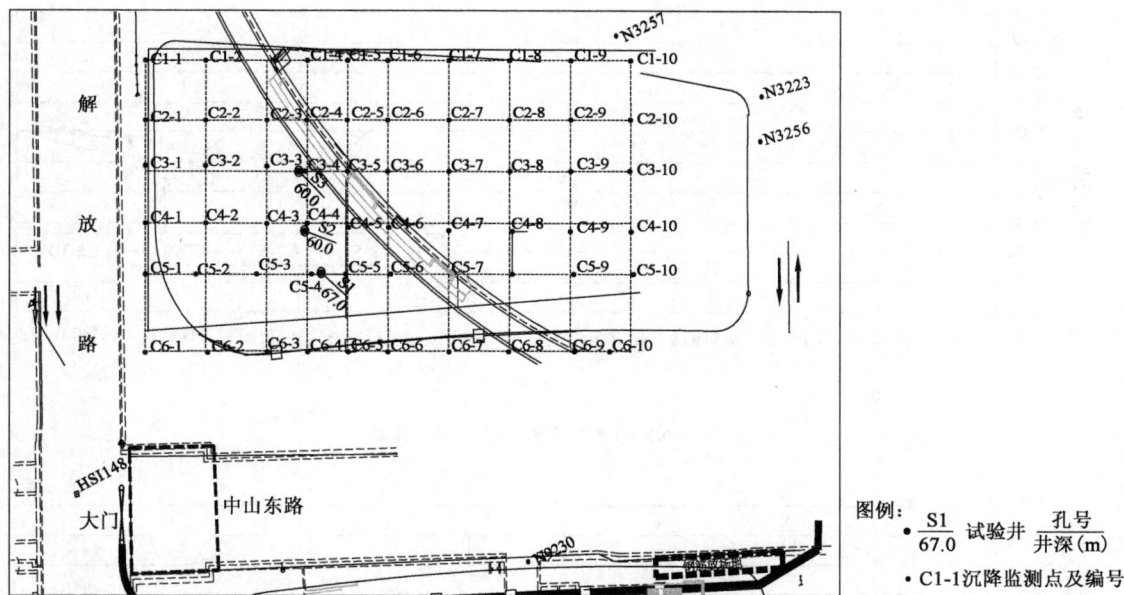

图 7-14 沉降监测点平面布置图

采用直埋法,即在地表挖样洞放入钢筋(长度不小于 80cm,穿越地表硬层),钢筋外用套管保护,套管外用混凝土固定,使钢筋不与地表硬层连接,用盖保护好。符号规定:" + "号表示测点上升(一般报数据时" + "号省略)," - "号表示测点下降。结合抽水试验安排,于抽水试验前一周将监测点埋设完毕并测定初值,至抽水试验施工完毕后一周监测结束。监测频率为每日 1 次,第二天提交前一天的监测日报表。

监测时间从 2009 年 8 月 12 日开始,到 2009 年 9 月 3 日结束,对各监测点数据进行统计分析,剔除了个别异常点数据。图 7-15 为抽水试验期间部分沉降监测点的沉降曲线图。

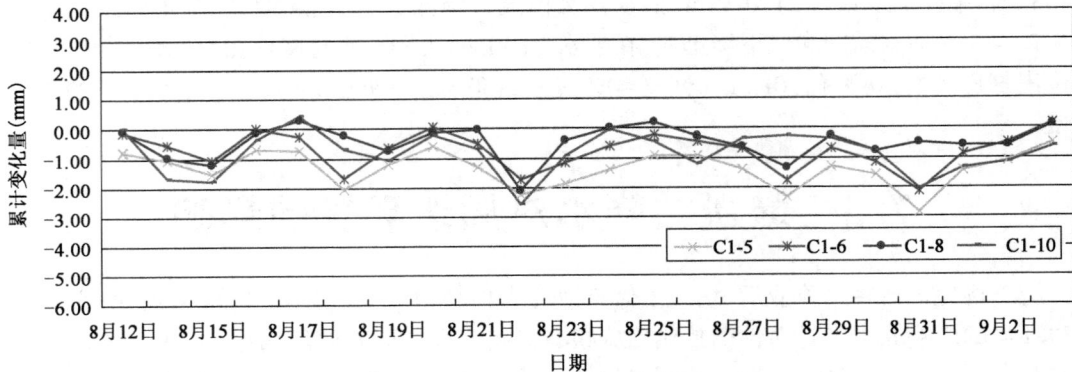

a) C1-1~C1-10地表沉降历时曲线图

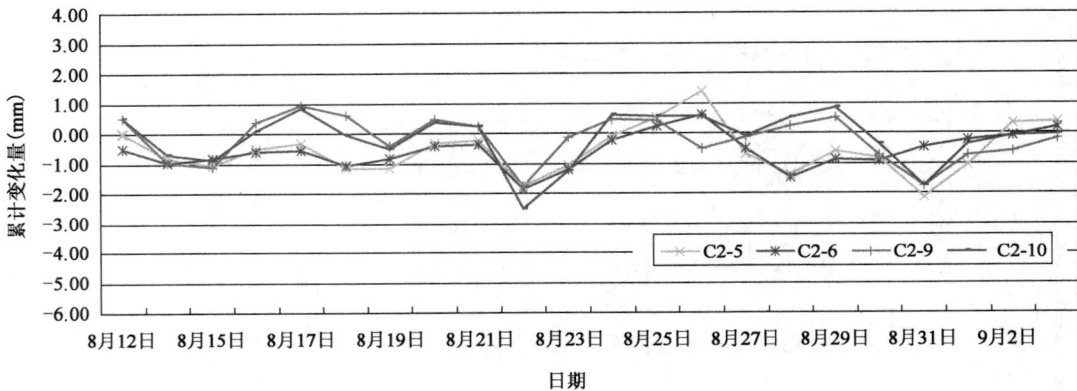

b) C2-1~C2-10地表沉降历时曲线图

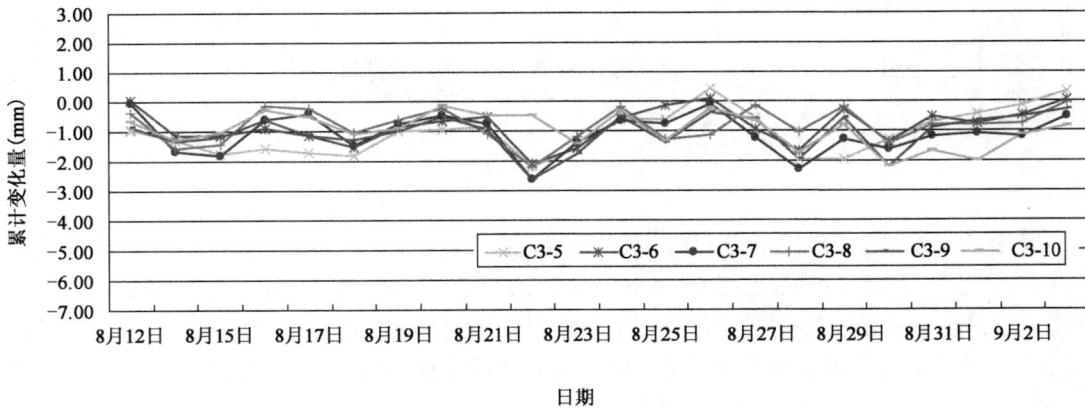

c) C3-1~C3-10地表沉降历时曲线图

图 7-15

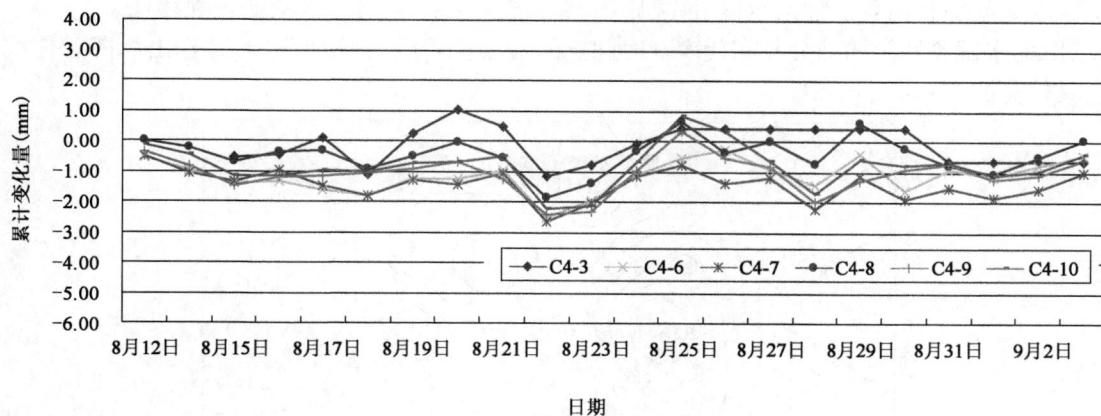

d) C4-3~C4-10地表沉降历时曲线图

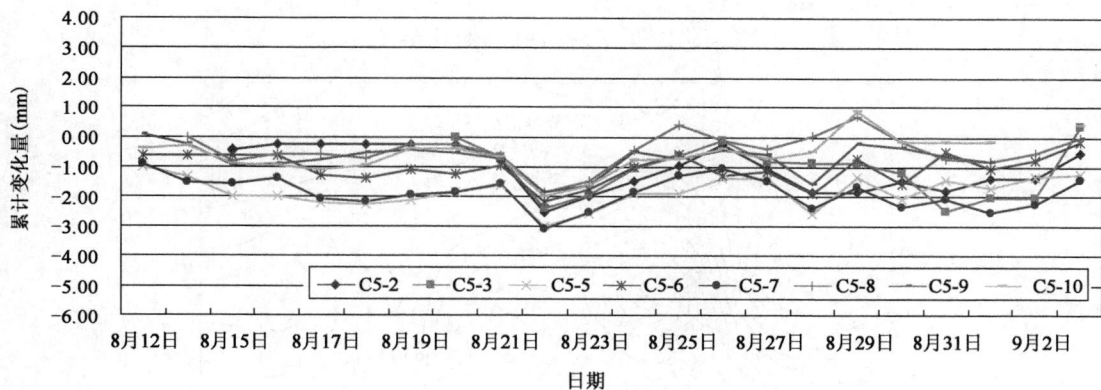

e) C5-2~C5-10地表沉降历时曲线图

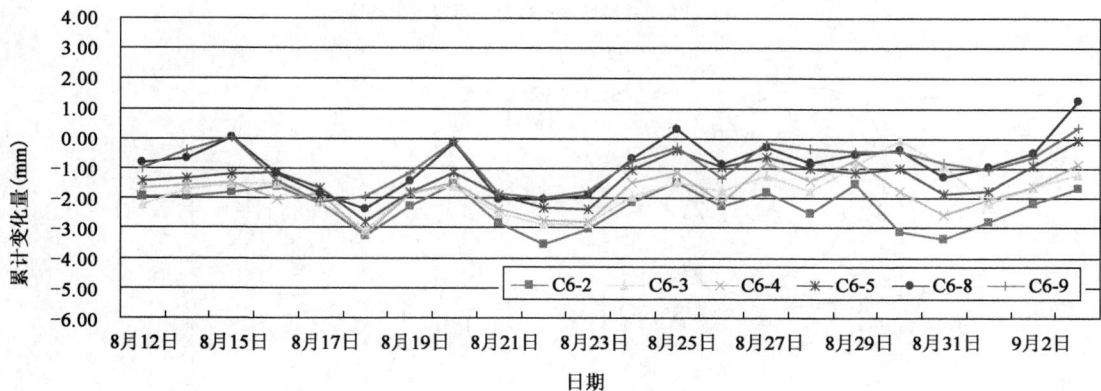

f) C6-1~C6-9地表沉降历时曲线图

图 7-15　抽水试验期间部分沉降监测点的沉降曲线图

　　根据沉降监测,布置的沉降监测点在抽水试验期间均有不同程度的沉降,但总体沉降量较小,且随时间变化与各次抽水阶段、恢复阶段有一定的联系,具有一定的变化规律性。

　　对抽水试验期间的部分具有代表性时间点的地表沉降进行统计分析,并作出沉降等值线图,具体见图 7-16 ~ 图 7-21。

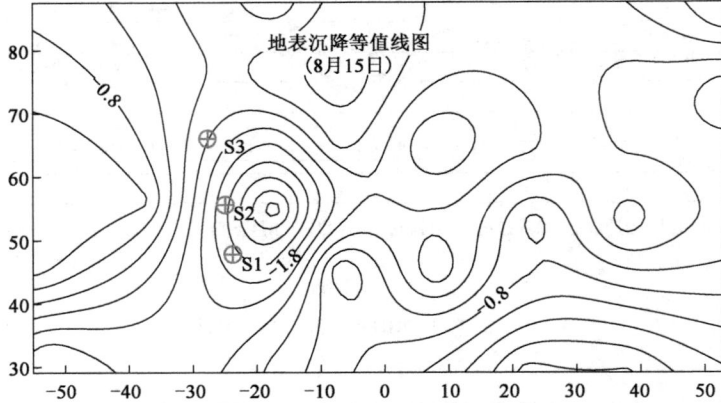

图 7-16　S1 单井试验停抽后沉降等值线图

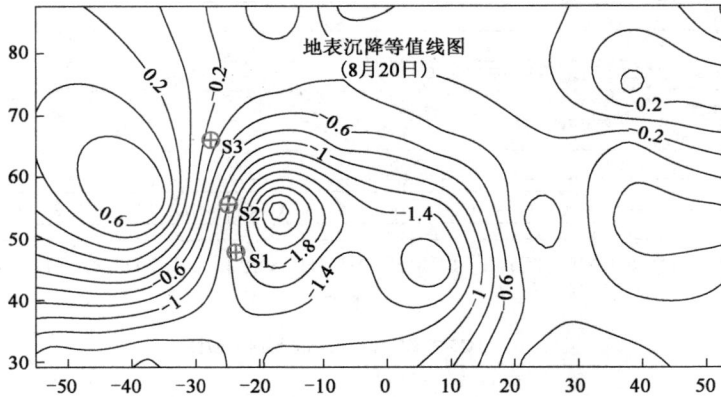

图 7-17　S1 单井试验水位恢复后沉降等值线图

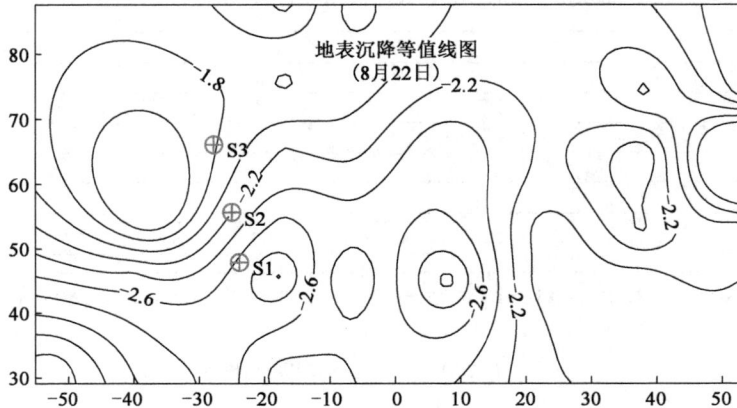

图 7-18　S3 单井试验停抽后沉降等值线图

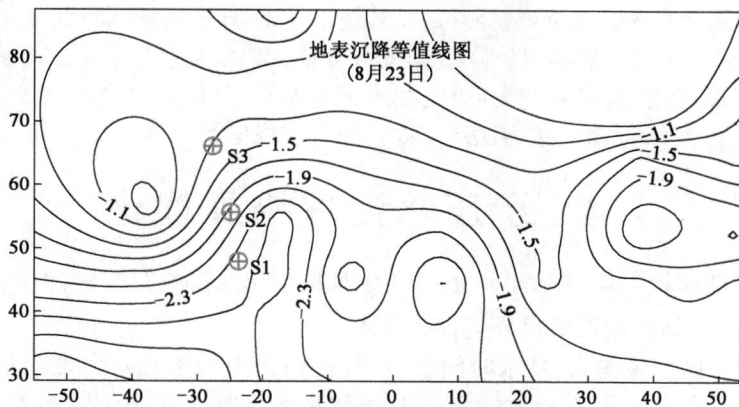
图 7-19 S3 单井试验水位恢复后沉降等值线图

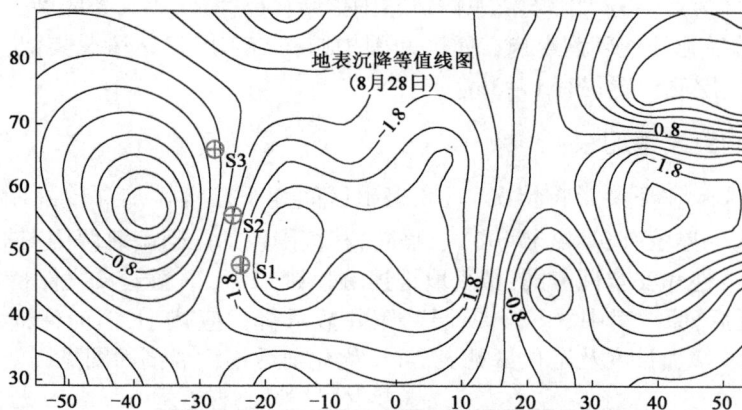
图 7-20 S1、S3 群井试验停抽后沉降等值线图

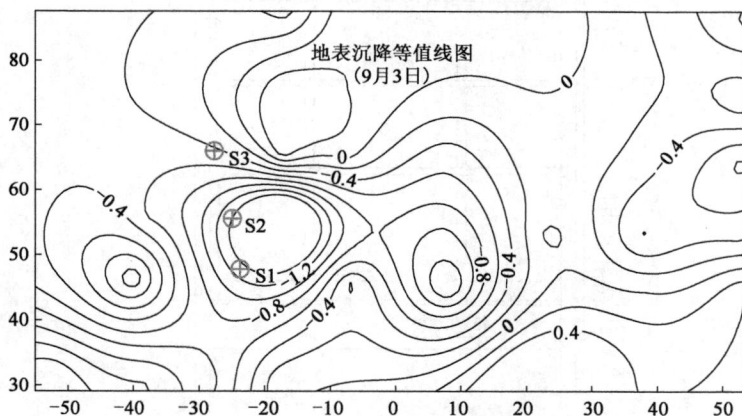
图 7-21 S1、S3 群井试验水位恢复后沉降等值线图

在 8 月 12 日至 8 月 15 日期间为 S1 井抽水阶段,根据沉降观测,最大沉降在 2.0mm 之内,8 月 15 日至 8 月 20 日水位恢复阶段,沉降回弹为 0.5～1.0mm。

在 8 月 20 日至 8 月 22 日 S3 单井抽水阶段,累计最大沉降在 2.5mm 左右,8 月 22 日至 8 月 23 日水位恢复阶段,沉降回弹为 0.5～1.0mm。

8 月 23 日至 8 月 28 日为 S1、S3 群井抽水阶段,地表累计沉降较小,累计最大沉降 2.0～

3.0mm,8 月 28 日至 9 月 3 日水位恢复阶段,尤其是 8 月 31 日之后各沉降点均有明显回弹表现。

通过对抽水试验期间各监测点沉降数据进行分析,减压性降水对周边环境能够产生一定影响,且随减压时间延续,沉降有变大趋势,抽水试验期间,总抽水量较小,总的沉降量不大,且在停止抽水后,水位恢复,孔隙水压力增大,有一部分沉降回弹。

7.4 承压水治理措施优化

⑧₁层承压水埋深较大且降深较小,在施工中抽取承压水影响范围大,但沉降量值较小,按照按需降水的原则严格控制可满足环境保护要求。

而⑤₃、⑤₅层承压水降深大,降水时间长,在开挖过程中长期抽水可能对周边复杂环境产生较大影响。试验结果表明:在地连墙未将⑤₅层隔断的情况下,坑内外存在较强的水力联系,长期抽水可能对环境产生较大影响。东门口站围护结构已完成,不具备隔断条件,需在后期加强观测,采取被动措施处理环境影响。而区间围护结构与东门口站情况类似,均未将⑤₅层承压水隔断,且距⑤₅层底位置仅有 1～3m。

7.4.1 区间连续墙加深

考虑到施工风险和环境影响情况,研究提出区间地下连续墙加深以隔断⑤₃、⑤₅承压水层。经统计,区间地连墙有 94 幅未将⑤₅层隔断,其范围包括区间南北两侧围护结构和中间各段封堵墙。从经济性和安全性考虑,拟采取地连墙墙趾加深,钢筋笼长度保持不变,区间地连墙加深隔断⑤₅层后,原方案中的⑤₃、⑤₅层降压井数量将相应减小,但为保证安全,需保留一定数量的备用井。增加长度及工程量见表 7-11,优化前后连续墙剖面图见图 7-22 和图 7-23。

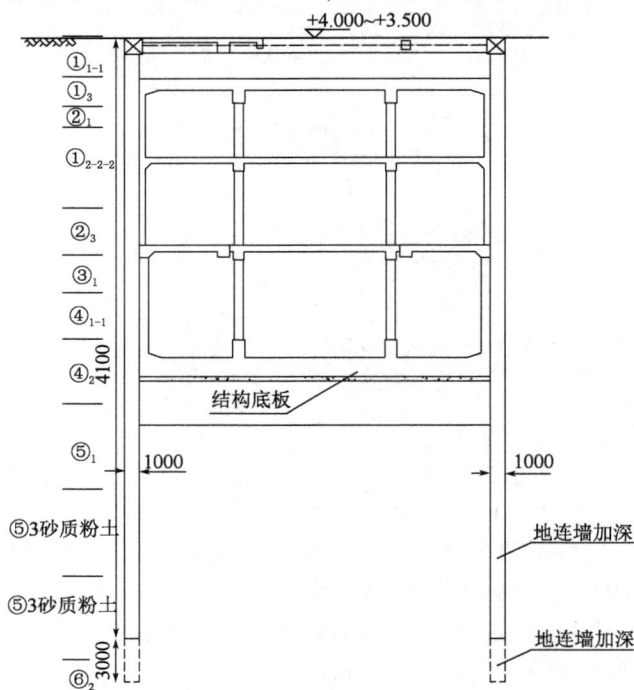

图 7-22 区间基坑工程连续墙加深前后横剖面图(单位:mm)

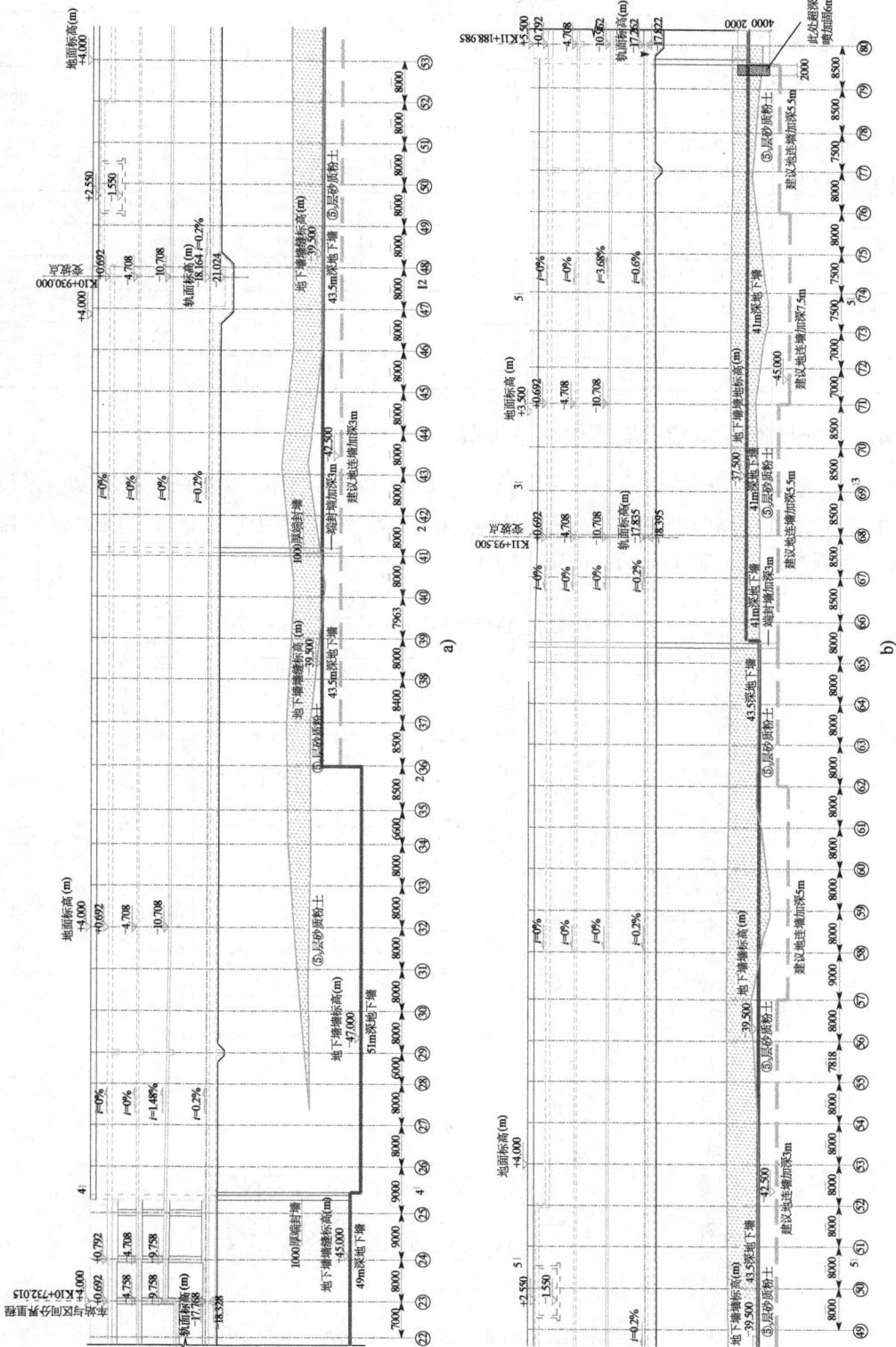

图7-23　区间基坑工程连续墙调整前后纵剖面图（单位：mm）

表 7-11

地连墙变更统计表

地下连续墙		幅数	深度 (m)	建议加深 (m)	增加工程量 (m³)	备 注
南侧	SW10A－16～SW10A－22、 SW10B－1～SW10B－24	31	43.5	3	517.13	部分未隔断⑤₅层0～2.48m
	SW10B－25～SW10B－32	8	43.5	5	217.75	—
	SW10B－33～SW10B－38	6	43.5	3	90.75	—
	SW10C－1～SW10C－9	9	41	5.5	253.41	未隔断⑤₅层0.75～3.81m
	SW10C－10～SW10C－16	7	41	7.5	297.00	—
	SW10C－17～SW10C－21	5	41	5.5	145.75	—
北侧	NW10C－1～NW10C－21	21	41	4	461.42	未隔断⑤₅层0.86～1.99m
封堵墙	FW10－1～FW10－7	7	43.5	3	109.50	部分未隔断⑤₅层0～2.48m
合计		94	—		2092.71	—

7.4.2 未隔断区域超深高压旋喷桩加固

由于区间与东门口车站相连处封堵墙已施工,且未将⑤₅层隔断考虑在封堵墙以西采用超深旋喷桩将下部加固⑤₅层隔断,考虑到隔断效果,将加固深度定为墙趾以下4m,墙趾以上2m。具体范围为深6m,宽2m,长23.3m,如图7-24所示。

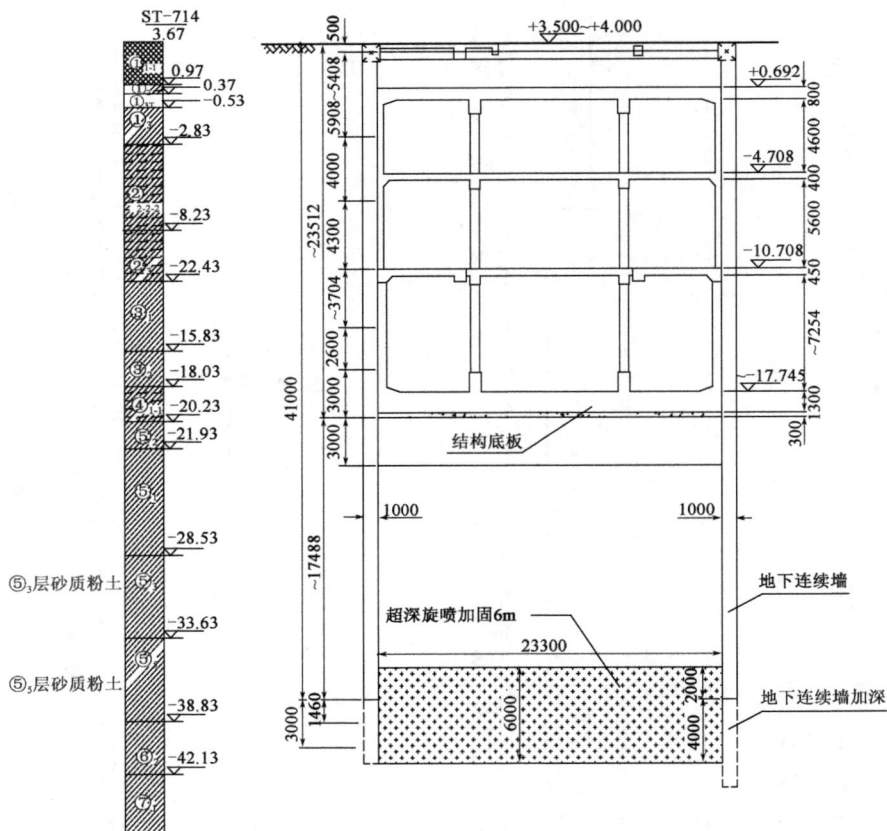

图7-24 封堵墙处连续墙下部超深高压旋喷桩加固(单位:mm)

第8章　主体结构施工关键技术

主体结构工程是宁波轨道交通土建工程的重要部分之一,基于工程的实际情况确定合适的施工部署,制定适应的施工方法和相关技术措施,综合考虑施工机械配置、管理组织机构和劳动力配置,以保证施工质量与施工工期,总结施工经验,为宁波轨道交通后续主体结构工程提供指导和借鉴。

8.1　主体结构施工部署

主体结构施工部署的主要内容包括制定合适的施工工艺和施工流程,并依此确定合适的施工机械、管理组织机构和劳动力等内容。

8.1.1　施工工艺及流程

(1)质量目标

①单位工程主体结构一次验收合格率达到100%,争创优质工程。

②杜绝重大质量事故,减少一般质量事故。

(2)安全文明生产目标

工程施工过程中不得发生重大的安全事故和管线事故,特别是人身伤亡事故。施工现场必须符合宁波市文明施工的统一标准,确保现场安全文明施工达到"市级文明工地"标准。大临、办公设施、施工围挡等应采用彩夹芯板或类似的材料搭建,不得采用铁丝网水泥板或类似的材料搭建,以确保现场形象美观。

主体结构工程作为整个宁波轨道交通 1 号线一期工程土建工程的一部分,组织施工时应严格按照整个工程的总体施工部署来考虑,重点考虑东端的节点工期,兼顾交通疏解、施工便道使用、场地布置、施工顺序、机械人员调配等与整个工程其他项目的施工协调。

按照施工总体部署,依据设计诱导缝及施工缝,2 号线鼓楼站共分为 13 个结构施作单元段,换乘段作为整体结构施作单元段,如图 8-1 所示;附属出入口一般分为 2 个结构施作单元段,以 10 号出入口为例,如图 8-2 所示。

2 号线鼓楼站主体结构施工工艺流程为:基坑开挖到底板位置后,破除抗拔桩桩头→施工综合接地→浇筑混凝土垫层封底→施作底板防水层→施工底板及纵梁→待底板混凝土达到一定强度后,中板以下侧墙、柱施工→待侧墙、柱混凝土达到一定强度后开始中板施工→上层侧墙、顶板施工→顶板(外墙)防水→覆土回填。2号线鼓楼站施工工艺流程如图8-3所示。

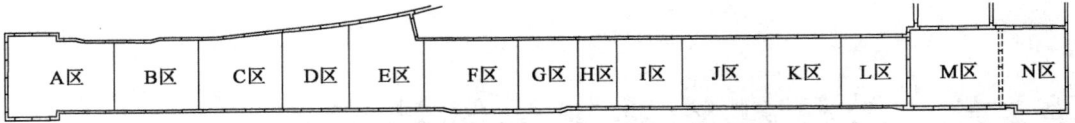

图8-1 2号线鼓楼站及换乘段结构施工单元分段图

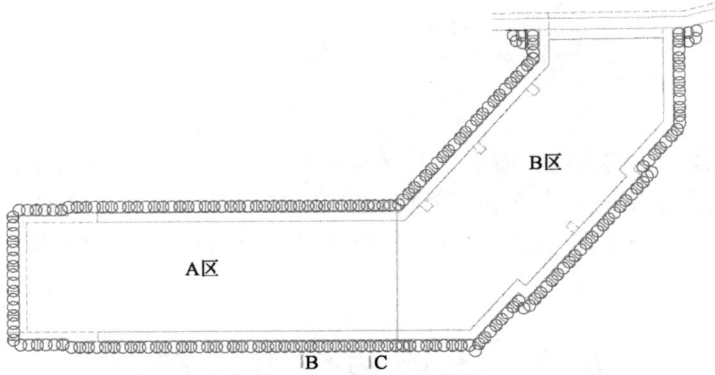

图8-2 10号出入口结构施工单元分段图

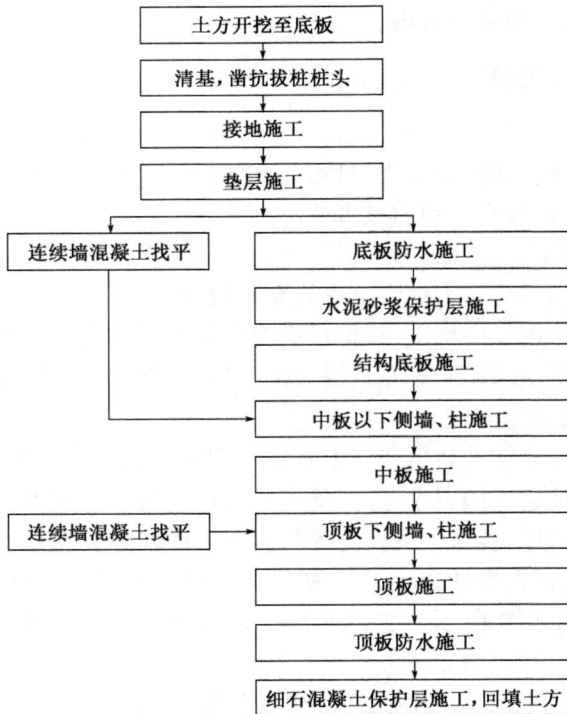

图8-3 2号线鼓楼站施工工艺流程图

换乘段主体工程施工工艺流程为：基坑开挖到下二层板位置后，利用土模施作混凝土垫层→施作下二层板→待下二层板达到强度后继续开挖→挖至底板位置后，破除抗拔桩桩头→施工综合接地→浇筑混凝土垫层封底→施作底板防水层→施工底板及纵梁→待底板混凝土达到一定强度后，下二层板以下侧墙、柱施工→待侧墙、柱混凝土达到一定强度后开始(下二层板、下一层板)顶板施工→上层侧墙、中板(有上层结构的，循环到顶板)→ 顶板(外墙)防水→覆土回填。换乘段施工工艺流程见图8-4。

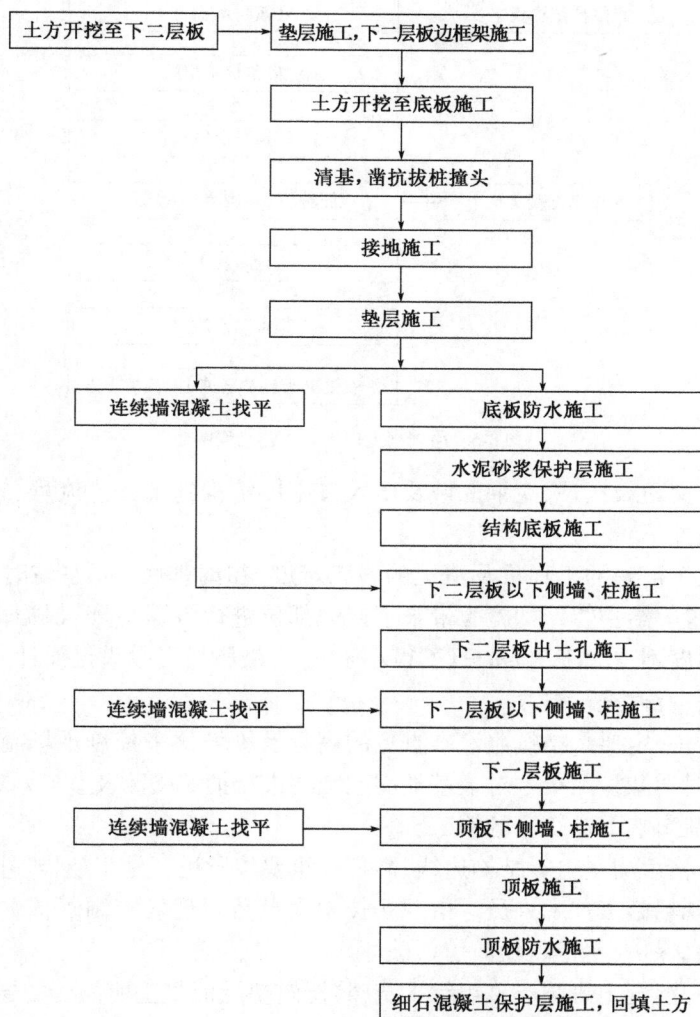

```
土方开挖至下二层板 ──→ 垫层施工,下二层板边框架施工
                          │
                   土方开挖至底板施工
                          │
                   清基,凿抗拔桩撞头
                          │
                      接地施工
                          │
                      垫层施工
                          │
        ┌─────────────────┤
  连续墙混凝土找平        底板防水施工
        │                 │
        │           水泥砂浆保护层施工
        │                 │
        │             结构底板施工
        │                 │
        └──→   下二层板以下侧墙、柱施工
                          │
                   下二层板出土孔施工
                          │
  连续墙混凝土找平 ──→ 下一层板以下侧墙、柱施工
                          │
                     下一层板施工
                          │
  连续墙混凝土找平 ──→ 顶板下侧墙、柱施工
                          │
                      顶板施工
                          │
                    顶板防水施工
                          │
            细石混凝土保护层施工,回填土方
```

图 8-4 换乘段施工工艺流程图

出入口主体工程的施工工艺流程为：基坑开挖到底板位置后，破除抗拔桩桩头→浇筑混凝土垫层封底→施作底板防水层→施工底板及纵梁→待底板混凝土达到一定强度后，侧墙、柱施工→待侧墙、柱混凝土达到一定强度后，开始顶板施工→顶板(外墙)防水→覆土回填。附属出入口施工工艺流程见图8-5。

```
┌─────────────────────┐
│    土方开挖至底板      │
└─────────────────────┘
          │
          ▼
┌─────────────────────┐
│   清基,凿抗拔桩桩头    │
└─────────────────────┘
          │
          ▼
┌─────────────────────┐
│      垫层施工         │
└─────────────────────┘
     │         │
     ▼         ▼
┌──────────┐ ┌─────────────────────┐
│ 围护结构找平 │ │      底板防水施工      │
└──────────┘ └─────────────────────┘
                      │
                      ▼
             ┌─────────────────────┐
             │    水泥砂浆保护层施工   │
             └─────────────────────┘
                      │
                      ▼
             ┌─────────────────────┐
             │      结构底板施工      │
             └─────────────────────┘
                      │
                      ▼
┌──────────────┐ ┌─────────────────────┐
│  连续墙混凝土找平 │→│   侧墙防水、侧墙、柱施工  │
└──────────────┘ └─────────────────────┘
                      │
                      ▼
             ┌─────────────────────┐
             │      顶板施工         │
             └─────────────────────┘
                      │
                      ▼
             ┌─────────────────────┐
             │      顶板防水施工      │
             └─────────────────────┘
                      │
                      ▼
             ┌──────────────────────────┐
             │ 细石混凝土保护层施工,回填土方 │
             └──────────────────────────┘
```

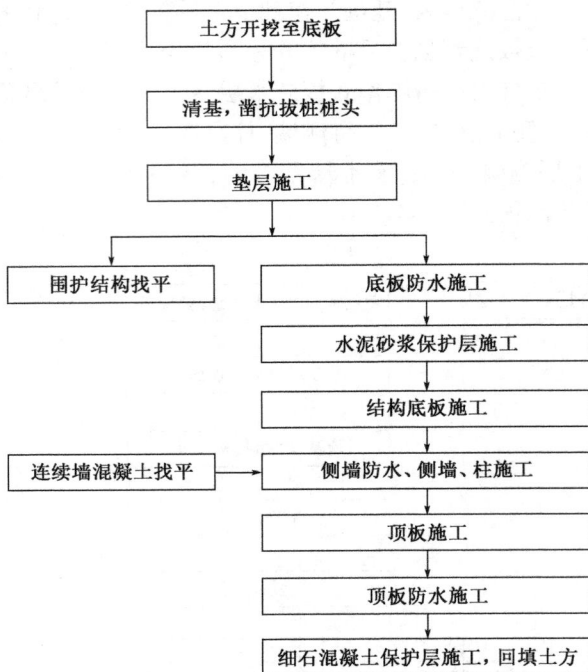

图 8-5　附属出入口施工工艺流程图

根据宁波轨道交通鼓楼站、换乘区域及出入口主体结构施工工艺流程、施工效果等,总结主体结构施工经验如下:

①为了减少人工清底的工程量及清土的施工难度,在离基底 1m 左右时就对土方施工的基底高程、坡脚位置等给主体结构施工带来不便的部位进行跟踪测量(根据设计及施工要求,基底的预留土层厚度不得大于 20cm,且不得小于 5cm,坡脚线必须满足设计及规范要求)。对达不到要求的地段,及时进行整改。

②人工清底时,一定要严格按照水准点位的高程及纵坡比来控制现场施工。在挖到基底高程后,实验室及时通知检测单位对地基加固土墩柱进行抽芯检测及基底承载力试验,并尽快拿出试验报告,以免影响下道工序的施工。

③基坑验收合格后测量组对结构边线、高程等重要位置进行施工放样,并将测量数据以技术交底形式,交由现场施工技术人员。由现场技术人员负责现场控制复核。测量组的放样标桩,各班组必须认真保护,不得以任何借口破坏。

④放样过程中,混凝土班组应该组织人员,将浇筑垫层混凝土所需要的器具、材料、电动工具、施工用电等与施工有关的器具、设备备齐,并运送到施工现场。测量工作结束后,混凝土班组要合理组织施工人员,进行垫层混凝土的施工。垫层要原浆抹面,以利于防水层施工。

⑤垫层混凝土浇筑结束后,待强度满足测量工作需要后,测量组再次进行高程及中线复测,符合设计要求后及时铺设底板防水层,在防水层上做 2cm 厚砂浆保护层。

⑥板底防水的混凝土保护层强度满足要求后,测量班组要尽快对主体洞身的中轴线、外边线、内边线、高程等进行放样。以技术交底形式,将测量数据交由现场施工员及班组技

术员。

⑦在防水施工完成后，钢筋工班已经可以开始向作业面运输钢筋半成品。在测量放样结束后，先要根据钢筋设计图及施工放样数据标记。在混凝土保护层上用墨线标记出结构的边线和钢筋的边线（钢筋边线要去除保护层厚度），然后根据钢筋边线搭设钢管架（作用是：方便施工，降低施工难度；保证钢筋线条、间距美观；防止钢筋由于过高失稳造成安全隐患）。之后在进行底板及侧墙的钢筋绑扎作业，钢筋绑扎结束后，经过班组自检，专业质检员复检，监理验收合格后，再进行下道工序的施工。

⑧模板作业班组在钢筋班组进行绑扎作业时，可以进行支撑、加固材料的倒运；木模板加工及倒运；加固用钢管、方木、扣件等材料倒运；对拉螺栓的加工及模板的钻孔配孔等工作。待钢筋作业结束并验收合格后，可以进行模板支立工作。首先，在底板上层钢筋上焊接定位倒角模的定位钢筋，同时支立外墙模板。然后，安装环形止水钢板，支立倒角模板，并进行加固作业（根据设计图纸要求，水平施工缝留在倒角以上30cm处，横向施工缝根据技术交底的尺寸进行分缝）。最后安装水平钢止水片。施工完毕后，班组及现场施工员进行自检，合格后报项目部质检工程师复检，复检合格后报监理工程师终检。终检合格后，才能转入下道工序的施工。

⑨在模板班组加固的同时，混凝土班组可以进行混凝土浇筑的准备工作。在监理验收前，必须将混凝土入舱的准备工作做完，并同时接受检验。检验合格后，混凝土班组开始进行混凝土浇筑作业。浇筑过程，必须严格按照技术交底、混凝土作业指导书及安全操作规程的要求进行施工。

⑩底板浇筑结束后，钢筋班组马上可以进行侧墙水平钢筋的绑扎、焊接。（绑扎底板钢筋时的排架可以为施工人员提供操作平台。注意：操作时尽量小心，不要坠物，以免影响底板混凝土的外观质量）待混凝土强度达到要求后，可以进行拆模作业。

⑪侧墙钢筋绑扎结束后（底板混凝土强度基本满足模板施工要求），模板作业班组可以进行外墙模板、内墙模板、上倒角模板、顶板模板、墙体堵头模板的施工。内模采用以门式脚手架为主的支撑体系（具体操作及要求参照技术交底和安全操作规程进行操作）。支立模板前一定要对接茬混凝土表面进行凿毛处理，并注意施工缝处咬边模板的处理（将先浇筑的混凝土表面清理干净，沿接缝边缘贴一条海绵胶带后，再进行支立模板的作业，加固时一定使咬边的模板与混凝土密闭。这道工序极为重要，目的是防止烂根、挂帘现象的产生）。

⑫模板支立结束后，钢筋班组可以进行顶板钢筋的绑扎。施工作业人员要将鞋底清理干净后，方可站在顶模上进行各种作业。钢筋作业全部结束后，模板班组进行顶板及上倒角堵头模板的支立加固作业。待全部工作结束后，现场施工员进行自检，专业质检员复检。最后，报监理工程师验收合格后，尽快进行混凝土浇筑作业。混凝土的浇筑时间一般安排在下午5点到夜间进行。中板、顶板顶面原浆压光收面。

⑬混凝土班组安排专人对未到龄期的混凝土进行不间断的养护工作，外部采用覆盖浇水养护，内部采用器具喷洒养护，时间为14d。

8.1.2 施工机械配置

依据制定的详细的主体结构施工工艺流程，配置相应的施工机械，主要设备见表8-1。

主体结构施工主要机械配备表   表 8-1

序号	设备名称	数量(台)	型号规格	主要工作性能指标
1	内燃发电机	1	TZH-120-4	120kW
2	电动空压机	2	4L-20/8	$20m^3/min$,120kW
3	内燃空压机	2	VY-12/7	$12m^3/min$
4	电动葫芦	6	CD5-30D	起吊重量10t、5t,最大吊长30m,7.5kW
5	离心水泵	2	3BA-9	$45m^3/h$,17kW
6	潜水泵	8	QS25×40×5.5	流量$25m^3/h$,5.5kW
7	木工电锯床	2	MJ106	加工直径1600mm,4kW
8	汽车式起重机	1	QY-20	起吊重量20t,180kW
9	卷扬机	2	JK5	—
10	插入式振捣器	20	ZN35	震动棒$\phi35$,长0.325m
11	蛙式夯实机	2	HW200	整机重200kg,3kW
12	钢筋弯曲机	2	GQW32	$\phi4\sim\phi32$,3kW
13	钢筋调直机	2	GT4-10	$\phi4\sim\phi10$,4.1kW
14	钢筋切断机	2	GQ40A	$\phi4\sim\phi40$,3kW
15	钢筋对焊机	1	UN1-100	$100kV·A$,20~30件/h
16	交流电焊机	10	BX3-500	电流调节范围60~655A,38kW
17	直流电焊机	2	AX_4-300	电流调节范围45~375A,10kW

8.1.3 管理组织机构及劳动力配置

依据制定的详细的主体结构施工工艺流程和施工机械配备,建立项目管理组织机构并配置相应劳动力。

(1)管理组织机构

项目经理部由管理层和作业层组成,管理层负责组织指挥、工程管理、外部协调、技术指导、技术管理工作等事宜,拟配备50人。作业层负责工程实施,实行三班制作业,节假日采用轮休制。随着施工进展,作业人员的调配实行动态管理。

根据本工程的特点及施工要求,承担本项目任务的管理层人员,由具有类似项目管理经验的工程技术人员和管理人员组成。项目班子设项目经理1名,副经理1名,总工程师1名,安全总监1名,下设五部一室:工程部(包括技术部和质检部)、计划部、财务部、设备物资部、安全部和综合办公室。作业层为直接生产单位。现场项目组织机构如图8-6所示。

项目经理部负责组织本工程的施工,编制工作计划、资金计划、物资计划,负责机械设备和劳动力的调配,制订施工方案、工期目标、安全质量目标和文明施工、环境保护规划,组织项目工作计划的执行,协调解决生产过程中出现的问题,与业主、设计、监理工程师密切配合,做好组织和协调工作。

(2)劳动力配置

根据总体施工进度要求和拟投入的开挖机械设备,在基坑开挖施工中拟配备管理和生产人员合计205人,其中管理人员50人,生产人员155人。土方施工队10人;降水工班5人;钢支撑工班 16 人;基坑监测人员 4 人;结构施工队约 120 人。

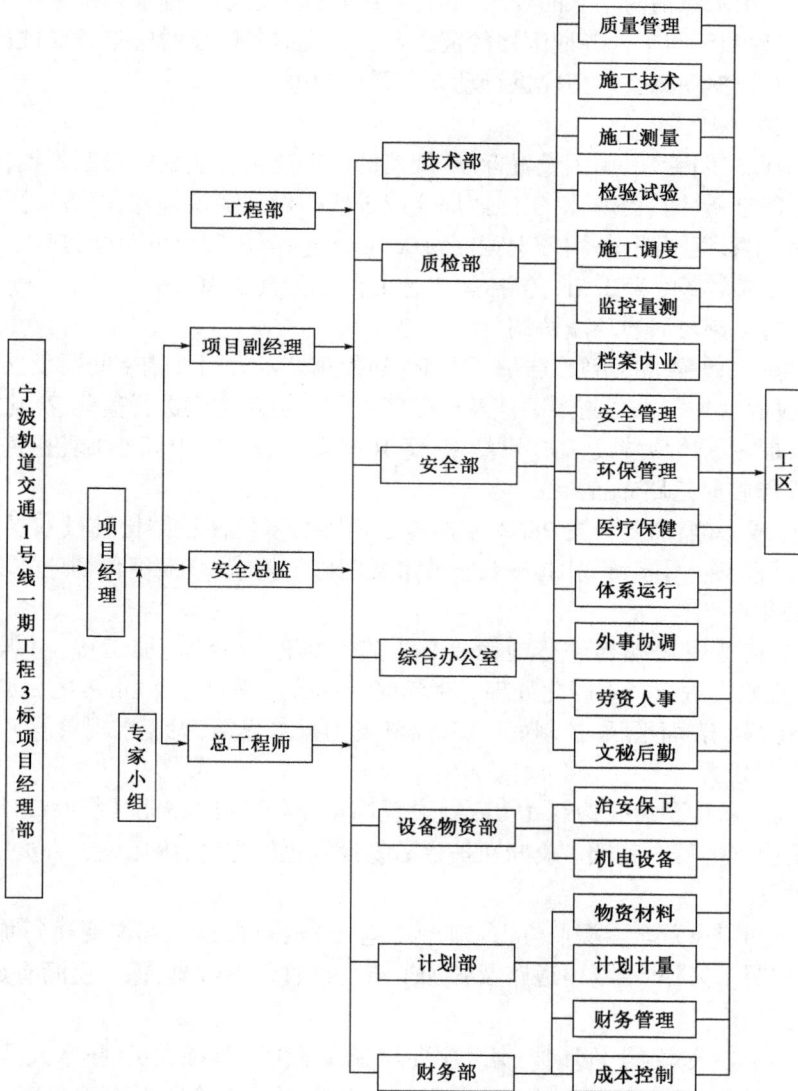

图 8-6 现场项目组织机构图

8.1.4 施工总平面布置

依据制定的详细的主体结构施工工艺流程、施工机械配备、管理组织和劳动力配置,对各施工场地统一规划、综合考虑、合理布置。

(1)施工现场平面布置设计原则

依据现场实际情况、遵循本工程施工的总体部署要求,结合本工程周围环境,本着合理组织,满足车站工程施工、区间工程施工及相互配合、施工材料供应的要求以及出土存放的要求,依据文明施工及安全生产的有关规定,对各施工场地均作统一规划、综合考虑、合理布置。

施工前期准备工作主要完成管线调查、施工围挡、修建临时道路、搭建临时设施、通水、通电、各种机械设备进场等。利用业主提供的电力和市政设施,把水、电接入现场,满足施工期间的动力照明、施工用水和消防用水的要求,并且要做好施工现场的排水系统。

根据车站工程和区间工程各期围挡的范围及工程进展各阶段的施工需要进行本工程施工场地平面布置,并根据现场实际情况进行动态布置和调整。

(2)施工围挡

施工现场采取封闭管理,周围设置标准、规范的围挡或组合装配式彩钢围挡,要整洁美观,围挡材料坚固、稳定、整洁、美观,沿工地四周连续设置。做到美观整齐,旗展灯亮。

永久围挡采用彩钢围挡,每块彩钢宽度为0.9m,分为蓝色和白色两种,其比例为3:1(3块蓝色,1块白色),围挡高度为2.5m,包括露出地面的条形砖砌基座高0.5m,条形基础外墙面要抹灰并刷涂料,保持与周边环境协调。

围挡的临街一面设置为公益广告墙,围挡外的拐角处及大门外侧夜间要设立红色警示灯,以防止意外事故的发生。永久施工围挡及施工区内临时建筑物应进行美化、亮化,施工围挡的美化、亮化要求是在围挡顶端设LED可塑带,每10m安设一个白炽灯外加乳白色灯罩。

(3)施工现场临时道路布置

在基坑两侧或一侧,需要设置9m宽临时施工道路。基坑便道结构铺设双层钢筋网,按照钢筋混凝土路面施工。沿基坑周围,按照宁波市文明施工要求,全面硬化场地外围。

(4)场地硬化

本工程整个施工现场都要进行地面硬化。施工场区内仓库、加工房、材料堆放场用厚300mm的C30混凝土进行场地硬化处理。生活区及办公区采用厚200mm的C20混凝土进行场地硬化。硬化路面表面平顺,控制好标高,做到场内排水畅通,无积水现象。

(5)基坑护栏设置

在基坑四周和盾构预留孔边缘1.0m处设置高度不小于1.2m围栏,并设明显显示警标志牌,以防止地面物体坠落入基坑。夜间在护栏沿线设红色标志灯,确保施工人员安全。

(6)现场照明

在基坑周边间隔设置多盏探照灯(原则上1盏/50m,可根据现场需要进行加密布置),作为夜间施工的照明。另外,沿场内道路及各加工点均设置多盏灯具,保证夜间有足够的亮度。

(7)施工办公区

工地会议室及办公室采用彩钢板房。主要用于保证生产指挥人员、技术人员、特殊工种人员在现场办公及召开会议,同时满足驻地监理的办公需要。应给监理工程师现场办公用房提供足够的照明设施、冷热用水、电力及排水设施。

(8)洗车池及沉淀池

在施工现场大门口,配备高压冲水设备,设置洗车槽,槽内设置泥水沉淀池,场地内的排水沟均通往沉淀池,污水经沉淀后,再将清水排放入市政下水管道。

(9)施工用水布置

根据工程用水的情况,场区设多处施工水源点,供明挖施工用水。施工现场用水使用橡胶管引流,管径DN50。水管路及用水设施符合国家及宁波市有关规定。

(10)现场排水

在明挖基坑四周距基坑边缘1.0m处设30cm高砖砌挡水墙,里外均用砂浆抹面。挡水墙外要设置5%流水坡度。场地四周道路设300mm×400mm排水沟,雨水及基坑抽水流入排水沟,经沉淀池沉淀后排入市政管道。现场设专人对排水系统进行维护,保证排水畅通。

(11)现场防洪

在雨季要保证现场排水系统的畅通,保证排水效果。土方施工过程中,每个开挖面根据需要设积水坑,并配备足够的抽水设备。成立安全防汛领导小组,及时获得有关信息,进行科学预测,为防汛工作提供依据。适时维修、加固施工现场的排水系统,保证排水设施性能良好、排水畅通。

8.2 主体结构施工方法和技术措施

制定合适的主体结构施工方法和技术措施,主要包含接地网施工、钢筋工程、模板工程和混凝土工程。

8.2.1 接地网施工

2号线鼓楼站及换乘段综合接地网,置于宁波轨道交通1号线2号线鼓楼站及换乘段结构底板混凝土下250mm(标高-13.291m)处。该综合接地网由水平接地极、垂直接地极、水平连接带、接地引入线、接地引入线至接地母排的连接导线和强电接地母排及弱电接地母排等组成,综合接地装置的人工接地网外缘闭合,外缘各角做成圆弧形,圆弧的半径不小于6m。垂直接地体由12根$L=2500$mm、$\phi20$的连铸铜包钢构成,并做明显标志及相应保护措施。焊接点全部采用热熔焊接。接地网设强电设备接地2组、弱电设备接地2组,每组接地引出线为2根,其中2根作为备用。

(1)综合接地网定位

2号线鼓楼站及换乘段综合接地网的施工敷设应跟基坑开挖工作相配合,当基坑开挖至基底面时,应及时配合测量部门,根据2号线鼓楼站及换乘段地下连续墙主体围护结构平面布置图,确定出综合接地网的垂直接地极定位位置和水平接地极的边界位置,并做好标记。按接地极敷设断面图要求,挖出水平接地极和垂直接地极的敷设沟槽断面,弃土应就近放置,剩余素土作为接地体敷设完备后回填时用,并分层夯实。在需要敷设垂直接地极的位置,布置好简易平台,采用人工法将垂直接地铜包钢打入设计深度。接地体在打入地下时须制作保护衬套,不能让接地极受到损伤。

(2)接地体的敷设

综合接地网的敷设应根据底板钢筋混凝土分段施工的要求分段敷设,敷设时应先敷设垂直接地极后敷设水平接地极。具体要求如下:接地极的连接应采用热熔焊接,焊接必须牢固、无虚焊、表面应平滑、接头处无贯穿性的气孔。接地铜排立弯(宽度方向弯曲),其弯曲内径应大于1.5倍铜排宽度;铜排平弯(厚度方向弯曲),其弯曲半径应大于2倍铜排厚度,先弯曲成形,后焊接。接地铜排间的连接,根据连接方式使用相应的模具。铜排接地引出线与水平接地体的连接,可先弯曲,再进行焊接,其弯曲直径应大于铜排宽度。铜排与铜包钢连接,为了保证连接可靠,除对其接触部位进行焊接外,视情况可由铜排弯制的弧形卡子与铜包钢焊接。铜包钢之间采用对接形式。

垂直接地体和水平接地体敷设、焊接完备后,安装专用的接地引出装置。接地装置安装好后,要及时对水平接地体和垂直接地体用素土进行回填,回填土必须夯实。止水板置于底板防水混凝土的中部,灌注混凝土时,应特别注意止水板周围(尤其是止水板下部),要填满防水混凝土,接地引出线在底板钢筋网孔中心穿过。引出装置由站台板外沿下隔墙内侧引出底板,接地引出装置引入电缆夹层后改用无卤低烟型电缆引至接地母排场。电缆敷设和连接过程中,应注意不要损伤保护层。电缆与接地母排的连接必须采用铜接线鼻,保证连接紧固、可靠。

综合接地网共设强电设备接地 2 组、弱电设备接地 2 组、备用接地引出线 1 组,每组由 2 根引出线组成,其中 2 根引出线作为备用。强、弱电设备接地引出线的线间距离应大于 20m。在施工过程中要注意保护接地引出装置绝缘部位的完整性。

(3)综合接地网接地电阻的测试

接地网敷设到整个接地网的 1/2 时,进行接地电阻值测量。测试方法及控制按《2 号线鼓楼站及换乘段综合接地测试方案》进行。根据测量结果推算出整体接地网的接地电阻值,若其值小于 0.5Ω 视为接地网制作合格,若推算出的整体接地网的接地电阻值大于 0.5Ω,在余下部分接地网的敷设中应采用以下措施进行补救:增大接地网的敷设面积、增大垂直接地体的敷设深度。

(4)质量保证措施

垂直接地极和水平接地极的埋设深度必须满足设计要求;综合接地网的制作应由技术熟练的工人完成;接地体的焊接必须牢固、无虚焊、表面应平滑、接头处无贯穿性的气孔,连接和焊接必须满足设计要求;接地体的回填素土必须夯实。

8.2.2 钢筋工程

主体结构钢筋采用 HPB235、HRB335 级钢,预埋件采用 Q235B 钢。所有工程结构钢筋均按照材料计划分批、分量、分规格进场。进场钢筋必须持有产品合格证,其化学成分及力学性能须符合规范要求。钢筋进场后在试验监理见证的情况下由试验工程师组织试验人员取样送检,取得合格试验报告后方可发料使用。钢筋按规格、型号分别堆放,并用标识牌标明材料的检验、试验的质量状况,严禁不合格品用于结构工程。

(1)钢筋加工

钢筋加工前根据图纸及施工规范要求做出施工细化图,做好钢筋配料单,经相关技术人员复核确认后发到班组下料施工。

钢筋加工场的班组人员要相对固定,如箍筋制作、钢筋断料等,不得随意调换工作岗位,各工序施工前由技术人员对工人做好有针对性的技术交底,使每个操作者详知自己所负责施工的质量要求及标准。断料要求所有与接驳器连接的钢筋必须用砂轮锯断料,保证断面齐整。绑扎和焊接接长的钢筋和箍筋下料可用砂轮锯或切断机下料。主筋采用闪光对焊,接至所需长度,每节段均须按规范预留出与下节段连接的钢筋,节段间钢筋的连接采用绑条焊。对于加工过程中的钢筋废料头,要按划定的堆放区域堆放,用来制作马凳铁、定位筋等辅料,最大限度地节约材料。加工好的半成品钢筋要经过班组的自检、质检人员检验,监理验收。对合格的半成品分类分规格码放,挂好标识,以备使用。

钢筋加工允许偏差值见表 8-2。

钢筋加工允许偏差值 　　　　表 8-2

项　目		允　许　偏　差
调直后局部弯曲		$d/4$
受力钢筋顺长度方向全长尺寸(mm)		±10
弯起成型钢筋	弯起点位置(mm)	±10
	弯起高度(mm)	0, −10
	弯起角度(°)	20
	钢筋宽度(mm)	±10
箍筋宽和高		+5, −10

（2）钢筋绑扎

钢筋锚固、接头、搭接长度的一般要求见表 8-3。

钢筋锚固、接头、搭接长度的一般要求 　　　　表 8-3

序　号		地下结构部分
1	墙体	接头错开≥500mm
		水平钢筋搭接 35d，错开≥500mm
2	锚固	墙体、变截面锚固从板底向下 40d
		丁字墙、转角、节点水平筋锚固为≥40d 且弯头≥10d

注：d 为钢筋直径。

钢筋绑扎方法及要求如下：

①一般要求。

钢筋绑扎采用 22 号火烧丝，绑扎燕尾朝向内侧，绑扎接头区域不少于 3 道绑扣。混凝土施工时要留有钢筋工看守（位置、间距等），对移位钢筋及时调整，以保证钢筋的位置准确。

②底板钢筋绑扎。

底板钢筋绑扎施工工艺流程为：放线→弹钢筋线→铺下层的下铁→铺下层的上铁→设置垫块、放置马凳→上层的下铁→上层的上铁。

底板钢筋绑扎前在混凝土垫层上弹出侧墙边线，预检合格后方可进行底板钢筋的绑扎。在绑板的同时做好侧墙及中墙在底板内锚固钢筋的绑扎。底板钢筋内采用钢筋马凳支撑底板钢筋，以确保位置准确。钢筋马凳的间距为 1000mm，梅花形布置。垫块的规格和类型见表 8-4。

垫块规格、类型表 　　　　表 8-4

部　位	保护层(mm)	垫块类型
底板	顶面为 40，底面为 50	C10 成品水泥垫块
中板	上下均为 30	C10 成品水泥垫块
结构顶板	顶面为 50，底面为 40	C10 成品水泥垫块
站台板、楼梯	上下均为 20	C10 成品水泥垫块
顶、底梁	外侧为 50，内侧为 40	C10 成品水泥垫块
中梁	上、下排均为 35	C10 成品水泥垫块
内衬墙	30	C10 成品水泥垫块
立柱	35	C10 成品水泥垫块

③墙钢筋绑扎。

墙钢筋绑扎施工工艺流程:修整预留钢筋→绑扎垂直梯子铁→绑扎垂直钢筋→绑扎定位横筋(梯子铁)→按照梯子铁的分档绑扎横筋→挂绑拉钩→挂绑垫块。

本工程的钢筋混凝土墙为侧墙。墙体钢筋绑扎时,采用"梯子铁"来定位竖筋和水平筋(梯子铁如代替墙筋,应比墙筋直径高一级)。竖向梯子铁按2m一道;墙体水平钢筋第一道距板面50mm,以上按设计间距要求绑扎。同时,制作拉筋"S"钩与水平筋拉接固定,用以保证墙体钢筋截面的准确。

绑扎前要将板断面的软弱层剔凿完成,钢筋上的水泥浆用钢丝刷刷净才可进行绑扎施工。墙的水平钢筋在两端头、转角、十字节点、连梁等部位的锚固长度及洞口周边的加固筋要符合规范要求。对人防部分的洞口加筋必须按图纸要求做好,保证人防抗冲击波的能力。

④中板、顶板钢筋绑扎。

在中板、顶板模板上弹出板钢筋间距控制墨线,钢筋绑扎严格按钢筋放样线进行施工。板下铁绑扎后,进行预埋件的安设,然后在上、下铁间加垫钢筋马凳和垫块,绑扎顶板负弯矩钢筋。顶板钢筋绑扎完毕后,焊接架空马道,上铺脚手板供混凝土浇筑时使用,以加强钢筋成品保护。

⑤立柱钢筋绑扎。

立柱钢筋绑扎施工工艺流程为:套柱钢筋→搭接绑扎竖向受力筋→画箍筋间距线→绑箍筋。

按图纸要求间距,计算好每根柱箍筋数量,先将箍筋套在下层伸出的搭接筋上,然后立柱子钢筋,在搭接长度内,绑扣不少于3个,绑扣要向柱内,便于箍筋向上移动。柱箍筋绑扎应注意:在立好的柱子竖向钢筋上,用粉笔画出箍筋间距,然后将已套好的箍筋往上移动,由上往下宜采用缠压绑扎。箍筋与主筋要垂直,箍筋转角与主筋交点均要绑扎,主筋与箍筋非转角部分的相交点呈梅花状交错绑扎。箍筋的接头应沿柱子竖筋交错布置绑扎。柱上、下端箍筋应加密,加密区长度及箍筋的间距均应符合设计要求。有抗震要求的,柱箍筋端头应弯成135°,平直长度不小于10d。如箍筋采用90°搭接,搭接处应焊接,单面焊缝长度焊接不小于5d。

柱筋保护层应注意:垫块应绑扎在柱竖向筋外皮上,间距一般为1000mm左右,以保证主筋保护层厚度尺寸正确。当柱截面尺寸有变化时,柱钢筋弯折的位置、尺寸要符合要求。

⑥梁钢筋绑扎。

梁钢筋绑扎分为模内绑扎和模外绑扎,其工艺流程分别如下:

模内绑扎:画主、次梁箍筋间距→放主、次梁箍筋→穿主梁底层纵筋并与箍筋固定→穿次梁底层纵向筋并与箍筋固定→穿主梁上层纵向架立筋及弯起钢筋→按箍筋间距绑扎牢固→绑主梁底层纵向筋→穿次梁上层纵向筋→按箍筋间距绑牢。

模外绑扎:(先在梁模上口绑扎成型后再入模)画箍筋间距→在主梁模上口铺横杆数根→放箍筋→穿次梁下层纵筋→穿主梁上层纵筋→按箍筋间距绑牢→绑主梁下层纵筋→穿次梁上层纵筋→按箍筋间距绑牢→绑次梁下层纵筋→抽横杆→落骨架于模板内。

(3)钢筋吊装运输

2号线鼓楼站及换乘段的钢筋加工场地设在车站西侧,钢筋在加工场加工好后用平板拖车将半成品运到作业面附近,再用20t汽车式起重机或龙门式起重机吊送到作业面上。

（4）钢筋安装质量控制标准

如表 8-5 所示。

钢筋安装质量控制标准　　　　　　　　　　表 8-5

序号	项　　目		允许偏差（mm）	检验方法
1	绑扎钢筋网	长宽	±10	钢尺检查
		网眼尺寸	±10	钢尺检查
2	绑扎钢筋骨架	高	±5	钢尺检查
		宽	±10	钢尺检查
3	主筋间距		±10	钢尺检查
4	箍筋间距		±10	钢尺检查
5	受力钢筋保护层厚度		±5	钢尺检查
6	预埋件	中心线位移	±10	水准仪及塞尺检查
		水平及高程	±5	
7	钢筋弯起点位置		±10	钢尺检查

8.2.3　模板工程

主体结构施工模板采用胶合板，胶合板厚度 18mm，模板尺寸为 1.22m×2.44m，根据结构尺寸要求排板，须保证板缝横平竖直，大小均匀美观。外侧竖向为 10cm×10cm 方木，背后横向采用钢管作为背带。底板倒角位置加固如图 8-7 所示。

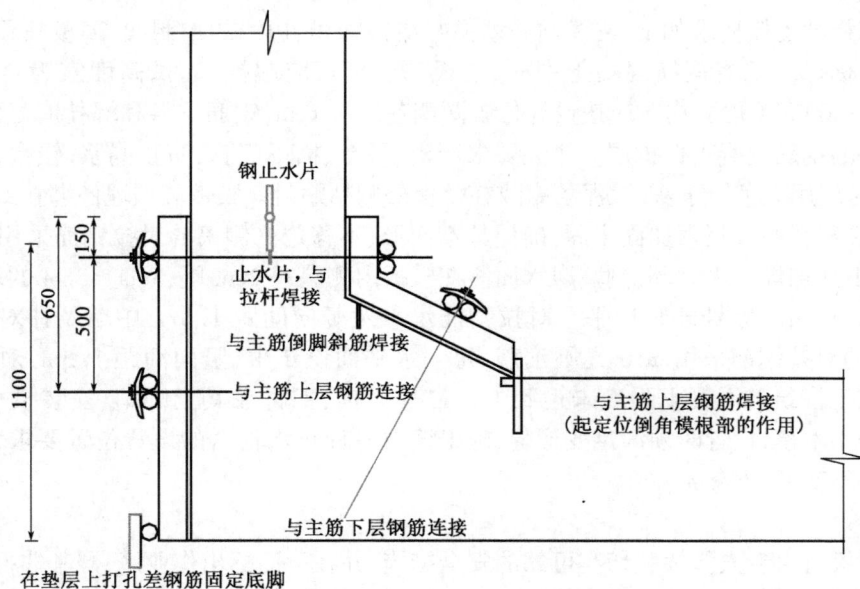

图 8-7　底板倒角（尺寸单位：mm）

（1）模板设计

通过模板计算，采用的龙骨及其间距、支撑体系等有关数据如下：

①顶板模板：

小龙骨（50mm×100mm方木），间距300mm。

大龙骨（100mm×100mm方木），间距600mm。

碗扣式脚手架支撑，间距：900mm×900mm。

②墙体模板：

安装、加固模板竖向龙骨（100mm×100mm方木），间距：300mm。

安装、加固模板水平龙骨（2ϕ248×3.5钢管），间距：600mm。

对拉螺栓（ϕ16钢筋），间距：600mm×600mm。

结构中板、顶板及侧墙模板面板采用胶合板，面板厚度18mm，平面尺寸2440mm×1220mm，面板竖向排板。

结构中板、顶板模板面板下部纵向次梁为100mm×100mm方木，沿结构横截面方向间距300mm布置。次梁下部横向主梁为100mm×100mm方木，沿结构纵向间距600mm布置。下部支撑为门式脚手架，纵向间距600mm。为了保证支撑体系的稳定，整个脚手架体系不小于5m设置一道剪刀撑。

侧墙面板外次背楞为100mm×100mm方木，竖向布置，间距300mm，背横楞为双ϕ48钢管，双钢管间距600mm。

顶板上部倒角部分底模采用50mm×100mm方木纵向支撑，间距300mm，纵方木下横向支撑采用50mm×100mm方木，间距为900mm，局部根据现场情况可将间距加密。方木下部立杆支撑为ϕ48钢管脚手架，横向为2根，纵向间距为900mm，ϕ48钢管与门式脚手架连成整体。

（2）支模

结构模板的支模要求如下：支模前必须弹好结构轴线、边线的控制线，模板高程应在支撑立柱上做好标记。现浇钢筋混凝土中板、顶板、梁，模板应起拱，起拱高度宜为全跨长度的1/1000～3/1000。侧墙立模时应按设计位置两侧各外放1cm，钢筋下料和绑扎应考虑加大，以保证有足够的钢筋混凝土保护层。拼装要求严密、平整、横平竖直，防止漏浆、错台，模板拼缝大于2mm时应用无色原子灰、胶泥填塞或在模板外侧粘贴封口胶带。预埋件绑扎或焊接在主筋上，预埋件和孔洞模板须加固牢固，确保其不变形、不移位。侧墙的对拉钢筋采用ϕ16光圆钢筋，拉筋中部加焊止水钢环，侧墙迎水面侧在模板内侧垫一2cm厚、3cm×3cm的木块，在拆模后扣出木块，用高标号砂浆抹平。对拉钢筋水平及竖向间距1.5m，中墙及柱对拉筋外套PVC管，柱的对拉钢筋采用ϕ16光圆钢筋，每一水平面设2根，竖向间距1.5m，对拉筋外套PVC管。在已浇筑的混凝土强度未达到1.2MPa以前，不得在其上踩踏、安装模板及支架。挡头模板采用木模，设置时须满足变形缝、施工缝中各种止水材料的设置位置要求，并保证其稳定、可靠、不变形、不漏浆。

（3）拆模

拆除模板时由专人指挥和切实可靠的安全措施，并在下面标出作业区，严禁非操作人员进入作业区。操作人员佩挂好安全带，禁止站在模板的横杆上操作，拆下的模板集中吊运，并多点捆牢，不准向下乱扔。拆模间歇时，将活动的模板、拉杆、支撑等固定牢固，严防突然掉落、倒塌伤人。拆除模板应严格按照规范要求进行，不准破坏完工后混凝土表面及梁柱棱角。侧墙混凝土强度应达到设计强度的70%方可拆模，一般宜在混凝土浇筑后的7d。顶板模板应达到设计混凝土强度标准值的100%,方可拆除脚手架和模型。模板拆除后须清理干净并堆放整齐。

（4）模板工程施工应注意的事项

安装前做好模板的定位基准工作;检查并清点模板及配件的规格及数量,未经修复的部件不得使用;检查合格的模板应按照安装程序堆放,多次倒用板面受损较大的模板严禁使用;模板安装前向施工班组进行技术交底;竖向模板安装的底面应采取可靠的定位措施,并按施工要求预埋支撑锚固件;模板安装时,必须经验收检查合格后,方可进行下道工序施工。模板安装检查应特别注意以下几点:①立杆、支架等的规格及间距及配件的紧固情况;②预埋件及预留孔洞的固定情况;③模板拼缝的严密程度。模板的质量验收标准见表8-6。

模板质量验收标准　　　　表8-6

序号	项 目		允许偏差（mm）	检验方法
1	轴线位置		5	钢尺检查
2	底模上表面高程		±5	水准仪检查
3	截面内部尺寸	基础	±10	钢尺检查
		侧墙、中墙	+4,−5	钢尺检查
4	层高垂直度	<5m	6	吊线及钢尺检查
		≥5m	8	
5	相邻两板表面高低差		2	钢尺检查
6	表面平整度		5	2m靠尺和塞尺检查

8.2.4 混凝土工程

工程地面以下主体结构顶板、顶梁及下一层内衬墙采用C35防水、高耐久性混凝土,车站立柱采用C45混凝土,其余未特别注明外均采用C35混凝土,除中板、站台板外,抗渗等级为P8(下三层侧墙及底板为P10)。底板下垫层采用300mm厚C30早强混凝土。基坑开挖到底后,应组织人员迅速清底,及时浇筑混凝土垫层;钢筋混凝土底板要求在土方开挖完成7d内完成混凝土浇筑。

（1）施工准备

施工前技术人员应根据施工进度需要,认真编制好泵送混凝土供应计划,与商品混凝土站提前签订合同,合同中明确供应混凝土的各项技术要求。混凝土坍落度控制在140mm±20mm,具体以混凝土联系单为准。泵送混凝土的水灰比、砂率、气泡含量、普通混凝土最小水泥用量、抗渗等级等技术指标要根据设计、规范要求预先向搅拌站做好交底。针对混凝土所使用各种原材料的要求,混凝土供应方认真做好复试,做到可追溯。结构混凝土应采用同一种粉煤灰,同一牌号、同一品种水泥,以保证外观颜色一致。外加剂均应为宁波市建委认证及准用产品,外加剂种类、性能及各项参数指数必须符合国家规范和图纸要求。混凝土抗渗试配要按规范要求高于设计要求的混凝土抗渗等级。

预拌混凝土厂家根据混凝土原材料、混凝土运输距离、混凝土泵与混凝土输送管径、泵送距离、气温等具体施工条件进行混凝土的试配,最终确定配比,并保证混凝土的设计强度、耐久性和可泵性。每次浇筑混凝土前,由施工员与供应方联系,详细注明混凝土的浇筑时间、施工部位、混凝土工程量、强度等级、坍落度、抗渗等级等,以确保混凝土使用无误。混凝土出站时间由厂家负责并使用计算机打印小票明示,现场由专人负责记录混凝土车的到场时间、浇筑时间和完成时间,最后计算整理混凝土的出厂时间、到场时间、开浇时间和浇筑用时,以作为分析混凝土的供应与施工质量的依据。施工中若发现问题,应及时找出原因,并派专人负责改进。

（2）施工程序

混凝土工程的施工工艺流程如图 8-8 所示。

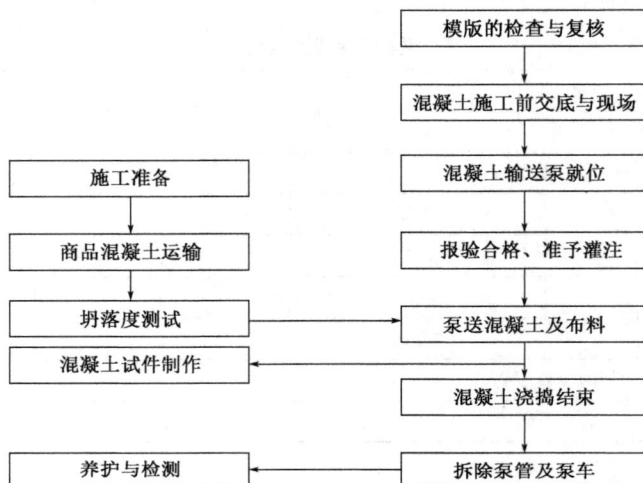

图 8-8　混凝土工程工艺流程图

（3）混凝土的泵送及运输

施工前应对混凝土输送泵司机及其他配合人员进行详细的安全技术操作交底,明确施工的技术要求。施工现场由施工员统一指挥和调度,保证混凝土输送泵、搅拌运输车和搅拌站与浇筑地点的相互联系。配备相应的通信设备,保证施工顺利进行。混凝土采用输送车由搅拌站运至工地,在运送混凝土时转动速度为 2～4 r/min,尽量在最短的时间内运至施工现场。从搅拌输送车运送的混凝土中,分别取 1/4 和 3/4 处试样进行坍落度试验,两个试样的坍落度值之差不得超过 30mm,结构混凝土采用泵车输送,坍落度宜控制在 140mm±20mm。混凝土运送至浇筑地点,符合浇筑时规定的坍落度,如混凝土拌和物出现离析或分层现象,必须将混凝土退回搅拌站进行二次搅拌。混凝土运送至浇筑地点时其表面温度最高不超过 30℃,最低不得低于 5℃。盛夏运输时,罐车要有隔热覆盖。

按要求接好泵管并固定好布料杆,混凝土输送泵与输送管连通后,应按使用说明书的规定进行全面检查,符合要求后方可开机进行空运转。混凝土输送泵启动后,应先泵送适量水以湿润输送泵的活塞及输送管的内壁等直接与混凝土接触部位,并检查管道是否有漏气现象,如果有,要立即处理。经泵送水检查,确认混凝土泵和输送管中无异物后,投入水泥砂浆润滑混凝土泵和输送管内壁,再开始泵送混凝土;润滑用的水泥砂浆应用料斗装好,分散布料,不得集中浇筑在同一处。开始泵送时,混凝土输送泵应处于慢速、匀速并随时可反泵的状态。泵送速变,应先慢后快,逐步加速,同时应观察泵的压力和各系统的工作情况,待各系统运转顺利后,方可以正常速度进行泵送。泵送时,活塞应保持最大行程运转,应使料斗内保持一定量的混凝土。泵送混凝土时,如料斗内剩余的混凝土降低到 20cm 以下,则吸入空气,应立即反泵吸出混凝土至料斗中重新搅拌,排出空气后再泵送。当混凝土泵出现压力升高且不稳定、油温升高、输送管明显震动等现象而泵送困难时,不得强行泵送,并应立即查明原因,采取措施排除故障。可先用木槌敲击输送管弯管、锥形管等部位,并进行慢速泵送或反泵,防止堵塞。

当输送管堵塞时,应采取下列方法排除:①重复进行反泵和正泵,逐步吸出混凝土至料斗中,重新搅拌后泵送。②用木槌敲击等方法,查明堵塞部位,将混凝土击松后,重复进行反泵和正泵,排除堵塞。③当上述两种方法无效时,应在混凝土输送卸压后,拆除堵塞部位的输送管,排除混凝土堵塞物后,方可接管。重新泵送前,应先排除管内空气后,方可拧紧接头。

混凝土应保证连续供应,以确保泵送连续进行,尽可能防止停歇。若不能连续供料,宁可放慢泵送速度,以保证连续泵送。当供料脱节不能保证连续泵送时,泵机不能停止工作,应每隔 4～5min 进行四个行程的反、正泵,把料从管道内抽回重新拌和,再泵入管道,以免管道内拌和料结块或沉淀。同时开动料斗内的搅拌器,搅拌 3～4 转,防止混凝土离析。如果泵送停歇超过 45min 或混凝土离析时,应立即用压力水或其他方法排出管道内的混凝土,经清洗干净后再重新泵送。如发现搅拌运输车搅拌桶内混凝土拌和物沉淀时,应在高速转动 3～4min 后方可出料;如发现混凝土拌和物的坍落度过小、喂料困难时,除将混凝土运场外,在经现场技术负责人同意下,可向混凝土搅拌运输车的搅拌桶内加入与混凝土内水灰比相同的水泥浆并掺入与原浆同配合比的减水剂,经充分搅拌后再喂料。在任何时候和任何情况下都不准向混凝土拌和物中任意加水以增大其坍落度。泵机料斗上应加装筛网,其规格与混凝土集料最大粒径相匹配,并派专人值班监视喂料情况,如发现大块物料时,应立即捡出。向下泵送混凝土时,应先把输送管上气阀打开,待输送管下段混凝土有了一定压力时,方可关闭气阀。混凝土泵送即将结束时,应正确计算尚需要补方用的混凝土数量,并应及时告知混凝土搅拌站。

(4)混凝土浇筑

在混凝土浇筑前要做好充分的准备工作,施工前要由技术人员牵头组织班组长、工人进行详细的技术交底。同时检查机具、材料准备,保证水电的供应。要掌握天气季节的变化情况,做好模板、钢筋、钢筋垫块、马凳铁、预留洞等的预检和隐蔽检查。检查安全设施、劳动力配备是否妥当,能否满足浇筑速度的要求。

主体结构选用抗渗、耐蚀、微膨胀的商品混凝土,且具备缓凝、高耐久性、高流态的特点,以适应结构浇筑工艺需要和确保结构混凝土质量。结构板混凝土采取分层、分幅浇筑,幅宽 6～10m。侧墙混凝土的浇筑必须分层对称进行,层高为 0.5m,当混凝土浇筑落差大于或等于 2m时,使用串筒将混凝土输送至结构浇筑部位。商品混凝土用混凝土运输车运送至浇筑地点,用混凝土输送泵输送至浇筑面。结构混凝土采用"一个坡度,薄层浇筑,循序推进,一次到顶"的灌注方法来缩小混凝土暴露面;以及加大浇筑强度以缩短浇筑时间等措施防止浇筑时产生浇筑冷缝,提高结构混凝土的防裂抗渗能力。同时与商品混凝土供应商联系,在每次施工前预备一定量的干拌料,防止施工冷缝的出现。

混凝土浇筑和振捣的一般要求如下:

①混凝土施工前应准备好足量的振捣棒、铁锹、刮尺等施工工具、并备用振捣器和振捣棒。

②混凝土浇筑前应对模板及其支撑系统、钢筋、预埋件进行隐蔽检查,符合设计要求后方

能浇筑混凝土。

③在浇筑混凝土前,准备好施工所用的设备,人员到位,立柱侧墙混凝土浇筑捣固棒软管长度不小于8m,保证各部分混凝土捣固到位。

④混凝土由泵车导管口下落的自由倾落高度不得超过2m。如超过2m时应设置串筒,浇筑混凝土时应分段分层连续进行,如有间歇,其间歇时间应尽量缩短,并在前层混凝土凝固前将次层混凝土浇筑完毕。

⑤使用插入式振捣器应快插慢拔,插点要均匀排列,逐点移动,顺序进行,不得遗漏,振到该层混凝土表面泛浆、不冒泡、不下沉为止(注意配充电电筒观察),达到均匀振实。移动间距不大于振捣作用半径的1.5倍(一般为30~40cm)。振捣上一层时应插入下层不少于50mm,以使两层接缝处混凝土均匀融合。

⑥浇筑混凝土时应经常观察模板、钢筋、预留孔洞、预埋件和插筋等有无移动、变形或堵塞情况,发现问题应立即处理,并应在已经浇筑的混凝土初凝前修整完好。

⑦对于水平混凝土表面,振捣密实后用刮尺刮平,满足顶面高程要求。待表面收水后,用木抹子压实,一般抹压三遍,将表面裂缝压回,且用2m靠尺检查平整度。施工缝处或有预埋件及插筋处用木抹子找平。

⑧对于使用补偿收缩混凝土的部位,应在浇筑混凝土前将钢筋、模板等进行润湿。

结构防水混凝土施工缝处采用二次捣固工艺施工,即对浇筑后的混凝土在振动界限以前给予二次振捣,能够排除混凝土因泌水在粗集料、水平钢筋下部生成的水分和空隙,提高混凝土与钢筋的握裹力,防止因混凝土沉落而出现的裂缝,同时又减少内部裂缝,增加混凝土密实度,从而提高抗裂及抗渗性。从以往施工的情况来看,施工缝处进行二次捣固效果良好,能有效地避免产生渗漏水的路径。每节段施工缝在混凝土浇筑前必须对前一节段接头处凿毛及清洗干净,并在浇筑前浇筑一层同强度等级的水泥砂浆,不能在浇筑前灌注同等级水泥砂浆的施工缝,如板横向施工缝,都采用涂抹 YJ-302 混凝土界面处理剂处理,以提高混凝土接缝处的黏结力。混凝土灌注过程中,采用插入式捣固器振捣混凝土,在纵梁及钢筋密集区采用 $\phi 32$ 捣固器,设专人捣固确保混凝土浇筑质量。当墙高超过3m时设预留捣固孔进行捣固。顶板及结构外墙覆盖养护;侧墙内侧采用喷水养护,养护期不得少于7d。顶板混凝土灌注后终凝前进行"提浆、压实、抹光"等工作,消除混凝土凝固初期产生的收缩裂纹,保证结构防水层黏结牢固。对已成型的孔洞应进行覆盖或围蔽,防止人、物坠落。

结构各部位的浇筑要求如下:

①垫层:随开挖进度,挖出一段立即浇筑一段,尽量缩短基底土体暴露时间。

②底板:主体结构底板厚度为1200mm/1300mm,准备1台混凝土泵车在基坑南侧浇筑底板,施工分两层连续浇筑。做好罐车运输调配,防止前段浇筑时间过长而出现混凝土冷缝。

③墙体:墙体浇筑混凝土前,应先均匀浇筑30~50mm与墙体混凝土内砂浆相同成分的水泥砂浆,并随浇随铺。

④立柱:柱混凝土浇筑前,底部应先填以5~10cm厚的与混凝土配合比相同的石子砂浆。柱混凝土应使用插入式振捣器分层振捣,混凝土应严格按分层尺杆均匀下料,分层厚度不应超过50cm。振捣时,振捣棒不得振动钢筋和预埋件。柱顶混凝土表面应高出梁底面5cm左右。梁板浇筑时,剔凿混凝土浮浆后,仍有2~3cm柱混凝土进入梁体内,使柱上不见混凝土接茬

面。混凝土浇筑完成后,应根据设计钢筋间距,随时将混凝土顶面伸出的钢筋整理到位。

⑤顶(下一、二层)板:顶(下一、二层)板、梁混凝土应在侧墙混凝土浇筑完毕后停歇 1 ~ 1.5h 后再浇筑,以便使侧墙混凝土获得初步沉落。顶板、梁混凝土同底板、梁浇筑方法相同,分层、分幅由两侧向中部浇筑。中层板浇筑则无需分层,分幅向前推进浇筑。

混凝土应分层浇筑振捣,每层浇筑厚度控制在 50cm(以标尺杆为依据),混凝土下料点应分散布置,浇筑墙体混凝土要连续进行,间隔时间不应超过 2h。墙体垂直施工缝,用竹胶板垂直封堵严,遇钢筋处留豁口,拆除模板后,应把封堵的竹胶板拆除,并剔去表面浮浆。下段浇筑混凝土墙体时对接槎处混凝土应加强振捣,保证接槎严密。墙体混凝土浇筑高度应高出要求浇筑高度高程 30 ~ 40mm,拆除墙体模板后,剔除上部浮浆。洞口浇筑混凝土时,应两边对称下料并振捣,保证两侧混凝土高度大体一致,门窗下口留出气孔,浇筑时边浇筑边敲打模板检查窗下是否充实,并防止门窗模板移位。

雨季施工时,混凝土连续浇筑前应预先了解天气情况,尽量避开雨天施工。若无法避免,则选择雨量较小时进行浇筑。遇雨时合理留置施工缝,混凝土浇筑后及时覆盖,避免被雨水冲刷。施工现场由专人收集气象资料、进场塑料布、潜水泵、编织袋、水管等防汛物资,做好防汛的准备。钢筋原材料应用方木垫高,并加盖彩条布覆盖。小型怕淋水物资应移入库房内存放。钢筋焊接不得在雨天进行,防止焊缝或接头脆裂。为防止雨水流入底板后浇带中,使钢筋由于长期遭水浸泡而生锈,可在顶板后浇带、洞口上覆盖木胶板,并坐浆封闭。电力机械设备做好接地保护装置。所有机电设备设置防雨罩,雨后全面检查电源线路,保证绝缘良好。

混凝土在常温浇完 12h 内及时浇水养护,时间不少于 14d。要配备足够的人员保证养护工作的进行。项目部组织混凝土养护小组由 6 名成员组成,分工要明确。开始工作前由工长进行详细的交底。底板,下一、二层板,顶板混凝土采用湿麻袋覆盖浇水养护;侧墙混凝土采用不透水、气的保湿膜且定期洒水养护,用保湿膜把混凝土表面敞露的部分全部严密地覆盖起来,保证混凝土在不失水的情况下得到充足的养护。

养护应符合下列规定:

①混凝土对于底板、侧墙、顶板防水混凝土浇水养护不少于 14d。对于无抗渗要求的柱,下一、二层板,梁养护不少于 7d。

②覆盖浇水养护在混凝土浇筑完毕后的 12h 内进行,夏天缩短至 2 ~ 3d 或混凝土终凝后立即盖麻袋浇水养护。

③浇水次数根据混凝土处于湿润的状态决定。采用保湿膜养护的混凝土,其敞露的全部表面用保湿膜覆盖严密,并保持保湿膜内有凝结水。

④在已浇筑的混凝土强度未达到 1.2MPa 以前,不得在其上踩踏或安装模板及支架。

⑤气温高于 30℃ 以上时,采用蓄水法养护,蓄水深度 80mm。

⑥烈日下施工时,采取草帘覆盖等防晒措施。

⑦测温仪器采用半导体传感器,每一测温点传感器由距底板底 200mm,板中间距 1000mm,距板表面 50mm 各测温点构成,测温点间距 6m。

混凝土试块制作按以下要求进行:墙体、板分层分段留设混凝土同条件试块及标准养护试块,同条件养护试块用以确定墙体拆模时间,标准养护试块 28d 强度用于确定混凝土强度等级。顶板、底板、侧墙除留设以上试块外,还须留设抗渗标准养护试块、抗渗同条件养护试块。

要对进场的混凝土进行坍落度实测,并做好记录,对坍落度超过规定 ±10mm 的,通知工区长及技术负责人对该车混凝土进行正确处理。混凝土试件要在混凝土浇筑地点随机取样,同一配合比每 100m³ 取样一组(或每一工作台班、每一流水段取样一组)。对每批混凝土还应留置一组备用试块、一组同条件顶板拆模试块。同条件养护试块在每层设 400×280×180(H)钢筋笼,放置在代表部位的楼层,并在笼子上设标签,标明同条件试块的代表区段。

混凝土质量标准见表 8-7。

混凝土质量标准 表 8-7

序号	项 目		允许偏差(mm)	检 验 方 法
1	混凝土抗压强度、抗渗强度		不低于设计要求	混凝土试块
2	建筑物轴线位移		<15	全站仪或钢尺检查
3	净空限界		满足设计要求	全站仪或钢尺检查
4	层高(全高)		±10(±20)	水准仪或钢尺检查
5	底板、顶板	高程	±10	水准仪及2m靠尺检查
		平整度	10	
6	纵坡		±0.1%	水准仪测量
7	层高垂直度	≤5m	8	经纬仪或吊线、钢尺检查
		>5m	10	经纬仪或吊线、钢尺检查
	全高垂直度		$H/1000$ 且 ≤30	经纬仪或吊线、钢尺检查
8	截面尺寸		+8,−5	全站仪或钢尺检查
9	侧墙	位移	≤15	经纬仪或吊线、钢尺及2m靠尺检查
		垂直度	8	
		平整度	10	
10	预埋设施中心位置	预埋件	10	钢尺检查
		预埋管	5	
		预埋螺栓	5	
11	预留洞中心位置		15	钢尺检查
12	渗漏水	顶板	无渗漏点	观察及钢尺检查
		侧墙	渗迹点(1点/3m长)	

8.3 主体结构施工质量保证措施

制定主体结构施工质量保证措施,重点保证钢筋工程、模板工程、混凝土工程和防水工程的工程质量。

8.3.1 质量保证体系

构建全面的质量保证体系,如图 8-9 所示。

(1)认真执行、实施质量保证体系,实行项目经理、项目总工程师质量负责制,施工技术员

124

岗位责任制,并制定严格的奖罚制度。

(2)工程施工质量实行"工序质量"控制管理方法。对主要工序实行施工技术员事先技术交底;"现场看工"质量跟踪控制;质量员对"工序质量"过程进行检查。做到以工作质量保证工序质量,以工序质量保证产品质量。

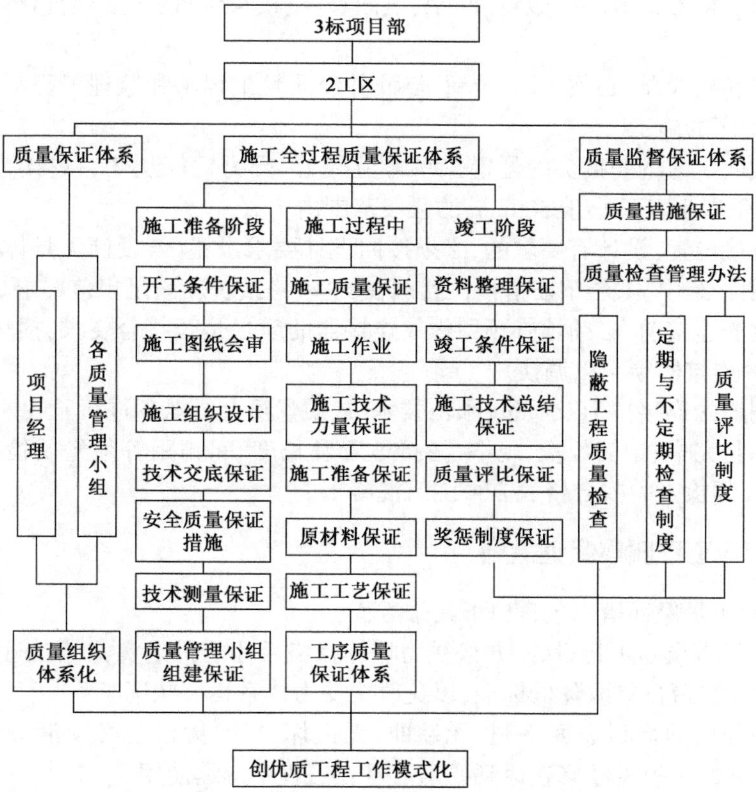

图8-9　质量保障体系

(3)工程质量及隐蔽工程验收严格实行"三级"管理验收制度。先由班组自行检查,经工区技术部门复检合格,再报请监理最终验收通过后,才能进行下一道工序施工。

(4)严格执行材料验收制度和原材料"取样封存"管理办法及"计量"管理制度。

(5)主体结构的尺寸及高程由测量组将点位放至施工作业面,便于施工立模及随时检查。

(6)所用钢筋应具有出厂质量证明,对各钢厂的材料均应进行抽样检查,并附有抽样报告。钢筋制作安装严格按照设计及规范要求进行,钢筋采取按工序分阶段验收,未经隐蔽工程验收合格,不得进行下道工序施工。

(7)混凝土搅拌车进场后,应把好混凝土质量关。检查混凝土搅拌车发车、运输、到达时间,检查坍落度、可泵性是否符合要求,对于不合格者严格予以退回。在混凝土浇捣过程中,由技术员、施工员全面负责。

8.3.2　钢筋工程质量保证措施

钢筋工程的质量保证措施包含以下几个方面:

（1）钢筋的品种和质量必须符合设计要求和有关标准规定。钢筋进场必须附带钢筋质量保证书及钢筋复测报告。

（2）钢筋堆放场地需高出施工场地 200mm 以上，并进行硬化处理，堆放场四周做好排水沟。钢筋表面锈蚀的，必须经除锈处理，经除锈后，仍有较明显的锈蚀的，降级使用。

（3）钢筋的规格形式、尺寸、数量、间距、锚固长度、接头位置、长度须符合设计要求和规范规定。

（4）预埋钢筋接驳器，必须牢固，位置准确，并经质量工程师和监理工程师检查合格后，方可进行下一道工序的施工。

（5）同一截面受力钢筋接头的位置 50% 相互错开，受力钢筋从任一焊接头中心到长度为钢筋直径的 35 倍以上且不小于 500mm 的区段范围内。

（6）钢筋搭接位置，设计有要求的，必须按照设计要求设置，若设计无具体要求时，则上层钢筋搭接位置须在跨中，下层钢筋搭接位置须在支座，搭接长度满足规范要求。

（7）螺纹钢筋连接前，必须检查预留螺纹连接器的质量是否符合要求，损坏、锈蚀、被水泥浆等垃圾污染的连接器须予以调换。

（8）螺纹钢筋的连接扭力及质量，须由技术员、质量员会同监理进行验收。

（9）钢筋绑扎完毕，钢筋数量、规格、搭接位置及长度、间排距等须经质检工程师验收，并最终由监理工程师检查验收合格后方可浇筑混凝土。

8.3.3 模板工程质量保证措施

模板工程的质量保证措施包含以下几个方面：

（1）模型支架搭设须进行设计，并经受力检算合格后才能付诸实施，实施过程中须严格按设计要求施工，不得擅自更改降低标准，以免改变受力体系运行状况。

（2）工程中使用的模板表面平整，无翘曲，无损坏，每次拆模后必须清除模板表面垃圾。使用过程中，损坏的模板需经修整达到要求后可在工程中继续使用。

（3）模型安装需牢固可靠，板缝密贴，并确保几何尺寸及预留孔洞位置的准确性，避免在混凝土浇筑过程中出现跑模、漏浆等质量通病。

（4）模型需经自检、复检、专检合格后方可进行混凝土浇筑施工。混凝土浇筑过程中，捣固器严禁直接接触模板，以免造成变形和漏浆，并设置专门的看模人员巡视模板支架情况，发现异常情况及时处理。

8.3.4 混凝土工程质量保证措施

混凝土工程的质量保证措施包含以下几个方面：

（1）加强工序施工"三检制"和验收会签制。混凝土施工前、混凝土浇捣前应对钢筋、模板、预埋件、预留管孔进行全面检查验收，做好隐蔽工程验收。

（2）建立健全混凝土的进场鉴定制度和验收制度。混凝土搅拌车进场后，应把好混凝土质量关。检查混凝土搅拌车发车、运输、到达时间，检查坍落度、可泵性是否符合要求，对不合格者严格予以退回。

（3）浇筑过程中，组织专人看铁、看模，发现问题及时处理。混凝土振捣设固定人员负责，定人、定位置振捣,严禁漏捣、少捣和振及钢筋、预埋件。为防止爆模和钢筋移位,每班均要安排专人看模。

(4)制定质量奖罚制度,落实质量责任制;实行现场挂牌制,每层混凝土拆完模板后,由技术负责人组织工长、质检员对该层混凝土进行检查和考评,依质量优劣情况进行奖罚。

(5)坚持质量例会制度,由技术负责人组织工长、技术员、质检员、工区长、操作班组等参加,共同分析混凝土质量情况,查找原因,制定整改措施,并派专人负责落实。

(6)质检员、试验员应对每次进场的预拌混凝土进行坍落度测定,检查混凝土的和易性和可泵性,若发现不符合要求的,坚决退场。

(7)施工中应全面考虑由于混凝土罐车运输过程中出现堵车、施工气温以及泵送时间的影响造成混凝土坍落度的降低,并及时进行配合比的调整。

(8)夏季高温季节进行混凝土泵送时,泵的料斗和输送管宜用湿麻袋或草袋包裹、覆盖,并经常喷洒冷水降温;浇筑前模板应浇水湿润,避免因吸水影响混凝土质量。

(9)夜间施工必须保证足够的照明度,配备齐照明灯和手电筒。

(10)由于泵送混凝土在浇筑过程中对模板的侧压力较大,因此模板必须按方案进行加固。浇筑要分层进行,并派专人看模,防止跑模。侧墙混凝土对称浇筑,防止结构整体发生位移。

(11)混凝土施工过程中,应按相关规定取样、制作试块、养护、试验。

(12)严格控制混凝土的拆模时间,拆模时间应以混凝土同条件强度试块为准。

(13)振捣混凝土时,不得碰动钢筋、预埋件,并防止钢筋、预埋件移位。

(14)顶板混凝土浇筑完毕,未达到一定强度时,不能随意踩踏,保证混凝土表面平整。

(15)混凝土浇筑前,对新老混凝土接缝处的垃圾、杂物应清除干净,浇水湿润,但不得有积水。

第9章　工程实施效果

宁波轨道交通基于鼓楼站(含1、2号线鼓楼站及1、2号线联络线)、鼓楼站—东门口站明挖区间、东门口站和出入口等附属工程的工程实践,分别提出了繁华闹市区复杂环境下的交通导改技术、适应地层变化的地下连续墙成槽施工方法、高灵敏性地层柔性接头地下连续墙施工方法、鱼腹梁快速支撑体系设计与施工方法、复杂环境下深基坑施工变形控制技术和复杂闹市区超深基坑承压水治理技术,在实际工程中取得了显著的施工效果,对于异形长大深基坑施工积累了丰富的经验。

9.1　鱼腹梁支撑使用效果

9.1.1　施工工效分析

本工程使用鱼腹梁支撑体系取得了显著的效果。表9-1为各道支撑施工和拆除时间统计,将混凝土支撑与鱼腹梁支撑进行比较可知:第一、三道混凝土支撑施工养护时间为47d和28d,而二、四道鱼腹梁支撑安装和施加预应力时间为15d和19d。第一道混凝土支撑由于有盖板且现场存在大量交叉作业,所以时间略长,一般情况下可控制在30d左右。综合对比可知,将两道混凝土支撑调整为鱼腹梁支撑,在开挖阶段工期节省24d,施工时间仅为混凝土支撑的60%。而在拆除阶段,混凝土支撑存在大量的凿除、切割、吊装作业,拆除时间分别为28和32d。而鱼腹梁显示出了更为明显的优势,分别为10d和17d,两道支撑施工共节省33d,施工时间仅混凝土支撑为的45%。

各道支撑作业时间(d)　　　　　　　　　　　　　　　　表9-1

作 业 部 位	有效作业时间(d)			
	施工	预应力施加	养护	拆除
第一道混凝土支撑+盖板	40	—	7	28
第二道鱼腹梁支撑	12	3	—	10
第三道混凝土支撑	21	—	7	32
第四道鱼腹梁支撑	14	5	—	17

综合考虑安装和拆除,在本工程中采用鱼腹梁替代混凝土支撑可节省50%的工期。同时,混凝土支撑拆除后需占用场地进行破碎后运出,耗费的施工时间和成本均较大,而鱼腹梁拆除后直接分类退场,且可重复利用,从时间和经济角度看,均有较好效益。

9.1.2 支撑轴力变化

在基坑开挖的整个过程中,对对撑的轴力进行全方位的监测,通过监测结果判断基坑的实时状况。其中,轴力监测点如图9-1所示。对撑5和对撑6的实测轴力值见表9-2。

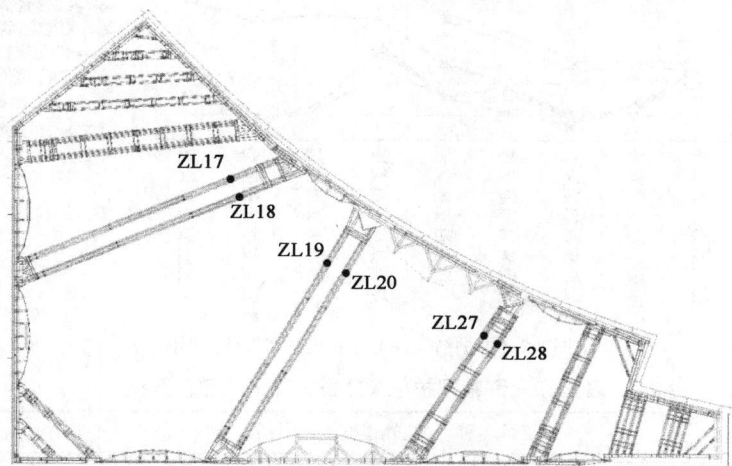

图9-1 监测点平面布置图

型钢对撑轴力实测值(kN) 表9-2

工况及日期	对撑5左	对撑5右	对撑6左	对撑6右
施加预应力2012年11月20日	419	544	904	706
开挖到底板2012年12月12日	1149	1115	1021	1516
底板浇筑后2012年12月12日	1588	1813	1500	1709
支撑拆除前2013年3月11日	1728	1831	1633	1788

由监测数据可知:预应力施加后,随着支撑下土方的开挖,被动区土体卸载,支撑轴力逐渐增加。最终单根型钢最大轴力达到1831kN,但小于型钢抗压强度预警值,施工过程中支撑体系总体安全;就轴力增速而言,底板浇筑前幅度较快,浇筑后坑内土体隆起和下部围护变形得到抑制,轴力增速减缓,相对稳定。轴力变化除了基坑开挖后受力体系转化外,另一个主要原因是宁波软土有典型的流变特性,土压力的发展有明显的时间效应。因此,对于此类异形基坑,鱼腹梁支撑能够克服混凝土支撑一旦施工完成就无法再加力的缺点,在实施的过程中根据土压力发展变化和钢构件刚度和强度情况多次施加预应力,直至结构回筑,支撑拆除。

9.1.3 环境保护控制

与混凝土支撑相比,鱼腹梁支撑为钢制组合构件,支撑刚度相对较小,因此在实施中采取了双拼的形式,提高支撑刚度,减小围护变形和环境影响。图9-2为基坑围护结构各工况变形图。表9-3为基坑东北侧某围护(CX3)从开挖到施工底板期间各工况下的测斜数据,表9-4

为基坑西侧围护结构(CX10)从开挖到施工底板期间各工况下的测斜数据,表9-5为基坑西侧围护结构(CX11)从开挖到施工底板期间各工况下的测斜数据。图9-3和图9-4分别为基坑施工整个施工过程CX3和CX10测斜监测曲线。

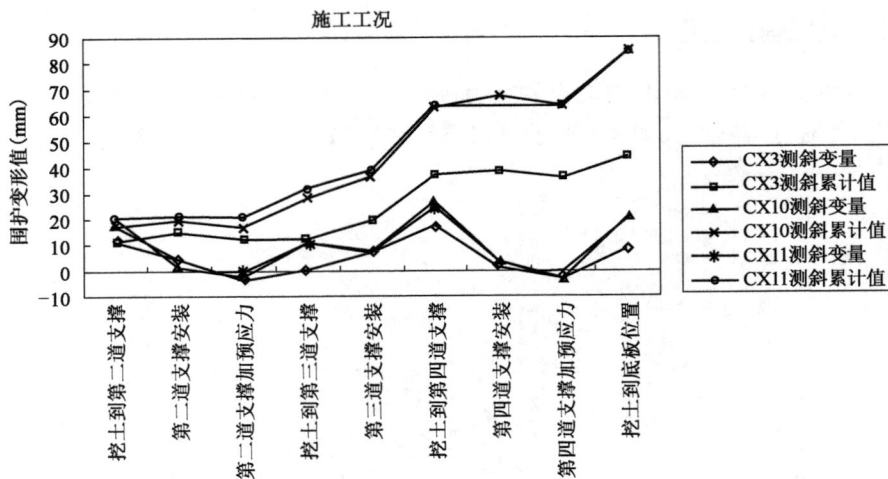

图 9-2 围护结构各工况变化量和累计变形图

基坑东北侧某围护(CX3)各工况下的测斜数据　　　　　　表 9-3

工程名称:宁波轨道交通1号线(CX3)			
工况	时间	期间的变化增量(mm)	累计最大变化量(mm)
挖土到第二道支撑	2012.8.20—2012.9.7	10.91	10.91
第二道支撑安装	2012.9.8—2012.9.15	4.68	15.59
第二道支撑加预应力	2012.9.15—2012.9.18	−3.62	11.97
挖土到第三道支撑	2012.9.18—2012.9.30	0.25	12.22
第三道支撑安装	2012.9.30—2012.10.20	7.24	19.46
挖土到第四道支撑	2012.10.20—2012.11.1	1.21	20.67
第四道支撑安装	2012.11.2—2012.11.11	17.81	38.48
第四道支撑加预应力	2012.11.12—2012.11.17	−2.51	35.97
挖土到底板位置	2012.11.18—2012.12.12	8.24	44.21

基坑东北侧某围护(CX10)各工况下的测斜数据　　　　　　表 9-4

工程名称:宁波轨道交通1号线(CX10)			
工况	时间	期间的变化增量(mm)	累计最大变化量(mm)
挖土到第二道支撑	2012.8.20—2012.9.7	17.76	17.76
第二道支撑安装	2012.9.8—2012.9.15	1.75	19.51
第二道支撑加预应力	2012.9.15—2012.9.18	−2.69	16.82
挖土到第三道支撑	2012.9.18—2012.9.30	11.6	28.42
第三道支撑安装	2012.9.30—2012.10.20	7.64	36.06
挖土到第四道支撑	2012.10.20—2012.11.1	26.91	62.97

续上表

工程名称:宁波轨道交通 1 号线(CX10)			
工况	时间	期间的变化增量(mm)	累计最大变化量(mm)
第四道支撑安装	2012.11.2—2012.11.11	3.92	66.89
第四道支撑加预应力	2012.11.12—2012.11.17	−3.56	63.33
挖土到底板位置	2012.11.18—2012.12.12	21.22	84.55

基坑东北侧某围护(CX11)各工况下的测斜数据　　　　　表 9-5

工程名称:宁波轨道交通 1 号线(CX11)			
工况	时间	期间的变化增量(mm)	累计最大变化量(mm)
挖土到第二道支撑	2012.8.20—2012.9.7	20.19	20.19
第二道支撑安装	2012.9.8—2012.9.15	0.73	20.92
第二道支撑加预应力	2012.9.15—2012.9.18	−0.09	20.83
挖土到第三道支撑	2012.9.18—2012.9.30	11.07	31.9
第三道支撑安装	2012.9.30—2012.10.20	7.13	39.03
挖土到第四道支撑	2012.10.20—2012.11.1	24.52	63.55
第四道支撑安装	2012.11.2—2012.11.11	1.03	64.58
第四道支撑加预应力	2012.11.12—2012.11.17	−0.45	64.13
挖土到底板位置	2012.11.18—2012.12.12	20.48	84.61

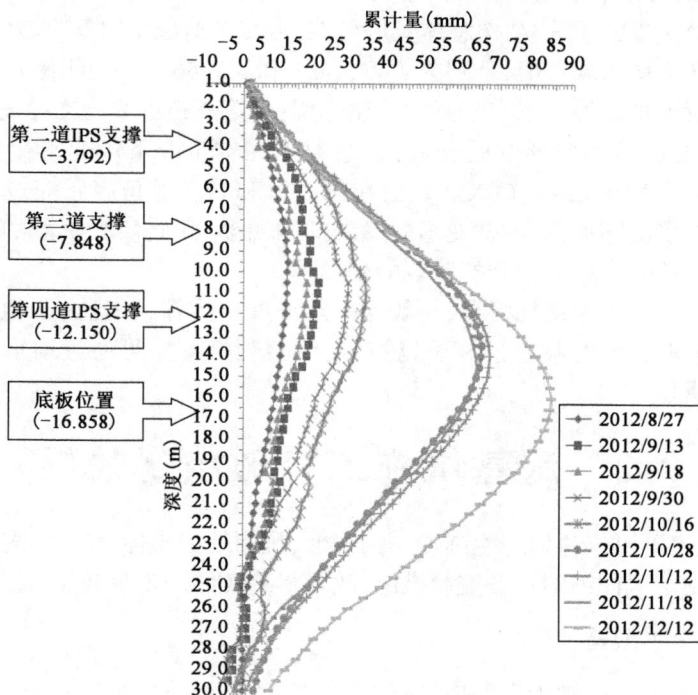

图 9-3　基坑施工整个施工过程 CX10 测斜监测曲线图

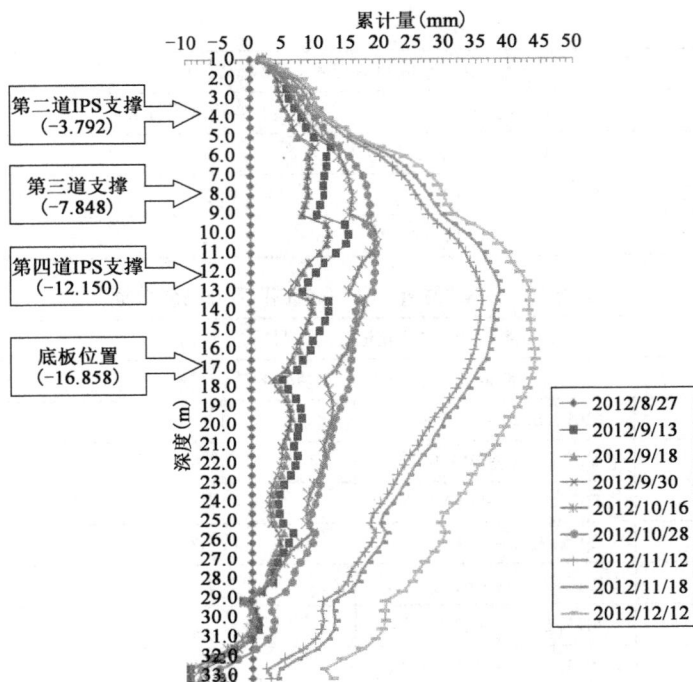

图 9-4　基坑施工整个施工过程 CX3 测斜监测曲线图

由上述图表可知,不同位置处围护变形出现在第四道鱼腹梁支撑位置,靠近道路一侧围护结构(测斜 CX10、CX11)最大变形 85mm,靠近营区一侧围护结构(测斜 CX3)位置最大变形 44mm。采用鱼腹梁支撑后,围护结构总体变形可控,但交通荷载仍对其有较大影响;鱼腹梁施加预应力后,围护变化量出现负值,分别为 -4.14mm 和 -3.56mm,表明围护有向基坑外侧变化的趋势,此支撑对围护结构变形有较好的抑制作用;在第三道混凝土支撑完成后挖土到第四道支撑的过程中,围护结构变形发展较快,三组数据在本工况下的变形分别占总变形量的 40%(CX3)、31.8%(CX10)、29%(CX11),而在第二道和第四道鱼腹梁完成向下开挖的过程中,由于预应力可以多次施加,对围护变形的发展抑制明显,在此两个阶段的变形发展明显减缓,且小于混凝土支撑完成后向下开挖阶段的变形。

在此类异形基坑中,由于结构复杂,一般均采用混凝土支撑,一旦由于超载等原因导致围护变形增加,很难采取有效的临时措施予以控制,而鱼腹梁支撑可通过增加预应力的方式实现,在此方面优势明显。

9.2　深基坑施工变形控制效果

深基坑开挖施工不可避免地产生围护结构变形、坑周地表土体、坑内立柱隆起和支撑轴力变化,基于本工程制定了详细的变形控制措施,故取得了良好的工程效果。

9.2.1　墙体水平位移

如图 9-5、图 9-6 所示分别为东门口站标准段与端头井处典型断面不同开挖深度对应的墙体水平位移。

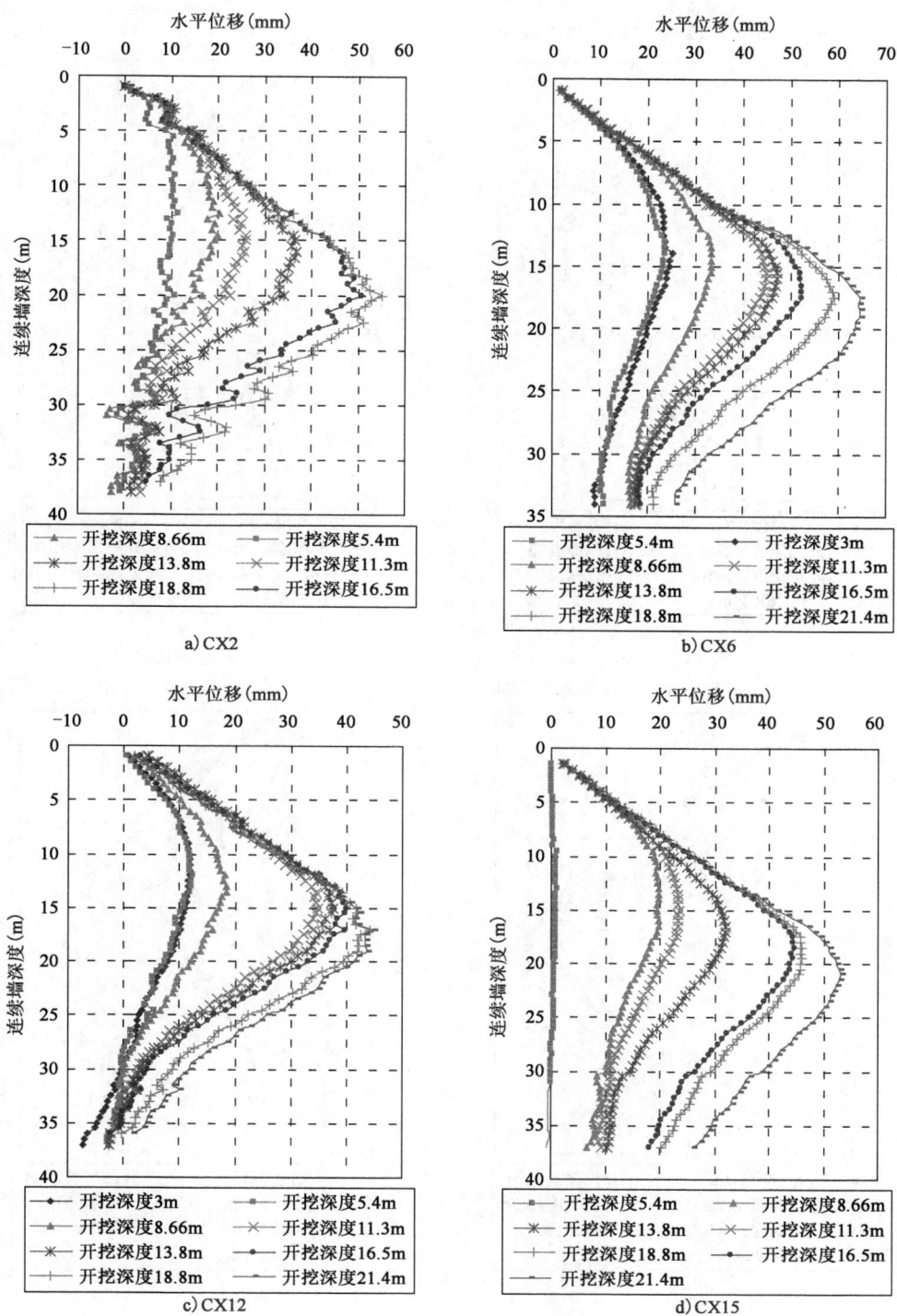

a) CX2

b) CX6

c) CX12

d) CX15

图 9-5 标准段典型断面墙体水平位移

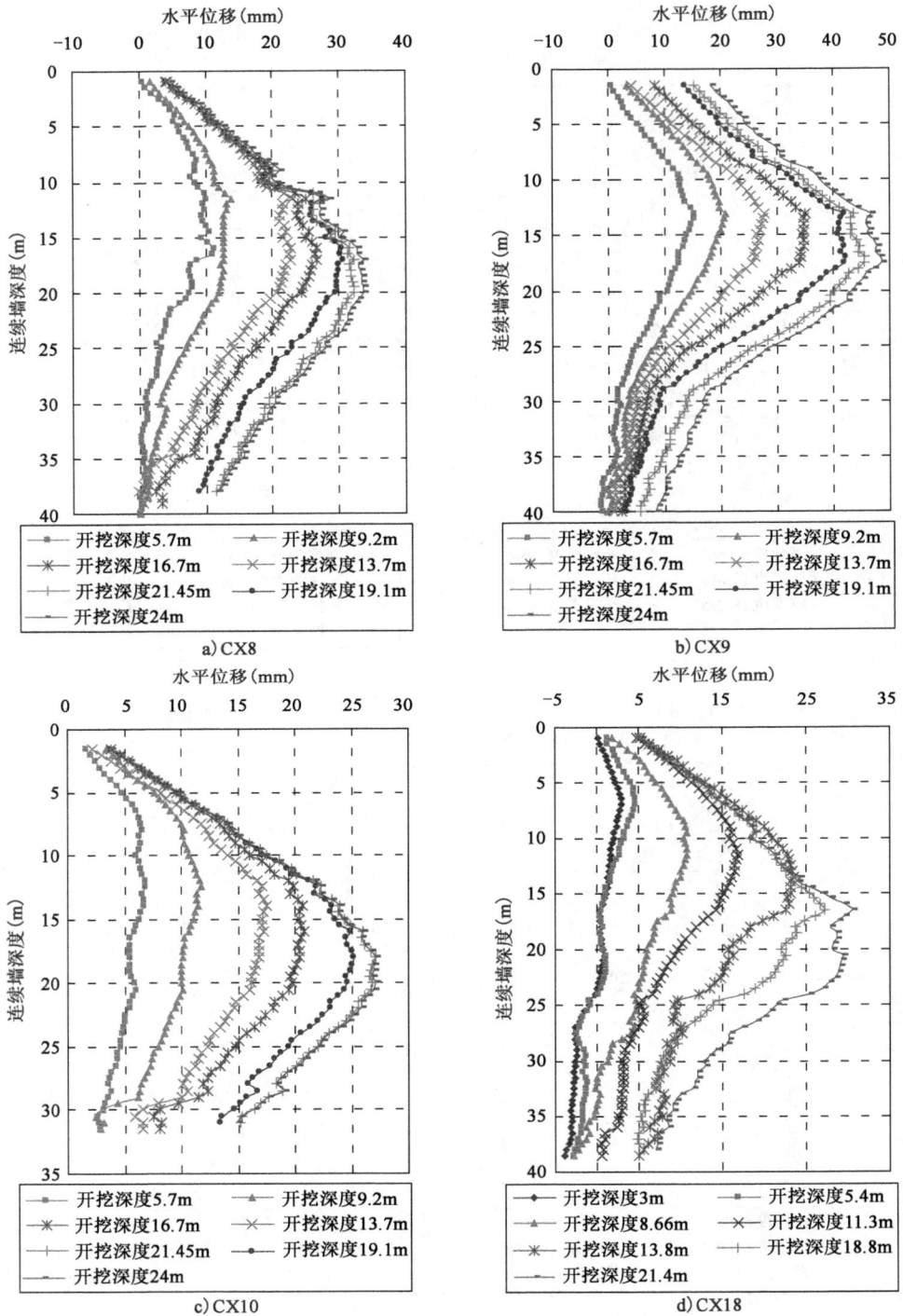

a) CX8

b) CX9

c) CX10

d) CX18

图 9-6 端头井典型断面墙体水平位移

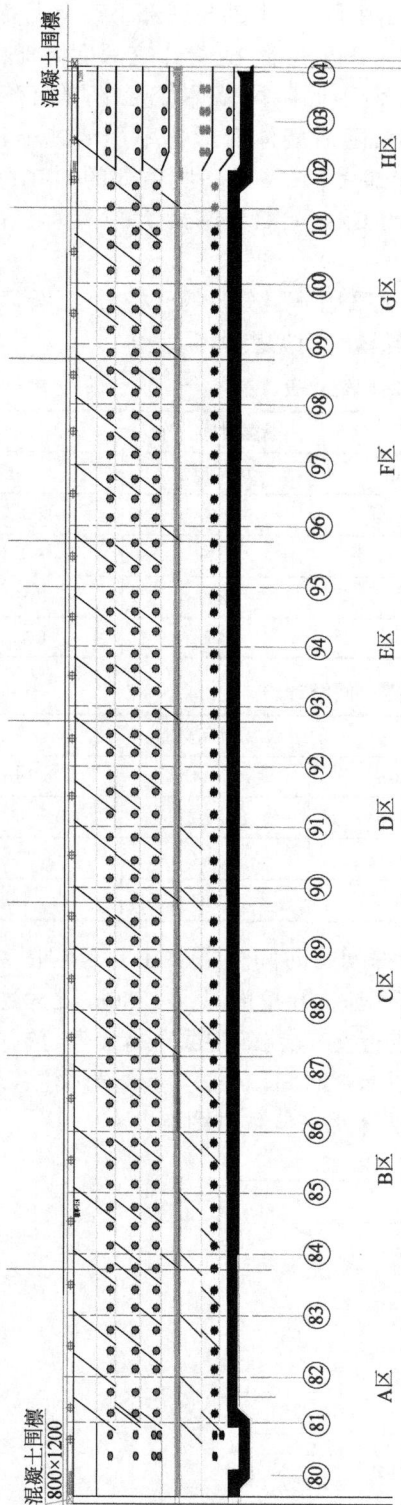

图9-7 东门口站基坑开挖分区分段示意图（尺寸单位：mm）

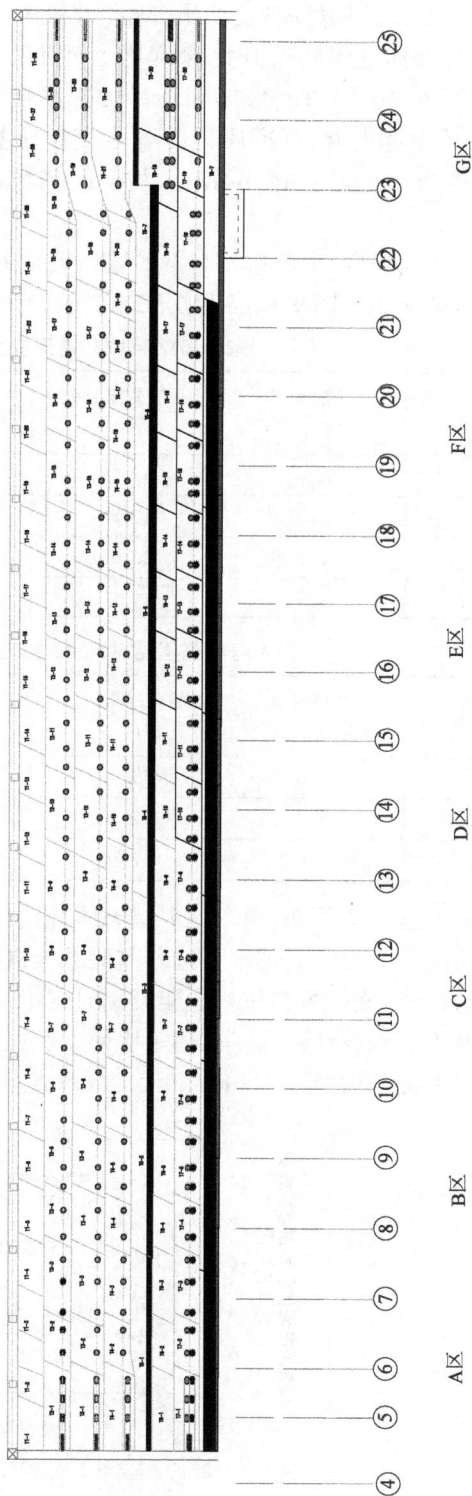

图9-8 1号线鼓楼站基坑开挖分区分段示意图（尺寸单位：mm）

混凝土围檩

混凝土围檩 800×1200

由图可以获得如下初步认识:墙体变形总体上呈现出中部大、上部与底部小甚至无变形的凸形,在基坑开挖的初始阶段,凸出部位(即最大位移处)靠近上部,随着开挖深度增加,该位置逐步下移;墙体变形随着开挖深度增大而不断增大,但不同阶段墙体变形的增幅存在差异,基坑开挖至16.5m前,墙体变形呈加速发展的趋势,随后墙体变形速率逐渐减小,最终趋向收敛;从整体上看,标准段处的墙体变形比基坑端部大,如靠近基坑中部的CX6、CX15点最大位移为 53.06~64.44mm,比靠近基坑端头的 CX2、CX11 点最大位移(43.67~52.54mm)大。

为保证基坑安全,东门口站与1号线鼓楼站主体基坑采用分层分段的开挖方法,分区分段开挖示意图见图9-7、图9-8,各开挖工况对应的无支撑暴露时间见表9-6、表9-7。

东门口站基坑开挖无支撑暴露时间统计表 表9-6

开挖层序	开挖深度(m)	平均暴露时间(h)	暴露时间分布		
			≤10h	10~14h	>14h
第一层	2.46	12.28	0	96%	4%
第二层	3.2	12.86	16%	76%	8%
第三层	2.7	13.56	8%	68%	24%
第四层	2.5	9.9	48%	44%	8%

1号线鼓楼站基坑开挖无支撑暴露时间统计表 表9-7

开挖层序	开挖深度(m)	平均暴露时间(h)	暴露时间分布		
			≤10h	10~14h	>14h
第二层	3.0	12.47	0	84.2%	15.8%
第三层	3.8	12.26	5.3%	89.4%	5.3%
第四层	3.0	13.52	0%	78.9%	21.1%

由表9-6、表9-7可知,两车站单层土体开挖的无支撑暴露时间多集中在10~14h,结合1号线鼓楼站施工工况对墙体水平位移监测数据进行分析,基坑开挖面以下15.6m处为逆作的下二层板边框架,该层板施作时先架设临时支撑,依次进行支模、浇筑混凝土等工序,施作完成后须等混凝土达到设计强度。前述工序使基坑在该阶段暴露时间较长,连续墙墙体位移较大,各测点在该工况(开挖至15.6m)下无支撑暴露对应的墙体水平位移见图9-9。

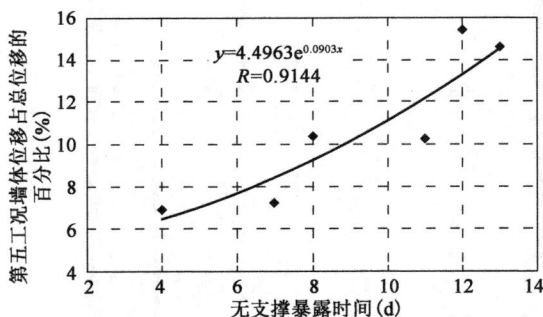

图9-9 第五工况基坑无支撑暴露时间对应的墙体水平位移

由图 9-9 可知,1 号线鼓楼站主体基坑开挖至 15.6m 时,该工况无支撑暴露时间与墙体水平位移占总位移的百分比呈指数分布,即墙体水平位移随无支撑暴露时间延长逐渐增大且变形速率加快,因此施工时应加快施工速度,尽量避免基坑无支撑暴露时间过长。

对于上述现象,选取 CX4 与 CX6 点进行详细分析,CX4 与 CX6 点无支撑与有支撑暴露对应的变形占总量的百分比见表 9-8 ~ 表 9-11。

CX4 点各工况下无支撑变形 表 9-8

工 况	初始变形(mm)	结束变形(mm)	期间变形(mm)	暴露时间(d)	变形速率(mm/d)
二	2010.9.23	2010.9.24	4.715	1	4.715
	9.545	14.26			
三	2010.10.19	2010.10.21	3.17	2	1.585
	24.98	28.15			
四	2010.10.26	2010.10.28	3.29	2	1.645
	30.90	34.19			
五	2010.11.3	2010.11.14	9.19	11	0.835
	39.71	48.9			
六	2010.12.28	2011.1.1	6.73	4	1.683
	60.92	67.65			
七	2011.1.1	2011.1.2	1.24	1	1.24
	67.65	68.89			
八	2011.1.8	2011.1.14	12.3	6	2.05
	72.63	84.93			

CX4 点各工况下有支撑变形 表 9-9

工 况	初始变形(mm)	结束变形(mm)	期间变形(mm)	暴露时间(d)	变形速率(mm/d)
二	2010.9.24	2010.10.19	10.72	25	0.43
	14.26	24.98			
三	2010.10.21	2010.10.26	2.75	5	0.55
	28.15	30.90			
四	2010.10.28	2010.11.3	5.52	6	0.92
	34.19	39.71			
五	2010.11.14	2010.12.28	12.02	44	0.27
	48.90	60.92			
七	2011.1.2	2011.1.8	3.74	6	0.62
	68.89	72.63			

CX6 点各工况下无支撑变形 表 9-10

工　　况	初始变形（mm）	结束变形（mm）	期间变形（mm）	暴露时间（d）	变形速率（mm/d）
二	2010.10.17	2010.10.19	0.88	2	0.44
	1.87	2.75			
三	2010.11.5	2010.11.6	0.3	1	0.3
	19.52	19.82			
四	2010.11.11	—	—	—	—
	24.53	—			
五	2010.11.23	2010.11.30	4.26	7	0.60857
	37.48	41.74			
六	2011.1.12	2011.1.16	3.47	4	0.8675
	61.64	65.11			
七	2011.1.16	2011.1.18	1.13	2	0.565
	65.11	66.24			
八	2011.1.21	2011.1.24	3.36	3	1.12
	68.49	71.85			

CX6 点各工况下有支撑变形 表 9-11

工　　况	初始变形（mm）	结束变形（mm）	期间变形（mm）	暴露时间（d）	变形速率（mm/d）
二	2010.10.19	2010.11.5	16.77	17	0.99
	2.75	19.52			
三	2010.11.6	2010.11.11	4.71	5	0.94
	19.82	24.53			
四	—	2010.11.23	—	—	—
	—	37.48			
五	2010.11.30	2011.1.12	19.9	43	0.46
	41.74	61.64			
七	2011.1.18	2011.1.21	2.25	3	0.75
	66.24	68.49			

　　由表可知，基坑无支撑暴露对应墙体变形速率明显大于有支撑暴露时的变形速率，如 CX4 点无支撑暴露时的平均变形速率为 1.96mm/d，最大为 4.72mm/d，而该点在有支撑暴露时的平均变形速率仅为 0.56mm/d，最大为 0.92mm/d，CX6 点也表现出同样的规律。

　　为了进一步定量说明无支撑暴露与有支撑暴露对连续墙变形的影响，对各自变形占总量的百分比进行了统计，列于表 9-12、表 9-13。1 号线鼓楼站主体基坑 CX4 与 CX6 处有支撑与无支撑暴露时的墙体位移占总位移的百分比见图 9-10、图 9-11。

CX4 点各工况下有撑与无撑变形的百分比　　　　　　表 9-12

工况	工况二		工况三		工况四		工况五		工况六		工况七		工况八	
有无撑	变形量(mm)	百分比(%)	变形量(mm)	百分比(%)	变形量(mm)	百分比(%)	变形量(mm)	百分比(%)	变形量(mm)	百分比(%)	变形量(mm)	百分比(%)	变形量(mm)	百分比(%)
无	4.715	30.55	3.17	53.55	3.29	37.34	9.19	43.33	6.73	—	1.24	24.90	12.3	—
有	10.72	69.45	2.75	46.45	5.52	62.66	12.02	56.67			3.74	75.10		
总暴露时间	26	7	8	55	4	1	6	26	7	8	55	4	1	6
总变形量	15.435	5.92	8.81	21.21	6.73	4.98	12.3	15.435	5.92	8.81	21.21	6.73	4.98	12.3
百分比	18.17%	6.97%	10.37%	24.97%	7.92%	5.86%	14.48%	18.17%	6.97%	10.37%	24.97%	7.92%	5.86%	14.48%

CX6 点各工况下有撑与无撑变形的百分比　　　　　　表 9-13

工况	工况二		工况三		工况四		工况五		工况六		工况七		工况八	
有无撑	变形量(mm)	百分比(%)	变形量(mm)	百分比(%)	变形量(mm)	百分比(%)	变形量(mm)	百分比(%)	变形量(mm)	百分比(%)	变形量(mm)	百分比(%)	变形量(mm)	百分比(%)
无	0.88	4.99	0.3	5.99			4.26	17.63	3.47		1.13	33.43	3.36	
有	16.77	95.01	4.71	94.01	—	—	19.9	82.37			2.25	66.57		
总暴露时间	19	6	—	50	4	2	3	19	6	—	50	4	2	3
总变形量	17.65	5.01	—	24.16	3.47	3.38	3.36	17.65	5.01	—	24.16	3.47	3.38	3.36
百分比	24.57%	6.97%	—	33.63%	4.83%	4.70%	4.68%	24.57%	6.97%	—	33.63%	4.83%	4.70%	4.68%

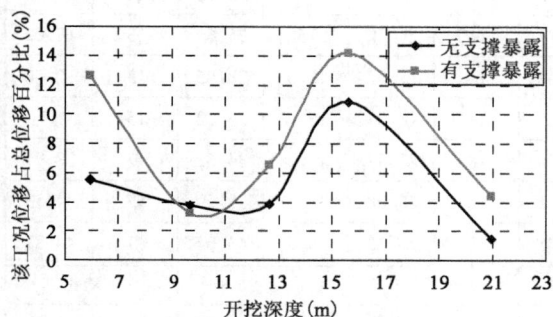

图 9-10　CX4 点各工况下水平位移随开挖深度变化

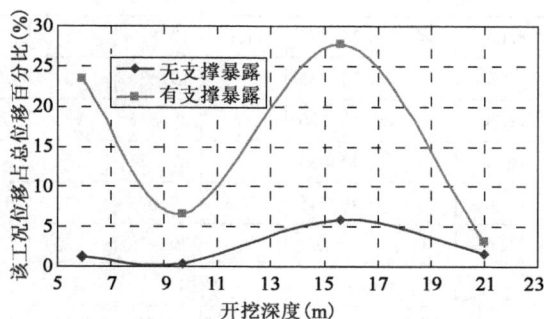

图 9-11　CX6 点各工况下水平位移随开挖深度变化

由上述图表知:各开挖工况下有支撑暴露对应的墙体水平位移普遍大于无支撑暴露对应的墙体水平位移;仅考虑有支撑暴露情况,两测点墙体水平位移随基坑开挖深度均呈先减小后增大继而减小的趋势;仅考虑无支撑暴露情况,两测点墙体水平位移随基坑开挖深度的变化规律差异较大,特别是当基坑开挖至 15.6m 时,由于两测点处无支撑暴露时间相差 4d,这一差异尤为明显。

基坑的大部分变形发生在有支撑暴露情况下,这是由于基坑的无支撑暴露时间短,无支撑暴露变形总量相对较小;而有支撑暴露时间较长,使基坑在有支撑暴露时变形很大。这表明仅仅通过缩短无支撑暴露时间控制基坑变形的效果有限,必须同时加快施工速度,缩短基坑的有支撑暴露时间才能更好地控制基坑变形。

由于墙体最大位移及最大位移位置在控制基坑变形中具有重要的意义,因此有必要对其规律进行深入研究,对东门口站各开挖工况下的墙体最大位移及最大位移位置进行统计,结果见表9-14。

基坑开挖深度与墙体最大位移及最大位移位置的关系　　　　　　表9-14

开挖深度 (m)	CX1 位置 (m)	变形 (mm)	CX2 位置 (m)	变形 (mm)	CX3 位置 (m)	变形 (mm)	CX4 位置 (m)	变形 (mm)	CX5 位置 (m)	变形 (mm)	CX6 位置 (m)	变形 (mm)
3	6.5	0.5	—	—	—	—	—	—	12.0	6.9	14.0	25.2
5.4	7.5	1.7	12.5	11.3	10.5	9.3	8.5	6.5	9.0	7.8	13.5	23.5
8.66	11.5	10.4	12.5	19.5	11.5	14.0	—	—	13.0	25.0	15.0	33.2
11.3	—	—	15.0	24.4	13.0	16.5	15.5	21.4	17.0	28.9	15.5	44.9
13.8	12.0	18.3	16.0	34.5	15.5	24.9	15.5	30.4	17.5	41.1	16.0	47.0
16.5	—	—	20.0	48.4	18.0	38.3	17.5	37.0	17.5	49.8	17.0	52.3
18.8	—	—	20.0	52.5	18.0	38.5	18.0	42.8	19.5	57.4	17.5	59.0
21.4	20.5	31.4	—	—	18.5	46.8	20.0	54.2	21.0	68.1	17.5	64.5

开挖深度 (m)	CX7 位置 (m)	变形 (mm)	CX8 位置 (m)	变形 (mm)	CX9 位置 (m)	变形 (mm)	CX10 位置 (m)	变形 (mm)	CX11 位置 (m)	变形 (mm)	CX12 位置 (m)	变形 (mm)
3	13	15.76	—	—	—	—	—	—	9	1.57	10.5	11.81
5.4	12.5	21.545	16	11.155	13	15.2	12.5	6.91	15	13.78	12	12.29
8.66	14.5	29.475	11.5	12.815	13	18.87	12.5	9.54	15	25.69	13	18.02
11.3	16	33.735	11.5	19.635	13	25.68	14	17.52	15.5	28.85	15	32.36
13.8	16	43.225	17	23.525	13	28.2	16	18.84	15.5	35.62	15	35
16.5	16	45.035	17	27.475	17	30.34	18	23.27	15.5	34.62	15	38.77
18.8	16	49.745	19.5	29.075	17	31.51	18	25.08	18.5	38.29	17	44.13
21.4	20.5	55.26	19.5	29.955	17.5	31.76	18	25.15	19.5	43.67	17	44.87

开挖深度 (m)	CX13 位置 (m)	变形 (mm)	CX14 位置 (m)	变形 (mm)	CX15 位置 (m)	变形 (mm)	CX16 位置 (m)	变形 (mm)	CX17 位置 (m)	变形 (mm)	CX18 位置 (m)	变形 (mm)
3	16.5	5.93	8.5	5.375	—	—	—	—	7	1.885	7	3.05
5.4	13.5	13.66	9	6.465	13	1.11	9	5.81	—	—	7	3.61
8.66	14	19.51	12.5	16.91	13.5	19.86	15	11.115	10	5.975	—	—
11.3	14	22.43	12.5	18.68	15	23.47	16	14.66	10.5	9.035	11.5	12.87
13.8	16.5	36	16.5	31.345	16.5	32	16	23.03	15.5	13.99	13.5	19.47
16.5	16.5	43.01	17	39.92	18.5	44.54	—	—	—	—	—	—
18.8	17.5	46.2	17	42.83	18.5	45.96	21	32.325	—	—	16.5	22.74
21.4	19.5	48.8	20.5	47.07	21	53.06	23	36.94	22	31.88	16.5	26.23

从表9-14可知,当开挖深度处在18.8m以上时,墙体最大位移与最大位移位置基本呈线性增长的趋势(图9-12),开挖至18.8m后,最大位移位置变化速率趋缓。

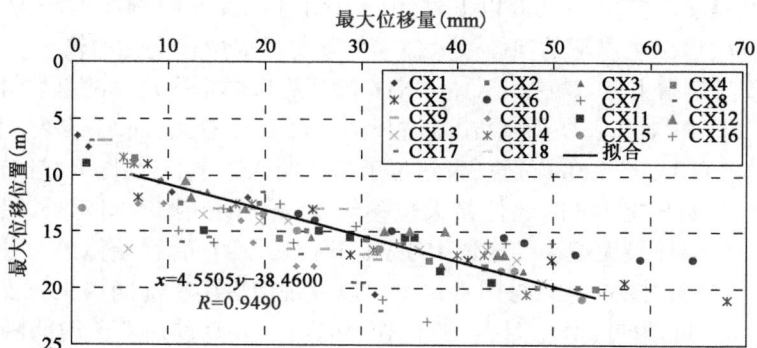

图9-12 墙体最大位移与最大位移位置的关系

经统计分析,可得开挖深度在16.5m之前最大位移与最大位移深度关系为:最大位移 = 4.44m×最大位移位置(深度)-38.46m。选择具有代表性的CX3、CX10、CX12、CX14进行分析(图9-13)。

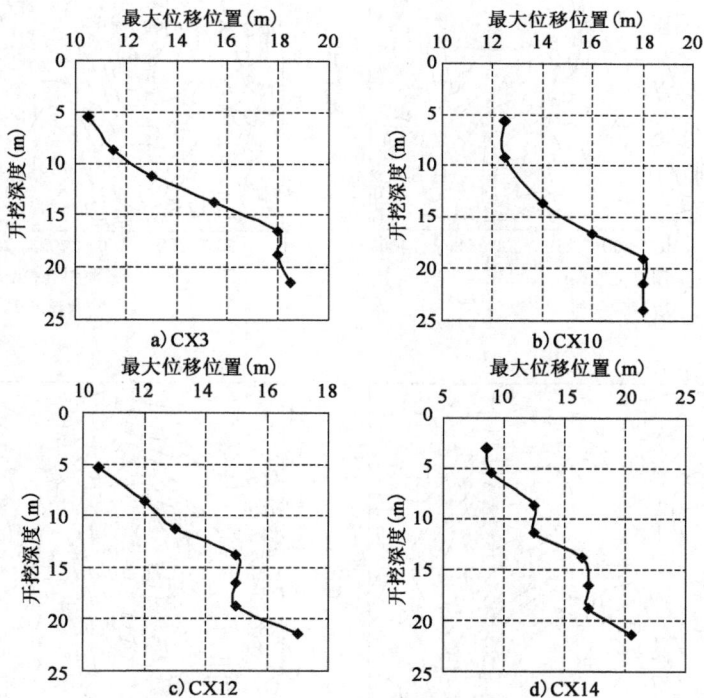

图9-13 开挖深度与墙体最大位移位置的关系

由图9-13可知,开挖至16.5m前,最大位移位置随开挖深度增大下移,最大位移位置大致位于开挖面以下1~2m处;开挖至18.8m后,最大位移位置下移速率较慢,并且位于开挖面之上。这是由于:基坑开挖至16.5m前,坑内除第一道支撑外均为钢支撑,单层土体开挖深度及基坑暴露时间也相差不大,因此该深度范围内墙体最大位移位置与最大位移均呈现出较为线性的变化;基坑开挖至 16.5 ~ 18.8m 处,由于逆作结构板施作使基坑暴露时间长,导致墙体水平位移变化较大;基坑开挖至 18.8m 以下时,由于逆作下二层板支撑刚度较大,有效抑制墙体水平位移继续扩展,该深度以下的墙体最大位移位置与最大位移变化均较小。

图 9-14 为东门口站主体基坑按 CX1 ~ CX16 展开后墙体水平位移随基坑开挖变化的等值线图,从图中可以看出:对于长条形基坑,基坑长边中部变形较大,而端部变形相对较小,如图中最大位移分别在 110m 与 320m 位置,大致位于基坑两长边中心处;随开挖时间延长,墙体最大位移也随之增大,如开挖 74d 时墙体最大位移约 30mm,随开挖时间延长,最大位移逐步增大,开挖至 197d 时,墙体最大位移已超过 100mm;开挖一段时间后,墙体最大位移位置的下移速率均逐渐趋缓,如对比图 9-14b) 与图 9-14c) 可以发现前后两工况间隔 35d,最大位移位置由 15m 附近下移至 17.5m 附近;对比图 9-14d) 与图 9-14e),发现前后两工况间隔 33d,最大位移位置一直在 20m 附近。

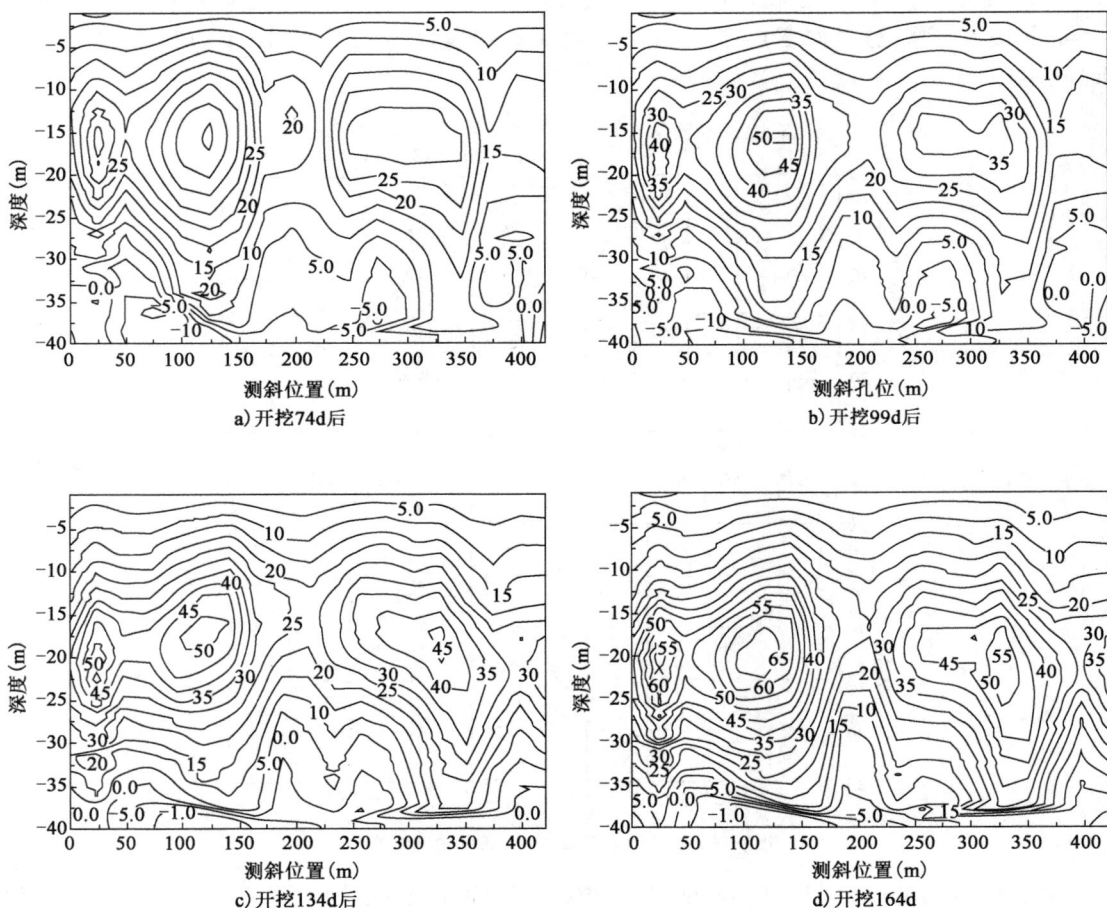

a) 开挖74d后

b) 开挖99d后

c) 开挖134d后

d) 开挖164d

图 9-14

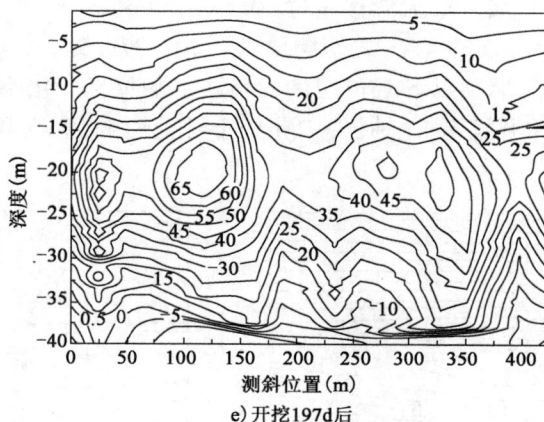

e) 开挖197d后

图9-14　东门口站墙体位移随时间变化等值线

　2010 年 12 月 28 日—2011 年 1 月 1 日,1 号线鼓楼站坑内第七层土开挖至 12 ~ 14 轴,第八层土开挖至 10 ~ 12 轴,位于基坑南侧 9 ~ 14 轴的 CX2、CX3 及 CX4 测斜孔多次出现报警,为此对该时间段内 CX2 ~ CX4 孔的墙体位移数据进行分析,墙体水平位移累计变量及日变量见图9-15 ~ 图9-19。

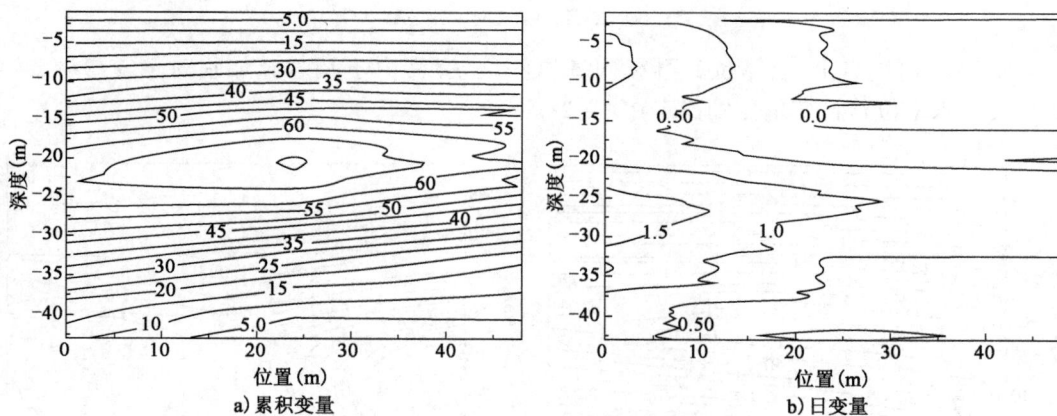

a) 累积变量　　　　　　　　　　　b) 日变量

图 9-15　12 月 28 日墙体水平位移

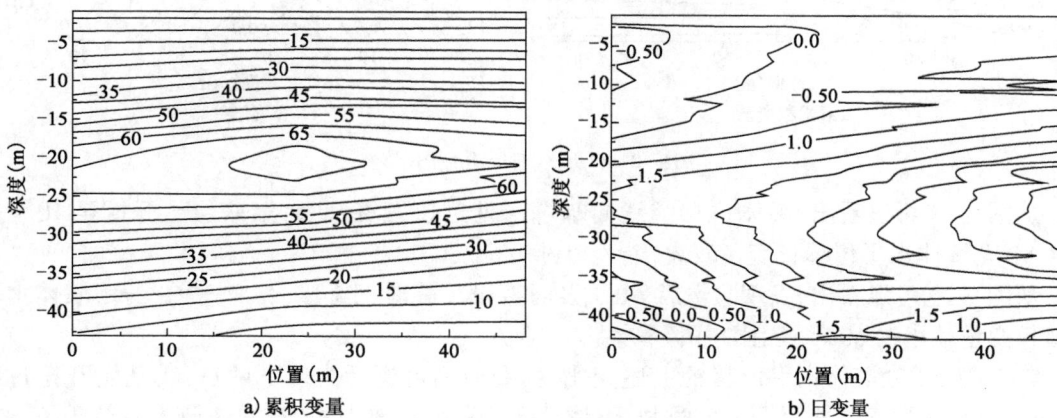

a) 累积变量　　　　　　　　　　　b) 日变量

图 9-16　12 月 29 日墙体水平位移

从图 9-15 可以看出,墙体最大位移超过 50mm 的位置集中于墙顶以下 15 ~ 30m 处,日变量最大值约 2mm,出现在 CX2 ~ CX3 之间墙顶以下 20 ~ 37m 处。

从图 9-16 可以看出,墙顶以下 15m 范围内墙体水平位移变化不大,CX4 孔墙体水平位移向下发展,此时第七层土开挖至 14 轴,CX4 孔处于开挖影响范围,其墙顶以下 20 ~ 35m 处日变量达到 4.5mm。

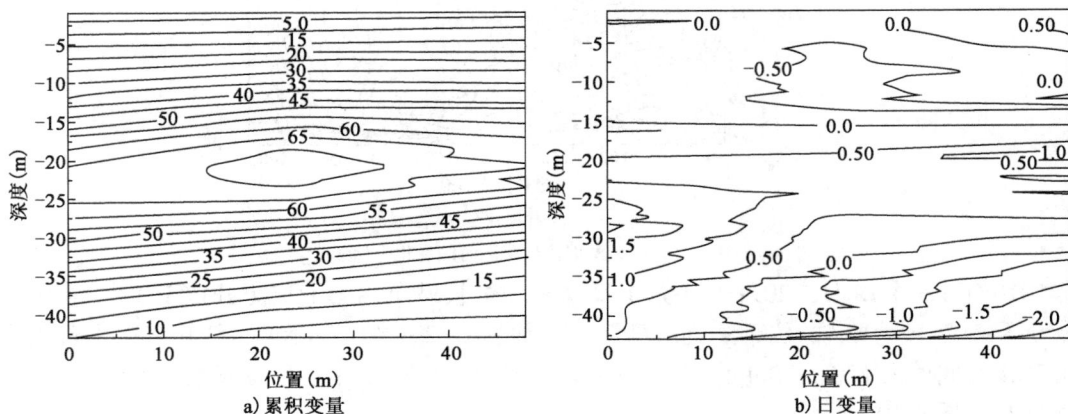

图 9-17　12 月 30 日墙体水平位移

从图 9-17 可以看出,墙体位移继续向基坑深处发展,由于及时施加临时钢支撑,CX4 与 CX2 孔墙体水平位移日变量分别稳定在 1 ~ 2mm。

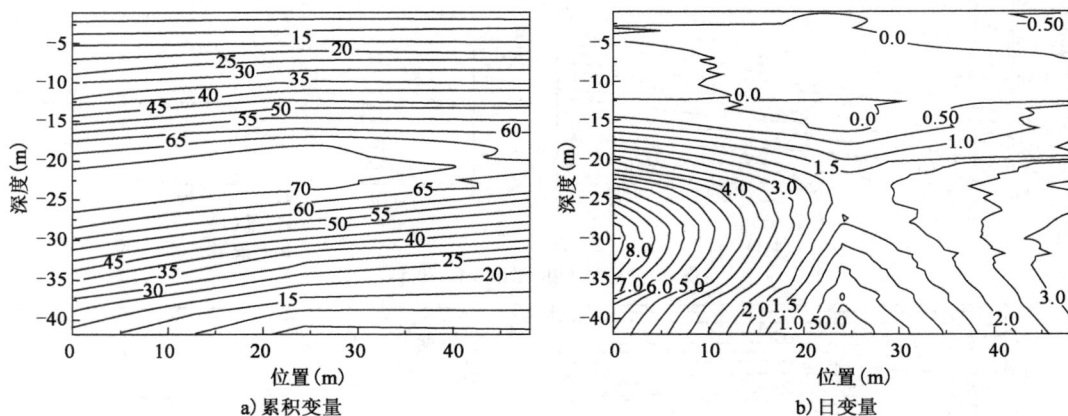

图 9-18　12 月 31 日墙体水平位移

从图 9-18 可以看出,墙体位移继续向基坑深处迅速发展;此时第八层土开挖至 10 ~ 12 轴,CX2 孔墙体水平位移日变量较大,最大超过 9mm。

从图 9-19 可以看出,发现险情后,由于及时架设了临时钢支撑,相对于前一日,墙体水平位移日变量减小约 60%,控制住了险情。

CX2 ~ CX4 处墙体水平位移的上述变化,主要原因可概括为以下两点:①基坑开挖过程中,坑内部分区段无支撑暴露时间过长,墙体水平位移变化较大;②开挖区域土层地质条件较差,且勘探报告表明基坑南侧存在古河道,对支护墙体变形有一定影响。

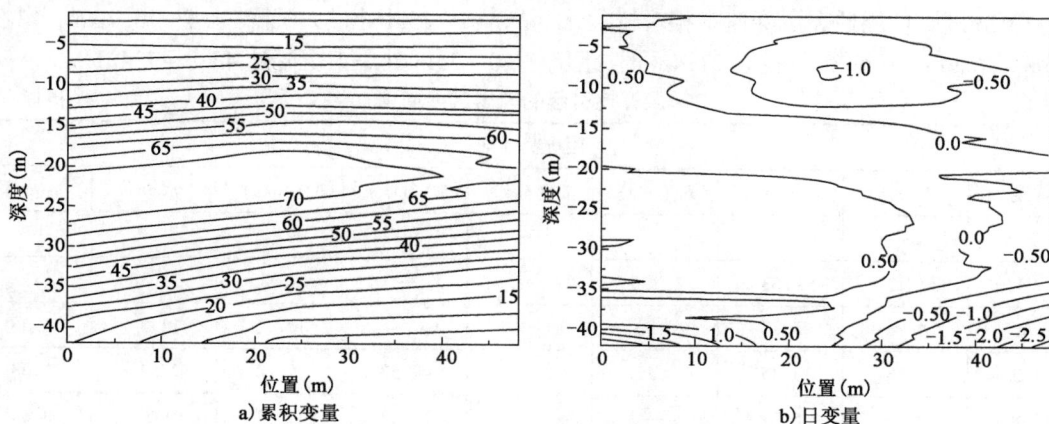

a) 累积变量 b) 日变量

图9-19 1月1日墙体水平位移

监测数据表明,本区段土体(第七、八层土)开挖主要对开挖面以下15m范围内变形产生了影响,墙体出现较大变形时及时架设临时钢支撑,可有效抑制墙体变形继续发展,有利于保持基坑在开挖过程中的稳定性。

9.2.2 坑周地表沉降

由于基坑北侧建筑密集,地表沉降点数量较少且难于监测,取基坑南侧地表沉降数据并选取与墙体变形分析相同的工况进行分析。图9-20为基坑南侧距坑壁10~25m处在不同开挖深

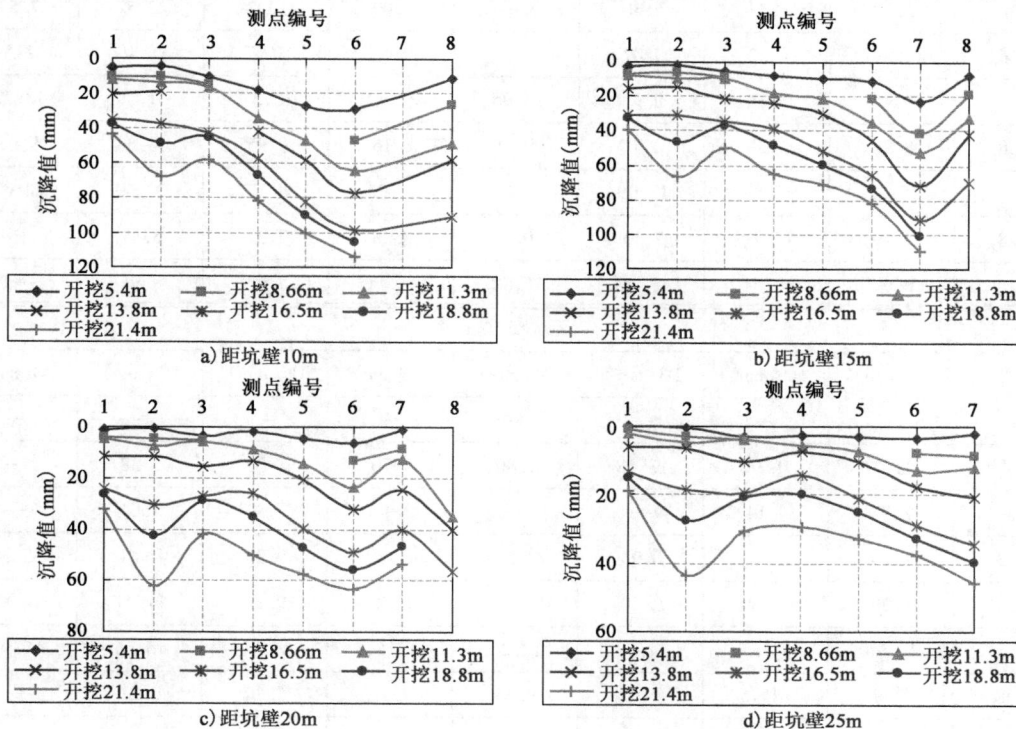

a) 距坑壁10m b) 距坑壁15m

c) 距坑壁20m d) 距坑壁25m

图9-20 不同工况下基坑周围地表沉降曲线

度下的地表沉降数据,表9-15 为单层土体开挖引起的地表沉降增量,从图表中可以看出,基坑开挖至16.5m 前,坑周地表沉降速率相对较大,距坑壁 10~25m 处最大沉降 34.4~76.9mm;开挖至16.5m 后沉降速率趋缓,开挖至 21.4m 时,距坑壁 10~25m 处最大沉降达 45.9~114.1mm。

单层开挖引起的地表沉降变化 　　　　　　　　　　　　表9-15

距坑壁 10m								
开挖深度(m)	D1(mm)	D2(mm)	D3(mm)	D4(mm)	D5(mm)	D6(mm)	D7(mm)	D8(mm)
3	—	—	—	—	—	—	—	—
5.4	5.13	4.53	10.20			3.93	11.38	5.13
8.66	4.86	5.78	4.00	—	—	17.26	14.84	4.86
11.3	1.68	3.45	2.25	34.69	47.57	17.83	22.41	1.68
13.8	8.69	5.32	—	7.42	10.38	12.31	9.88	8.69
16.5	15.17	18.84	43.08	15.09	24.02	21.18	32.67	15.17
18.8	2.24	11.26	2.06	9.55	8.06	7.03	—	2.24
21.4	6.36	18.18	12.81	14.60	10.47	8.93	—	6.36

距坑壁 15m								
开挖深度(m)	D1(mm)	D2(mm)	D3(mm)	D4(mm)	D5(mm)	D6(mm)	D7(mm)	D8(mm)
3	—	—	—	—	—	—	—	—
5.4	2.77	1.53	5.50	7.44	9.09	1.97	23.57	7.59
8.66	3.89	4.42	3.07	—	—	10.78	18.19	11.59
11.3	0.72	3.38	0.93	17.95	21.99	13.57	11.19	13.72
13.8	8.22	5.03	12.07	5.89	8.16	9.95	18.34	8.99
16.5	15.22	16.73	13.09	14.81	21.25	20.32	20.60	28.02
18.8	2.19	15.79	2.15	10.13	8.28	7.37	8.89	—
21.4	6.69	19.51	13.07	15.90	11.11	8.62	8.93	—

距坑壁 20m								
开挖深度(m)	D1(mm)	D2(mm)	D3(mm)	D4(mm)	D5(mm)	D6(mm)	D7(mm)	D8(mm)
3	—	—	—	—	—	—	—	—
5.4	1.01	0.38	13.58	1.80	4.70	1.38	1.38	—
8.66	2.77	4.14	—			7.34	7.04	
11.3	1.09	2.89	0.95	8.64	14.67	9.96	4.44	35.36
13.8	6.39	4.34	9.30	4.85	6.00	9.12	11.77	5.00
16.5	12.96	18.52	11.87	12.26	18.84	16.52	15.66	15.93
18.8	2.11	12.46	1.87	9.35	7.71	6.70	6.27	—
21.4	5.93	19.52	12.74	14.98	10.11	7.83	7.20	—

续上表

距坑壁25m								
开挖深度(m)	D1(mm)	D2(mm)	D3(mm)	D4(mm)	D5(mm)	D6(mm)	D7(mm)	D8(mm)
3	—	—	—	—	—	—	—	—
5.4	0.13	0.51	2.83	2.56	2.94	0.22	2.17	0.13
8.66	0.74	2.51	0.90			4.07	6.53	0.74
11.3	1.36	1.59	0.02	5.71	7.38	5.16	3.46	1.36
13.8	3.59	1.90	6.49	1.77	2.86	4.97	8.50	3.59
16.5	7.46	12.00	9.08	6.97	10.85	10.93	13.76	7.46
18.8		9.27	1.27	5.20	4.10	4.06	5.36	—
21.4	3.80	16.03	10.24	9.78	7.45	4.87	6.07	3.80

图9-21为D2及D4~D6组沉降观测点在不同开挖深度下的地表沉降曲线,从图中可以看出:在距离坑壁10~25m范围内,距坑壁越近,地表沉降量越大;基坑开挖至13.8m前,坑周地表沉降速率较为均匀,基坑开挖至13.8~16.5m时,坑周地表沉降速率显著增大,开挖至16.5m后,沉降速率又呈减小趋势。对比后可发现,坑周地表沉降变化规律与相应位置处的墙体水平位移变化规律较为一致。

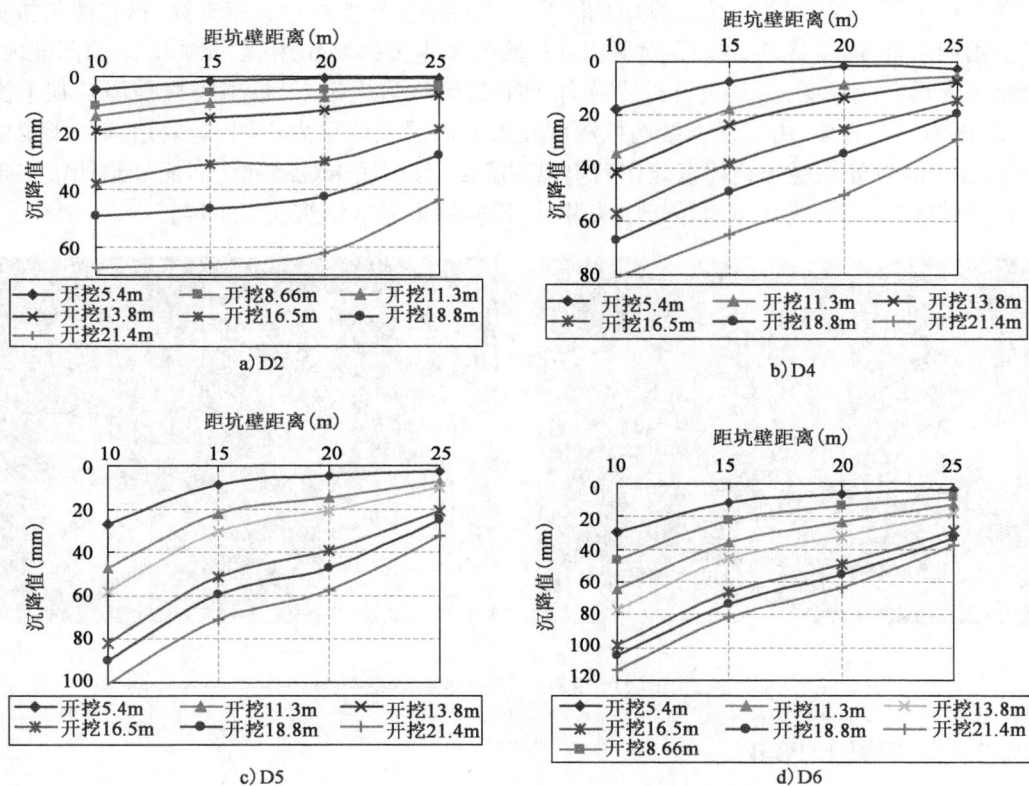

a) D2

b) D4

c) D5

d) D6

图9-21 坑周地表沉降与距坑壁距离的关系

9.2.3 坑内立柱隆起

立柱竖向位移幅值过大,可能增大基坑围护结构的侧向位移,加剧坑底土体隆起,且增加立柱的竖向位移,从而引起恶性循环,对周围环境保护造成不利影响,1 号线鼓楼站坑内立柱隆起随开挖深度变化曲线如图 9-22 所示。

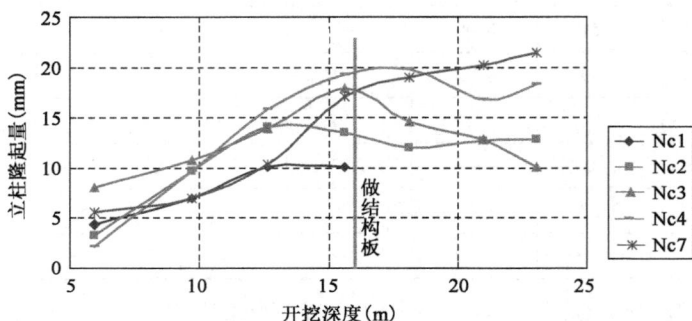

图 9-22 立柱隆起量随开挖深度变化曲线

由图可知,基坑开挖至 18.1m 前,坑内立柱隆起呈近似线性增长的趋势,开挖至 18.1m 后,坑内立柱隆起大致趋于稳定,其中,Nc7 点隆起速率减缓,Nc2 与 Nc4 点基本平稳,而 Nc3 点呈现下降趋势。

在开挖至下二层板前,坑内支撑结构除第一道混凝土支撑外均为钢支撑,钢支撑与格构柱之间采用钢系杆连接(图 9-23),其对坑内立柱隆起基本无抑制作用,因此在该开挖深度内,立柱隆起呈现近似线性变化;基坑开挖至逆作的下二层板边框架下时,格构柱被浇筑在上翻梁中,使之成为一个整体,由于逆作结构板刚度较大及该层板的重力作用,有效地抑制了坑内立柱隆起;Nc7 测点处在逆作结构板施作后仍出现隆起,且现场未观测到该断面处结构板出现裂缝等挠曲破坏,其原因为该测点位于端头井处,格构柱未完全浇筑在下二层板中。

a)   b)

图 9-23 格构柱与支撑连接示意图

9.2.4 支撑轴力变化

1 号线鼓楼站共布置 9 组支撑轴力监测点,监测点布置说明见表 9-16,第一道混凝土支撑轴力随基坑开挖变化规律如图 9-24 所示。

1 号线鼓楼站支撑轴力监测点布置说明 表 9-16

直 撑 编 号	所测支撑道数	对应施工区	备 注
1 –	1、2、3、4、5	A	标准段直撑
2 –	1、2、3、4、5	A	端头井斜撑
3 –	1、2、3、4、5	B	标准段直撑
4 –	1、2、3、4、5	C	标准段直撑
5 –	1、2、3、4、5	E	标准段直撑
6 –	1、2、3、4、5	E	标准段直撑
7 –	1、2、3、4、5	G	标准段直撑
8 –	1、2、3、4、5	G	端头井斜撑
9 –	1、2、3、4、5	G	端头井直撑

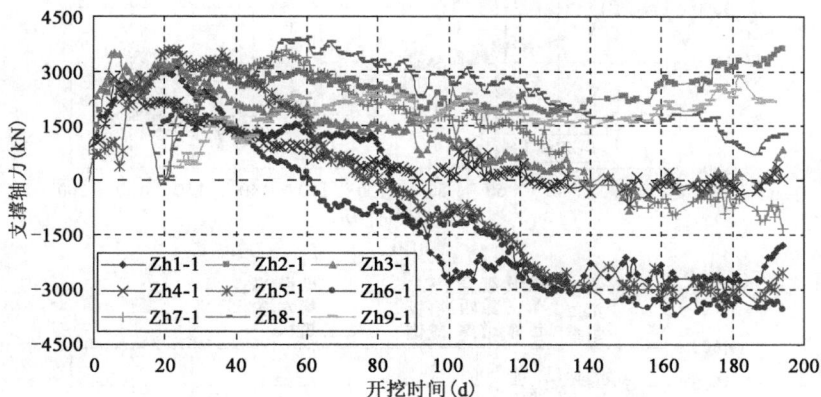

图 9-24 混凝土支撑轴力随开挖时间变化规律

由图可知:端头井处 Zh2、Zh8 及 Zh9 轴力始终在 0 以上,即上述支撑始终处于受压状态,其中 Zh2、Zh9 终值稳定于 3000kN 上下,Zh8 值则降至 1000kN 上下;标准段处 Zh1、Zh5 及 Zh6 轴力表现为明显的上升—下降趋势;Zh3、Zh4 及 Zh7 轴力先分别增至 300kN 上下,随后逐渐减小,稳定于 0 上下。可见该基坑混凝土支撑轴力可大致分为三种变化形式,选取三种变化中有代表性的支撑进行分析,混凝土支撑轴力随施工工况的变化规律见图 9-25。

由图 9-25 可以获得以下规律:

在开挖施工过程中,混凝土支撑轴力并不是单调变化的,支撑轴力大致在 ±4000kN 间波动。混凝土支撑达到设计强度后,随基坑开挖其支撑轴力逐渐增大,第二道钢支撑架设完成后,混凝土支撑轴力基本达到最大值,随后混凝土支撑轴力逐渐下降。

Zh2、Zh8 及 Zh9 位于基坑端头井处,其中 Zh2 与 Zh8 布置在斜撑上,该三道支撑轴力变化规律相近,由于端头井处连续墙拱效应作用明显,Zh2 轴力在整个基坑开挖过程中均较为稳定,下二层板施作完成后轴力有所降低,此后由于垫层与底板浇筑时间较晚,支撑轴力有所回升,最终稳定在 3000kN 上下。

a) Zh2

b) Zh3

c) Zh5

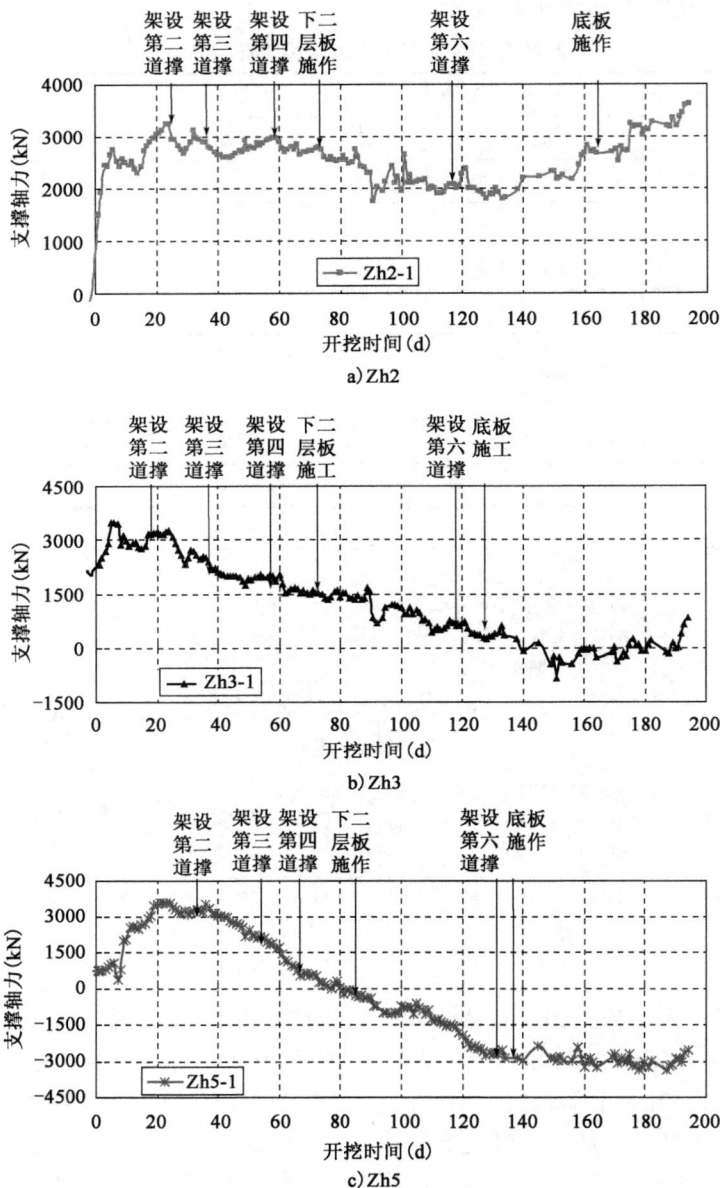

图 9-25　混凝土支撑轴力不同变化形式

　　Zh3、Zh4 及 Zh7 位于基坑标准段靠近端头井处,三者轴力变化规律相近,第二道钢支撑架设完成后,Zh3 支撑轴力呈下降趋势,直至底板施作完成后轴力稳定在 0 上下。

　　Zh1 布置基坑西端头井直撑处、Zh5 与 Zh6 位于基坑长边中部,三者轴力变化规律相近,第二道钢支撑架设完成后,Zh5 支撑轴力呈下降趋势,直至底板施作完成后轴力稳定在 −3000kN 上下。

　　由上述规律可知,混凝土支承轴力受到以下因素的影响:长条形基坑端头井处地连墙拱效应明显,支撑变化相对较小,而长边中部轴力变化相对较大;基坑暴露时间越长,支撑轴力变化越大,反之则越小;端头井处斜撑处于偏心受压状态,而支撑可认为是处于受压状态,受力状态不同使轴力变化规律也存在差异。

同一深度处钢支撑轴力随开挖时间变化如图 9-26 所示,端头井处各断面钢支撑轴力随开挖时间变化见图 9-27,标准段处各断面钢支撑轴力随开挖时间变化见图 9-28。

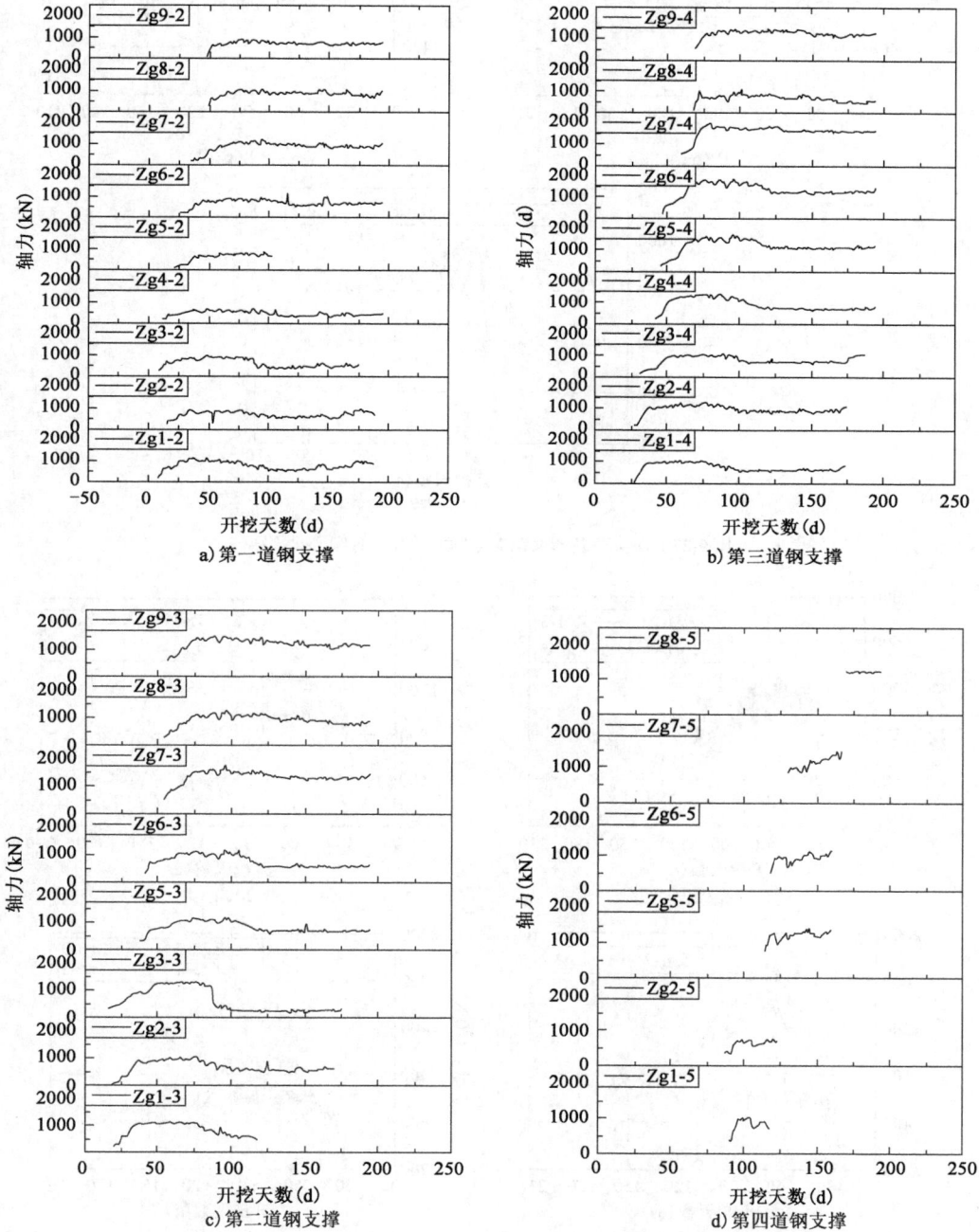

图 9-26　同一深度处钢支撑轴力随开挖时间变化规律

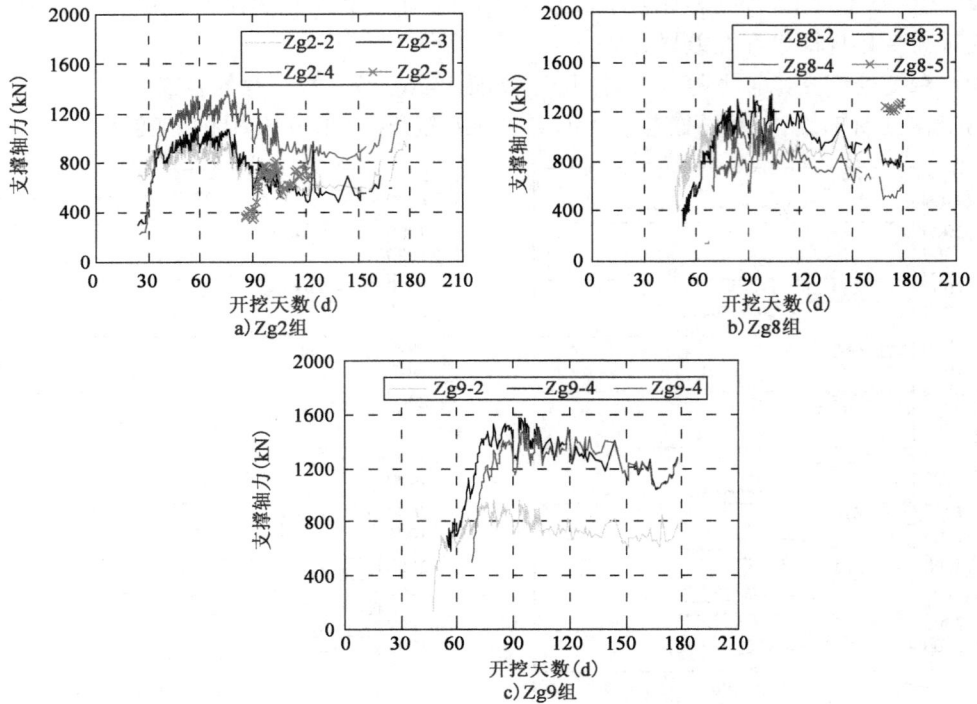

a) Zg2组

b) Zg8组

c) Zg9组

图 9-27　端头井各断面钢支撑轴力随开挖时间变化规律

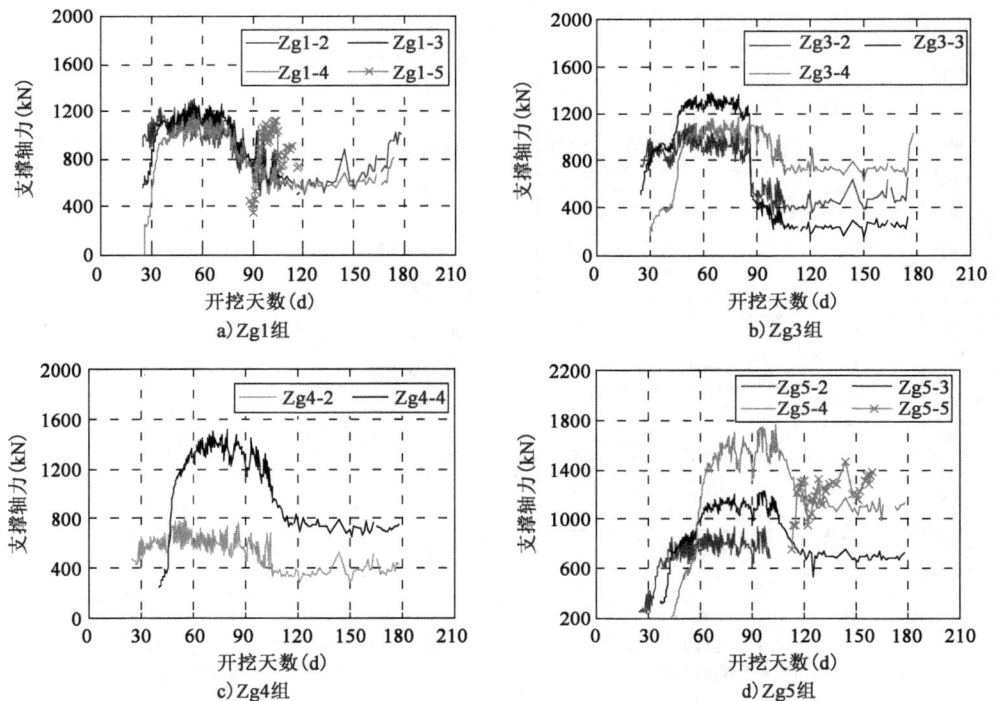

a) Zg1组

b) Zg3组

c) Zg4组

d) Zg5组

图　9-28

e) Zg6组

f) Zg7组

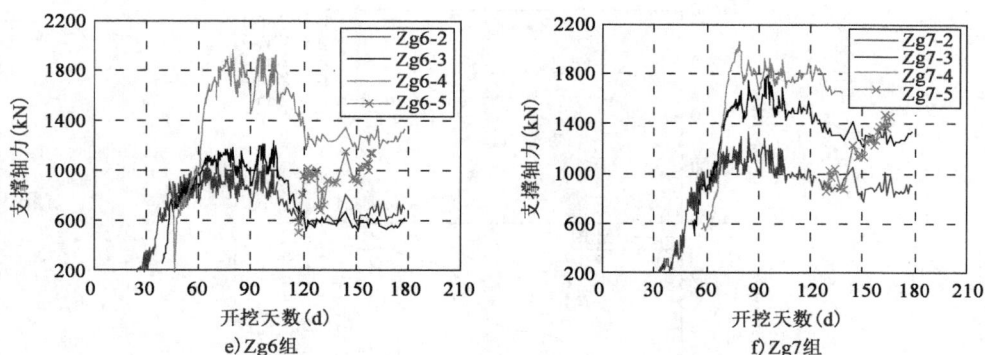

图9-28 标准段各断面钢支撑轴力随开挖时间变化规律

由图9-28可知,随着基坑开挖,钢支撑轴力并不是单调变化的,而是在一范围内反复变化,整体上表现为随开挖深度增加而增大,随下层支撑架设而趋于稳定,随逆作结构板及底板施作略微减小,随下道支撑的拆除而又逐渐上升,而且同一深度及同一断面处的轴力变化规律较为相近。从上图还可以看出,除Zg1、Zg3组外,其余各道支撑轴力大致为:第三道 > 第二道 > 第一道,这一规律体现了轴力分布的分层特性。

以1号线鼓楼站Zh/Zg6组监测数据为例分析支撑轴力随基坑开挖的变化规律,Zh/Zg6组监测点位于基坑南侧中部,其支撑轴力随基坑开挖变化规律见表9-17及图9-29。

Zh/Zg6组监测点支撑轴力随施工工况变化规律 表9-17

项　　目	编号	工况2	工况3	工况4	工况5	工况6	工况7	工况8	底板浇筑
轴力(kN)	Zh6-1	3833	3513	3168	1860	-868	-1078	-1173	-2336
	Zg6-2	139	692	817	741	712	1259	628	557
	Zg6-3	—	253	771	863	907	713	699	551
	Zg6-4	—	—	893	995	1613	1469	1462	1197
	Zg6-5	—	—	—	—	503	805	959	731
测斜最大累计量(mm)		14.82	21.10	28.02	41.13	54.62	64.02	65.04	74.67
测斜增量(mm)		—	6.28	6.92	13.11	13.49	9.4	1.02	9.63
耗用时间(d)		13	5	16	50	6	1	11	—

由图9-29和表9-17可知,当开挖深度小于9.7m时,墙体水平位移及支撑轴力变化速率较大,支撑轴力表现为快速上升;开挖至12.6m时,墙体水平位移日变量达到2.79mm(最大位移深度18.5m),为此现场采取了加设钢支撑的方法抑制墙体位移,加撑后轴力变化不大;基坑开挖至15.6m后开始施作下二层板,此时墙体水平位移缓慢增加,Zg6-3与Zg6-2轴力也均有所增加,而Zh6-1轴力值基本不变;下二层板施作完成后,各道支承轴力轴力均缓慢下降并趋于稳定;当开挖至23.1m时,支撑轴力较为稳定。

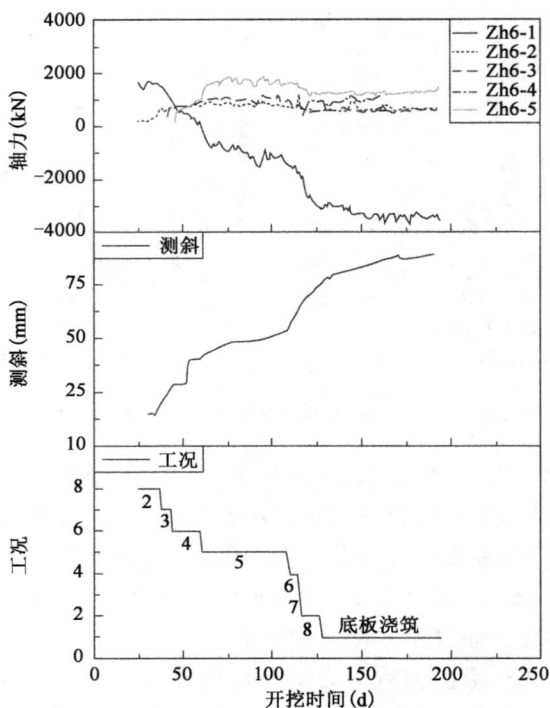

图 9-29　Zh/Zg6 组监测点支撑轴力随施工工况变化规律

9.3　承压水治理工程实施效果

秉承按需降压的主要原则,工程基于工程建设安全和周边环境保护的考虑,对于承压水治理提出了相关措施,并取得了良好的工程效果。

9.3.1　工程实施概况

本工程自 2009 年开始施工,至 2012 年主体结构工程基本结束,减压降水按照既定的研究方案实施,在满足基坑安全施工的前提下,合理调整施工工序,做到按需降水,最大程度减小承压水的降深及运行时间,而地表的沉降是与抽水量、抽水时间、降压幅度呈正相关的,因此按需降水可减少周边环境的沉降。

由于基坑施工同步实施,开挖卸荷等原因造成的周边地表沉降、建(构)筑物沉降远大于减压降水的影响,但开挖对周边的影响范围 2~4 倍的基坑开挖深度,具体到本工程即小于80m;而减压造成的承压水头降低影响范围广,可达 1000m,远大于开挖的影响范围,由此造成的沉降范围也较大。但由于设计、安全控制、成本等原因,工程施工的监测范围局限于基坑周边,缺乏降水对周边环境影响的直观监测数据。

鼓楼站进行降压试验的同时进行了地表沉降的监测,利用实测数据对有限元模型进行验

证,得出了较为可靠的降压导致地表沉降的计算方法,据此得出的鼓楼站抽水 90d 和停抽 50d
后地表沉降及恢复后的沉降分别见图 9-30、图 9-31。

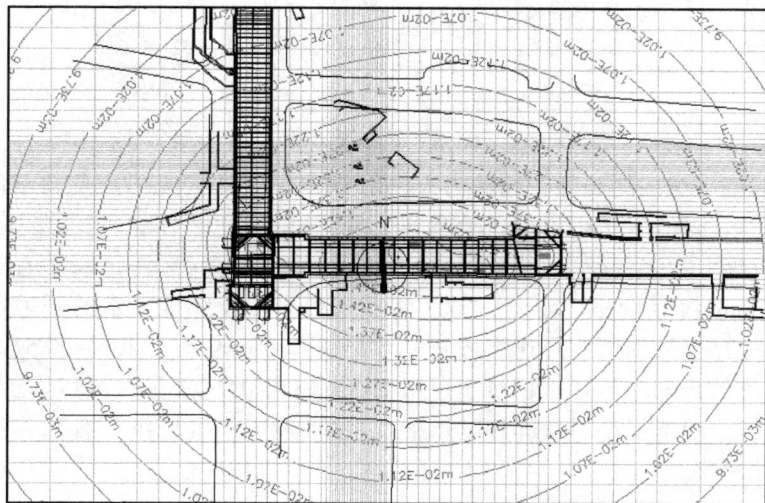

图 9-30　鼓楼站抽水 90d 后地表沉降等值线图

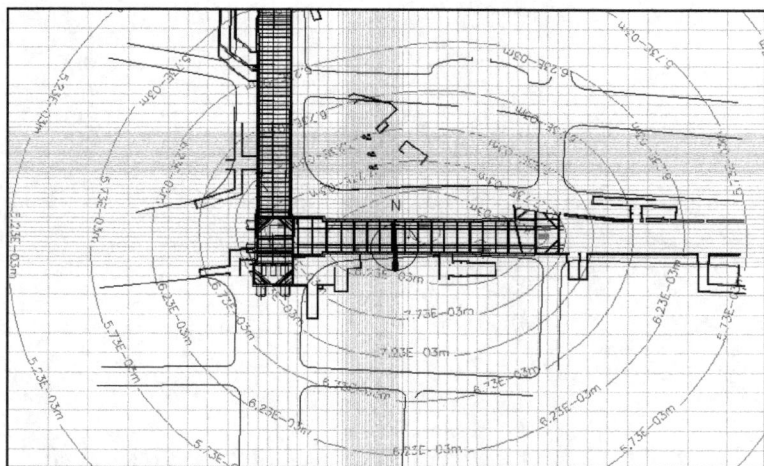

图 9-31　鼓楼站停抽 50d 后回弹恢复后地表沉降等值线图

由图 9-30、图 9-31 可知:在抽水 90d 后基坑中心 100m 范围内沉降在 9.5~15.0mm。停抽
50d 后基坑中心 100m 范围内回弹恢复后地表沉降量在 5.5~8.5mm。停止抽水后可恢复沉降
占总沉降量40%~50%,恢复沉降达 6.5mm 左右。区间基坑工程连续墙调整后,完全隔断
⑤₃、⑤₅层承压水,只有少数几口备用井运行,抽水量很小,对环境影响可以忽略。

9.3.2　经济、社会效益分析

东门口—鼓楼区间、东门口站的地连墙加深以及高压旋喷桩加固的工程量统计见下表。
经初步估算,本调整发生变更费用明细如表 9-18 所示。

变更费用明细 表 9-18

变更内容	增加工程量(m²)	单价(元/m)	总价(元)	合计(元)
南侧连续墙加深	1521.79	980	1491354.2	
北侧连续墙加深	461.42	980	452191.6	2470255.8
封堵墙加深	109.5	980	107310	
东门口西侧封堵墙超深旋喷	279.6	1500	419400	

隔水方案调整后增加的额外费用约为人民币 247 万元,但是新方案使得承压水降压幅度、抽水时间极大缩短,降低了工程施工风险及施工量,对周边环境影响、宁波市区域沉降的控制起到了显著的效果。本工程位于宁波平原中西部,沉降漏斗西侧,距沉降中心约 1km,累计地面沉降量约 200mm,沉降量相对较大。2003 年后通过采取压缩地下水的开采量,同时增加地下水回灌量这一措施后,地面沉降速率才进一步减缓,沉降速率为 4.6~3.5mm/a,若不采取调整措施,本工程的长期减压降水相当于正常情况约 3 年的沉降量。虽然本工程的⑧层承压水未采取处理措施,但降深小、持续时间段、抽水量小,造成的区域沉降有限,对单个建构筑物不会造成破坏性影响。

参 考 文 献

[1] 武道凯. 地铁跨路口车站明挖施工交通导改[J]. 城市建设理论研究(电子版),2018(14).

[2] 覃俊程. 繁忙旅游区不间断施工道路交通导改方法探讨[J]. 装饰装修天地,2017(19).

[3] 吕一品,李晓宏,金莎,等. BIM技术在机场贴临扩建工程交通导改中的应用[J]. 施工技术,2016(s2): 575-579.

[4] 滕慧芳,王玉玉,祁化森,等. 城市道路非断路施工交通导改措施费研究[J]. 工程造价管理,2013(3): 9-11.

[5] 周小波. 军用梁便桥在地铁建设交通疏解工程中的应用[J]. 城市建设理论研究(电子版),2011(16).

[6] 赵天光. 探讨盖挖顺作法交通疏解和土石方开挖施工技术——长沙地铁万家丽广场站为例[J]. 建筑知识:学术刊,2011:193-194.

[7] 丁勇春,李光辉,程泽坤,等. 地下连续墙成槽施工槽壁稳定机制分析[J]. 岩石力学与工程学报,2013 (s1):2704-2709.

[8] 刘国彬,鲁汉新. 地下连续墙成槽施工对房屋沉降影响的研究[J]. 岩土工程学报,2004,26(2):287-289.

[9] 罗云峰. 地下连续墙成槽施工中的泥浆性能研究和探讨[J]. 岩土工程学报,2010(s2):447-450.

[10] 徐永刚,魏子龙,周冠南,等. 地下连续墙成槽施工参数对槽壁稳定的影响研究[J]. 岩石力学与工程学报,2011(s2):3464-3470.

[11] 方俊波,刁天祥. 上软下硬地层地下连续墙成槽施工[J]. 现代隧道技术,2002,39(1):37-40.

[12] 白楠,尹长海,王君. 不良地质条件下地下连续墙成槽施工技术[J]. 施工技术,2012,41(6):110-112.

[13] 王建弘. 微承压水地层超深地下连续墙成槽稳定性分析[J]. 城市轨道交通研究,2011,14(6):20-24.

[14] 蔡龙成,李建高. 地下连续墙成槽设备选型[J]. 铁道建筑,2011(9):75-77.

[15] 赵全超,王兵. 复杂地质条件下地下连续墙成槽的探讨[J]. 甘肃科技,2009,25(9):124-126.

[16] 雷国辉,王轩. 关于"地下连续墙成槽施工对房屋沉降影响的研究"的讨论[J]. 岩土工程学报,2005,27 (2):248-248.

[17] 李慕涵. 超深地下连续墙成槽施工过程三维数值分析[J]. 地下空间与工程学报,2016,12(s1):296-301.

[18] 侯新宇,侯天宇. 一种地下连续墙柔性接头:中国,203613563 U[P]. 2014.

[19] 李小青. 地下连续墙接头技术探讨[J]. 地球科学-中国地质大学学报,1998,23(6):649-652.

[20] 吴晓皓. 地下连续墙施工中的GXJ接头应用研究[J]. 建筑施工,2018(4).

[21] 黄辉. 地下连续墙接头形式及其渗漏的防治措施[J]. 施工技术,2004,33(10):60-62.

[22] 谷东育. 地下连续墙施工质量控制要点[J]. 建筑技术,2012,43(9):779-781.

[23] 张士铎. 变高度梯形单室箱梁畸变计算[J]. 土木工程学报,1987(4):64-75.

[24] 潘平,方章聪. IPS预应力鱼腹梁结构在深基坑支护中的综合应用[J]. 建筑施工,2011,33(4):268-269.

[25] 张衡. 装配式预应力鱼腹梁钢结构支撑对深基坑变形的控制技术与方法研究[D]. 安徽理工大学,2014.

[26] 刘发前,卢永成. 装配式预应力鱼腹梁内支撑系统的利与弊[J]. 城市道桥与防洪,2013(7):117-118.

[27] 周冠南. 预应力鱼腹梁支撑体系在异形基坑中的应用与研究[J]. 施工技术,2014(17):7-10.

[28] 李建清. 预应力鱼腹梁受力机理及设计方法分析研究[J]. 山西建筑,2014(18):91-93.

[29] 连秀艳,张靖超. 鱼腹梁式钢支撑在基坑工程中的应用情况[J]. 山西建筑,2013,39(15):67-68.

[30] 孔德法. 鱼腹式变截面箱梁桥综合施工技术[J]. 铁道标准设计,2012(6):84-87+90.

[31] 沈磊,陆余年,岳建勇. 超大深基坑变形特征的数值模拟及其实测分析[J]. 地下空间与工程学报,2005, 1(4):538-542.

[32] 徐至钧. 深基坑工程逆作法施工[J]. 住宅科技,2000(12):22-25.

[33] 谢小松.大型深基坑逆作法施工关键技术研究及结构分析[D].同济大学,2007.

[34] 王美华,季方.超大面积深基坑逆作法施工技术的探讨[J].地下空间与工程学报,2005,1(4):599-602.

[35] 徐中华,王卫东,王建华.逆作法深基坑对周边保护建筑影响的实测分析[J].土木工程学报,2009(10):88-96.

[36] 姚燕明,孙建军.边框架逆作法在宁波轨道交通1号线基坑工程中的运用[J].城市轨道交通研究,2016,19(8):58-61.

[37] 李镜培,柏挺,杨军.框架逆作超大基坑施工对周边环境的影响[J].岩石力学与工程学报,2012,31(11):2354-2362.

[38] 柏挺,丁鼎,徐中华.框架逆作的超大基坑监测分析[J].地下空间与工程学报,2012,8(6):1302-1310.

[39] 刘国彬,王洪新.上海浅层粉砂地层承压水对基坑的危害及治理[J].岩土工程学报,2002,24(6):790-792.

[40] 张莲花.基坑降水引起的沉降变形时空规律及降水控制研究[D].成都理工大学,2001.

[41] 骆祖江,刘昌军,瞿成松,等.深基坑降水疏干过程中三维渗流场数值模拟研究[J].水文地质工程地质,2005,32(5):48-53.

[42] 叶为民,万敏,陈宝,等.深基坑承压含水层降水对地面沉降的影响[J].地下空间与工程学报,2009,5(s2):1799-1805.

[43] 李文广,胡长明.深基坑降水引起的地面沉降预测[J].地下空间与工程学报,2008,4(1):181-184.

[44] 李星,谢兆良,李进军,等.TRD工法及其在深基坑工程中的应用*[J].地下空间与工程学报,2011,07(5):945-950.

[45] 戴斌,王卫东.受承压水影响深基坑工程的若干技术措施探讨[J].岩土工程学报,2006,28(s1):1659-1663.

[46] 王建秀,吴林高,朱雁飞,等.地铁车站深基坑降水诱发沉降机制及计算方法[J].岩石力学与工程学报,2009,28(5):1010-1019.

[47] 李进军,王卫东.受承压水影响的深基坑工程中的群井抽水试验[J].地下空间与工程学报,2010,06(3):460-466.

[48] 王卫东,王建华.深基坑工程中主体工程地下结构与支护结构相结合的研究与实践[J].工业建筑,2004(z2):69-79.

[49] 李胤铎,林旭明,范伟.某地铁站基坑开挖支护与主体结构浇筑三维有限元分析[J].四川建筑科学研究,2010,36(2):143-146.

[50] 杨秀杰.深基坑主体结构大体积混凝土施工技术研究[J].建筑工程技术与设计,2016(10).

[51] 蒋真皓.逆作法施工的地下室主体结构施工技术[J].中国新技术新产品,2010(22):189-189.

[52] 北京市规划委员会.城市轨道交通工程测量规范:GB/T 50308—2017[S].中国建筑工业出版社,2017.

[53] 中华人民共和国住房和城乡建设部.城市轨道交通技术规范:GB 50490—2009[S].北京:中国计划出版社,2009.

[54] 北京市城乡建设委员会.地下铁道工程施工及验收规范:GB 50299—1999[S].北京:中国计划出版社,1999.

[55] 建设部综合勘察研究设计院.建筑与市政降水工程技术规范:JGJ 111—2016[S].北京:中国建筑工业出版社,2016.

[56] 国家人民防空办公室.地下工程防水技术规范:GB 50108—2008[S].北京:中国计划出版社,2008.

[57] 中国建筑科学研究院.混凝土结构工程施工质量验收规范:GB 50204—2015[S].北京:中国建筑工业出版社,2015.

[58] 中华人民共和国住房和城乡建设部.混凝土质量控制标准:GB 50164—2011[S].北京:中国建筑工业出

版社,2011.

[59] 陈金安.钢筋焊接及验收规程:JGJ 18—2012[S].北京:中国建筑工业出版社,2012.

[60] 北京市轨道交通建设管理有限公司.轨道交通土建工程施工质量验收统一标准:QGD—005—2005[S].北京:中国建筑工业出版社,2005.

[61] 北京市轨道交通建设管理有限公司.轨道交通降水工程施工质量验收标准:QGD—013—2005[S].北京:中国建筑工业出版社,2005.

[62] 中国建筑科学研究院.建筑基坑支护技术规程:DB 11/489—2016[S].北京:中国建筑工业出版社,2016.

[63] 中华人民共和国住房和城乡建设部.建筑深基坑工程施工安全技术规范:JGJ 311—2013[S].北京:中国建筑工业出版社,2013.

[64] 刘国彬,王卫东.基坑工程手册[M].2 版.北京:中国建筑工业出版社,2009.